U0089332

古代歷史文化研究輯刊

十八編

王 明 蓀 主編

第6冊

侯景之亂對南北朝政局的衝擊

許高祥 著

國家圖書館出版品預行編目資料

侯景之亂對南北朝政局的衝擊／許高祥 著 — 初版 — 新北市：
花木蘭文化事業有限公司，2017〔民 106〕
目 2+184 面；19×26 公分
(古代歷史文化研究輯刊 十八編；第 6 冊)
ISBN 978-986-485-185-0（精裝）
1. 侯景之亂 2. 南北朝史
618 106014292

ISBN-978-986-485-185-0

古代歷史文化研究輯刊
十八編 第 六 冊 ISBN：978-986-485-185-0

侯景之亂對南北朝政局的衝擊

作　　者 許高祥
主　　編 王明蓀
總 編 輯 杜潔祥
副總編輯 楊嘉樂
編　　輯 許郁翎、王筑　美術編輯　陳逸婷
出　　版 花木蘭文化事業有限公司
社　　長 高小娟
聯絡地址 235 新北市中和區中安街七二號十三樓
電話：02-2923-1455／傳真：02-2923-1452
網　　址 http://www.huamulan.tw 信箱 hml 810518@gmail.com
印　　刷 普羅文化出版廣告事業
初　　版 2017 年 9 月
全書字數 167248 字
定　　價 十八編 18 冊（精裝）台幣 36,000 元

侯景之亂對南北朝政局的衝擊

許高祥 著

作者簡介

許高祥，私立文化大學史學系文學博士，現職：臺灣警察專科學校組長、兼任講師，專長：中國歷史中古史、中國古典散文、史傳文學。

提　要

「短促無常、紛亂多故」的魏晉南北朝（西元220年～589年），又稱三國兩晉南北朝，是中國歷史上的一段長達近四百年混亂、戰亂不已的時代。此一朝代政權更迭快速，長期割據和戰爭連綿不斷，形成多個政權併存局面。

東晉於恭帝元熙二年（西元420年），爲劉裕所篡，建立南宋，南朝開始。然而北朝直至北魏太武帝始光十六年（439），五胡十六國時代結束，華北爲北魏統一，正式與南宋形成南北對峙，中國歷史進入南北朝時期。

北魏孝武帝太昌六年（534），北方雙雄並列，北魏孝武帝末年，權臣高歡、宇文泰將北魏轄區切割成東、西兩塊版圖。東、西魏分裂以來，雙方處於敵對交戰狀態。東魏孝靜帝武定五年（547）元月，東魏高歡崩殂，悍將侯景因無法見容於繼任者高澄，叛逆高氏，轉投宇文泰不成，最終落腳梁朝。但未料侯景的入梁，並未爲梁朝帶來絲毫利益，卻爲梁朝肇生無以復加的禍害，發生梁最嚴重內亂侯景之亂。侯景動亂雖已平，然梁朝與北齊、北周間問題卻未息，仍舊處於爭戰餘續。北齊尤以末期國政更是荒誕不經，皇帝以降，昏庸殘暴，賦斂日重，傜役日繁，造成人力竭盡，府庫空虛。階級矛盾日趨尖銳，統治階級內部矛盾更加激烈。自成帝高湛後，國勢衰頹，對北周之攻擊僅能採守勢。北周武帝宇文邕即位，勵精圖治，國力轉強，在短短三、四個月內，一舉吞併了相持四十餘年的強敵北齊，完成宇文泰未竟之業。使人民免受戰爭之苦，家園得以重建，生產恢復，從而促進了整個北方政治、經濟、文化方面的廣泛交流和發展，爲隋的統一，奠定堅實的基礎。因此可說，沒有北周滅北齊的統一，既無後來之南北朝統一。

目次

表目次

第一章 緒 論

中國歷史的發展，從秦漢帝國的瓦解，走向隋唐大帝國的創立，穿越魏晉南北朝時代。該時代，由於政權混亂，更迭頻繁、種族繁雜、制度蛻變、文化思想多元化，常使研究者望而卻步。然而，歷史的發展有其連續性，兩時代之間的轉換期，常是探討歷史演變的重要關鍵。是故，南北朝史之研究，有其不可忽視之重要性。

歷史大勢若從縱向（時間端），及橫向（周遭局勢）來探討或可更爲周全，若單就個人，未免太過英雄主義，本文秉此理念，朝此方向分析研究整理。關於侯景之亂，國內外有不少學者研究。這些研究仁智互見，唯不無利於筆者對此歷史事件更有深層理解。然而學界對此部分缺乏系統性研究，以致問題仍停留於待深入研究上，致諸多歷史因果問題未能交代清楚：如侯景亂東魏問題學術研究者不多，甚少留意。西元 534 年（東魏天平元年、梁中大通六年）至西元 577 年（北齊武平元年、北周建德六年、陳太建九年）期間有東西爭霸方興未艾，蕭梁靜觀，此時期可說是北魏末年戰事的延伸。以及侯景亂東魏後，三國自身及其相互關係產生劇烈變化，這個變化就是使東魏高氏取代元氏而建立北齊，使蕭梁滅亡而使陳朝繼起。而最具意義的，則是使西魏由三國原最爲貧弱的國家，蛻變成爲最具優勢的國家，宇文氏也終能廢元氏而建立北周，北周以西魏原有的優勢持續發展。西元 557 年（北齊天保八年、北周閔帝元年、明帝元年、陳永定元年）後，則是三國相對和緩時期，三國之間雖有戰爭，但皆於既定疆界內發生或結束，未造成疆域大變化，且亦互有通使。然於此和緩之期，其實三國仍在各自找尋機會，所以表面和緩之下潛藏著更微妙的爭鬥暗流。陳亦因獲得到北周的慫恿·默許而取江淮之地，繼之，北周滅北齊後並把陳人趕出淮南地區（江淮地區），因此，歷史又回到南北對峙。然此時的對峙與 534 年以前的南北對峙完全不同。因爲 534 年以前的南北對峙，是有均勢存在，侯景亂後的南北對峙，已全無均勢可言，北強南弱，北併南之勢已無可挽回。因此，以宏觀角度研究侯景之亂，會發現侯景的亂東魏與侯景亂梁必有因果關係，因爲侯景亂東魏，是對東魏自西元 534 年後，形成的三國鼎峙局勢的第一次帶有破壞性和衝擊，亦爲三國關係發生新的變化的一個重要開端。

第一節　研究動機

自東漢政權崩潰至隋朝，魏晉南北朝乃一局勢動盪不安時期，有著近四百年（189～590）分裂，西晉時曾有過短暫（280～300）統一。北魏歷經十餘年動亂，於孝武帝永熙三年（534），裂解爲東魏（北齊）與西魏（北周），達近半世紀的分立鼎峙。〔註 1〕

北魏拓跋氏政權建立後，逐步統一黃河流域，與南方之東晉司馬氏、宋朝劉氏政權形成對立。晉懷帝永嘉五年（311），北方進入五胡十六國長時戰爭，社會陷入混亂，政局動盪，南方政權則自東吳、東晉後經濟趨穩，國力勝於北方。隨著北魏孝文帝延興元年（471）之漢化政策推行，使得北方實力得以增強。南方蕭梁自侯景之亂後國力大減，造成北強南弱局勢形成。然整體而言，三國國力，東魏（北齊）實力勝於西魏（北周），西魏（北周）又強於南方蕭梁政權。尤以北朝後期北周武帝的大力改革，北齊統治者則是昏庸殘暴，國力漸衰，使北周實力遠勝北齊。在此一背景下，北周武帝則挾以東進攻破北齊，而之後隋又取代北周南下攻下南朝陳，實現南北統一。在此過程中，侯景的叛變對南北政局起重大變化。長期以來，多數學者僅認爲侯景的叛變造成南方政治、經濟莫嚴重傷害，使得人民負擔加重，未意識到南朝統治階層爲維護士家大族利益，嚴重阻礙經濟生產，社會發展停滯。而給予侯景負面評價，然筆者認爲侯景摧毀蕭梁腐化政權，削減蕭梁國力，爲全國統一奠下基石，是爲值肯定的一面。故有必要爲侯景叛亂的歷史說明眞相，使讀者瞭解與客觀評價。

〔註 1〕姚思廉撰，《陳書・何之元傳》（北京：中華書局，2002 年）：「以爲梁氏肇自武皇，終於敬帝，……號曰《梁典》。其序曰：『若夫獯狁孔熾，綆我中原，始自一君，終爲二主，事有相涉，言成混漫。今以未分之前爲北魏，既分之後高氏所輔爲東魏，宇文所挾爲西魏，所以相分別也。』」，頁 467～468。

關於西魏得以（西魏文帝大統十五年）趁侯景之亂侵奪梁地，並因而崛起壯大。實際上，僅是梁宗室的內鬥，尚不足於能使西魏掠取蕭梁大量土地，而是梁朝宗室所屬將帥的不支持內鬥，且與中央關係鬆散、矛盾，致防備鬆馳有極大關係，西魏即於此時順勢介入，東魏則因受制於內憂（高澄被刺、高洋稱帝……）外患（柔然等外族侵寇）的牽制，不能全力侵奪梁地。以往學者對侯景之亂，注重南朝政治、經濟問題討論，鮮少論及北朝之發展與侯景之亂關係。爲此，筆者遂以南北合觀之方式，研究重點則在侯景之亂與南北朝政局與隋唐統一問題關聯，力圖進一步說明，何以三國分裂爲南北，再由南北而統一，而且是由西魏（北周），最後由楊隋完成全國統一始末。

第二節　文獻探討與研究回顧

歷年來學者，對北魏末年南北朝之研究，著作豐碩，屬通論性質論述居多；有王仲犖《魏晉南北朝史》對北魏末年政治之衰弱，則側重經濟、官吏貪瀆、賦役繁重、朝野佞佛等，尤以孝文帝遷都前後論述爲主體，則對孝明帝時期政治腐敗則鮮少論及。〔註 2〕呂思勉著重於孝文帝南遷始末與宜武及孝明帝時恩倖、宦官、內賊、宗室間的權力爭鬥。〔註 3〕鄭欽仁則在孝文帝遷都、漢化與六鎮多所分析，對宣武帝以後之政爭、六鎮之亂後的影響，未作深入探討；〔註 4〕王吉林在《西魏北周統治階層的形成》則從地域觀念解釋「關隴集團」，由於西魏統治階層出身的相同，宇文泰的領袖之道與關中豪傑的合作，奠下統一大業之基：〔註 5〕呂春盛則尋王吉林論點，依據西魏政權的形成，區分出統治集團三股勢力，探討西魏政權的性格，又從西魏北周間的地域差異，探討其征服統治的問題……等；專於西魏北周《關隴集團的權力結構演變》政治史多所著墨。〔註 6〕北魏的衰亡肇端於六鎮之亂，而北鎮之變亂，眾說紛紜，有側重文

〔註 2〕王仲犖，《魏晉南北朝史》（上海：上海人民出版社，2003 年），頁 487～520。

〔註 3〕呂思勉，《兩晉南北朝史》（上海：上海古籍出版社，2005 年），頁 482～506。

〔註 4〕鄭欽仁、吳慧蓮、呂春盛、張繼昊編著，《魏晉南北朝史》（台北：里仁書局，2007 年），頁 306～324。

〔註 5〕王吉林，〈西魏北周統治階層的形成〉《民族與華僑研究所學報》（台北：中國文化學院，1981 年）；王怡辰《東魏北齊的統治集團》（台北：文津出版，2006 年）。

〔註 6〕呂春盛，《關隴集團的權力結構演變》（臺北：稻鄉出版社，2002 年）。

化因素，認爲北鎮之亂是針對孝文帝漢化政策與遷都反彈，形成南北文化差異擴大；孫同勛《拓拔氏的漢化》則認爲問題題在於文化失衡導致六鎮亂起，對於變亂之因、北鎮鎮民地位與內心不平多所著墨；〔註 7〕陳寅恪以「關隴集團」理論詮釋從西魏北周到隋唐的政權性格與歷史淵源等；又〈六鎮問題〉認爲六鎮之亂根本原因在於孝文帝漢化政策的失敗，其學說影響後學甚深。〔註 8〕

王怡辰《東魏北齊的統治集團》是有關「胡漢衝突」論述，對尒朱榮崛起，倒行逆施，高歡的接收尒朱榮的勢力過程，到高氏統治集團的摶成，北齊後期的恩倖政治。以及東魏北齊高氏政權起於六鎮亂局終於北朝末葉等論述，分析精闢；〔註 9〕李萬生《南北朝拾遺》和《侯景之亂與北朝政局》。在《南北朝拾遺》一文，作者以政治軍事、地理歷史角度，針對侯景之亂分析，對於侯景建立防線，蕭梁喪失侯景防線原因及結果，加速梁朝滅亡；〔註 10〕在《侯景之亂與北朝政局》，則從侯景之亂對北朝政局影響切入，以侯景的亂梁使西魏有機可乘，大量掠取蕭梁土地，成爲其崛起契機，西魏因而成爲三國（東魏、西魏、蕭梁）中之最爲強勝。高歡與宇文泰的崛起，東、西魏與南梁對峙爭戰，雖有論及侯景之亂與周定三分，對侯景之亂與北朝政局關係著墨較深，並著重於西魏北周政經改革論述等，未對梁武帝如何造成侯景之亂、對江南地區產生影響及蕭梁政權的何以無法即時平定侯景之亂原因分析，至無法見侯景之亂全貌。〔註 11〕或有不乏有關梁武帝的單篇論文、期刊，唯均針對個別人物作分析，如顏尚文〈梁武帝「皇帝菩薩」的理念及政策之形成基礎〉，專就梁武帝蕭衍「皇帝菩薩」理念形成、思想著墨甚詳。〔註 12〕

二十世紀 80 年代以來，有關侯景的研究並未引起學術界的重視，對侯景之亂的研究和探討不深。迄今，有關侯景之亂的學術文章，仍乏善可陳。現將所知期刊，臚列如後：有夏建新、夏露的〈論侯景之亂〉、〔註 13〕許輝〈侯

〔註 7〕孫同勛，《拓拔氏的漢化》（台北：國立台灣大學文史叢刊，1962 年 12 月初版）。

〔註 8〕萬繩南整理，《陳寅恪南北朝史講演錄》（貴陽：貴州人民出版社，2008 年）。

〔註 9〕王怡辰，《東魏北齊的統治集團》（台北：文津出版社有限公司，2006 年 10 月）。

〔註 10〕李萬生，《南北朝拾遺》（西安：三秦出版社，2003 年 4 月）。

〔註 11〕李萬生，《侯景之亂與北朝政局》（北京：中國社會科學出版社，2003 年）。

〔註 12〕顏尚文，〈梁武帝「皇帝菩薩」的理念及政策之形成基礎〉（《師大歷史學報》，17 期 1989 年 06）。

〔註 13〕夏建新、夏露，〈論侯景之亂〉（《河北學刊》1988 年第 3 期）。

景之亂論析〉、〔註14〕鄭顯文〈侯景之亂新探〉、〔註15〕羅嗣忠〈梁武帝最嚴重的失策不是納降侯景〉、〔註16〕李天石、周映芝〈略論侯景之亂中梁人的向背及奴婢的作用〉、〔註17〕肖黎〈淺析侯景之亂〉、〔註18〕鄧奕琦〈論侯景之亂〉、〔註19〕蒙永樂〈試論侯景之亂〉、〔註20〕楊榮〈論侯景之亂的影響〉。〔註21〕

所論觀點，蓋以侯景之亂，乃爲蕭梁政權及世家大族腐敗之政治產物。士族制度之流弊造成梁朝政治上的腐敗，小農經濟的破產導致階級矛盾益發尖銳，此等因素給了侯景叛亂創造有利條件，加上侯景本人的野心及梁武帝蕭衍接納侯景之失當，致侯景之亂發生。而侯景叛亂雖禍起東魏，而能禍延梁朝，乃由於北方世家大族私家勢力的式微，中央集權勢力日益高張，統一的因素增多，分裂勢力喪失爲所欲爲的條件，致侯景之亂對東魏造成嚴重衝擊。另一方面，蕭梁政權於宥於士族腐朽統治之陰影，分裂因子仍存在，以致外敵入侵，造成梁宗室各方鎮分裂內訌，也給予侯景可乘之機，使得侯景能於梁朝順利遂行叛亂，也使得南北朝版塊移動，南北勢力爲之傾斜，均屬對侯景負面評價。

日本學者竹田龍兒〈侯景之亂考察〉、〔註22〕松橋達良《元号はやわかり—東亜歷代建元考》、〔註23〕吉川忠夫〈南朝貴族社會の命運〉《侯景の亂始末記》、〔註24〕安田二郎〈南朝の皇帝と貴族と豪族・士豪層——梁武帝の革命を手がかりに——〉收在京都大學中國中世史研究彙編《中國中世史研究》，

〔註14〕許輝，〈侯景之亂論析〉（《南京師範專科學校學報》1999年6月第15卷第2期）。

〔註15〕鄭顯文，〈侯景之亂新探〉（《松遼學刊》社會科學版，1993年第1期）。

〔註16〕羅嗣忠，〈梁武帝最嚴重的失策不是納降侯景〉（《歷史教學問題》，1996年第2期）。

〔註17〕李天石、周映芝，〈略論侯景之亂中梁人的向背及奴婢的作用〉（《江海學刊》，1999年第2期）。

〔註18〕肖黎，〈淺析侯景之亂〉（《湘潭大學社會科學學報》，1981年第2期）。

〔註19〕鄧奕琦，〈論侯景之亂〉（《北京師範大學學報》，1989年第6期）。

〔註20〕蒙永樂，〈試論侯景之亂〉（《文山師專學報》，（1999年3月第1卷第1期）。

〔註21〕楊榮，〈論侯景之亂的影響〉（《淮南師專學報》，1997年第2期）。

〔註22〕竹田龍兒，〈侯景之亂考察〉（《史學》第二十九卷第三號，1958年）。

〔註23〕松橋達良，《元号はやわかり—東亜歷代建元考》（砂書房，1994年7月）。

〔註24〕吉川忠夫，《侯景の亂始末記》：中央公論社，昭和1972年）・〈南朝貴族社會の命運〉。

〔註 25〕則是針對梁武帝統治集團腐敗及侯景的壯大，亂梁影響探討，助益本文研究頗多。拜讀前人研究，瞭解侯景之亂造成因素仁智互見，本文則認爲梁武帝的識人不明是爲一切源頭，誤導其政治判斷，未能知己知彼，喪失掌握大局時機，致衍生國內動亂，造成國滅身亡部分論述。

筆者依循「廣搜資料」、「考證事實」與「稽論事理」之法則，首先對史料之選擇，注意其原始性，如《南史》、《北史》、《宋書》、《南齊書》、《梁書》、《陳書》、《周書》、《北齊書》、《隋書》、《魏書》、《資治通鑑》所載爲主。若原始資料不存在，或對某事件記述簡略不符研究所需時，始援用其他工具書《冊府元龜》、《讀史方輿紀要》、《通志》、《通典》、《文獻通考》、《太平御覽》、《水經注》等旁加佐證資料的可信度。針對侯景之亂對南北政局造成何種衝擊影響，蕭梁朝、東魏北齊的滅亡，西魏北周的統一，北周最後政權卻被楊堅奪取，爲隋唐帝國誕生奠定基石，作研究分析。

第三節　論文架構

茲將本論文中，各章節簡要摘述說明：第一章、緒論，含本文研究動機、研究回顧、論文架構。第二章、南北勢力的分競。首探討南北政權對峙，皇位一再更迭原由，以及東魏、西魏分立後，雙雄急欲稱霸的互不相讓，戰火不歇，造成內部局勢動盪。而該兩國又如何對蕭梁用兵掠取土地。魏分東西後政治形勢以及東魏伐魏。第三章、侯景叛魏亦叛高氏。侯景的背叛東魏因素，亂事發生後東魏如何的密集式對侯景攻擊，迫使侯景的投降蕭梁。第四章、佛心難度羅剎，探討虐政凶惡之可畏，梁武帝以佛心治國，卻無法渡化宗室諸王。宗室的自相殘殺，以致生靈屠炭、民心不安，影響政權穩定。侯景得以見縫插針，攻陷城池，濫殺無辜，蕭梁全朝震撼，雙重因素夾雜，雖使得凶暴的侯景毀滅，但蕭梁政權併爲陪葬。第五章、侯景之亂後梁朝的崩潰。侯景之亂已亂，然而梁宗室的爲大位鬥爭衝突更使內外政混亂。梁朝宗室諸王的一盤散沙，私心作祟，利慾薰心，影響平亂。第六章、關隴集團的形成，隋唐帝國的建立。西魏宇文泰於關中創建「關隴集團」，實行關中本位政策，使西魏北周能夠富強，得以盪平東魏北齊。隋唐統治階層亦皆出自宇

〔註25〕安田二郎，〈南朝の皇帝と貴族と豪族・士豪層——梁武帝の革命を手がかりに——〉收在京都大學中國中世史研究會編《中國中世史研究》（東京，東海大學出版社，1970 年第一刷，1980 年第五刷）。

文泰所集結之關隴集團。從西魏至初唐百餘年間，政權更迭，內部權勢結構演變。繼而滅宿敵北齊。循此目標，研究因侯景之亂而擴張領土的北周勢力再演變。第七章、結論。

第二章　南北勢力的分競

南北朝雖非中國最早的分裂割據時期，但若以眞正的南、北雙方兩大國對峙而言，則以它肇始，尤其是北魏與南方的宋、齊、梁分別對立時期。後世僅有北宋與遼或南宋與金之對峙有類於此。至於東、西魏與梁，或北齊、北周與陳，則較近從前之三國時期。這是繼春秋戰國、三國鼎立之後，中國歷史上另一個大的紛爭混亂時期，也是胡、漢民族進一步大融合的時期。和春秋戰國、三國鼎立以及後來的五代十國、宋遼金夏諸時期相同，其間固不免列國兼併、戰亂不休，然經濟、文化的發展並未中止，許多地方（特別是南方）往往藉此而臻於繁榮，直追中原地帶。

從劉宋建立（西元 420 年）和北魏統一北方（西元 439 年）起，到後來隋朝建立（西元 581 年）和統一全國（西元 589 年）止，在一個半世紀之內，南北雙方都各有比較統一的政權存在。其間南、北政權彼此雖有戰爭，然南軍始終未能越過黃河，北軍也無法渡長江南下，大抵以淮河爲界，形成南北的對峙。

第一節　南北一再的政權遞變

一、南朝（西元 420～589 年）

南朝（西元 420～589 年）係東晉之後，建立於南方之四朝代總稱。自晉恭帝元熙二年（420），東晉亡後，於南方先後建立的宋、齊、梁、陳四個朝代，是爲中國歷史上朝代更迭頻率最爲快速時期。歷史上，將南朝與北方的北魏、東魏（北齊）、西魏（北周）等合稱爲「南北朝」。自劉裕篡晉始至陳後主止計 169 年。由於在位皇帝均寒人背景，且是軍功得位，造成階級矛盾尖銳，影響國內政經發展，人民生活時時陷於恐懼中。國力因而轉弱，終為他國所滅。

1. 宋（420～479）

劉宋（420 年～479 年）是南北朝時期南朝的第一個朝代，也是南朝版圖最大的朝代。劉宋朝創建者劉裕，為東晉末年崛起的新興力量。於晉恭帝元熙二年（420），廢晉帝，自立為王，國號宋。後世為區別與之後趙匡胤所建立的宋朝，史學家乃稱之為劉宋。劉裕出身於行伍，自幼家貧。〔註 1〕有沙門謂帝曰：「江表當亂，安之者，其在君乎。」〔註 2〕初為冠軍孫無終司馬。晉隆安三年（西元 399 年），孫恩於會稽作亂，於孫恩之亂中展現其軍事才能，屢敗孫恩。〔註 3〕晉元興二年（403），孫恩為桓玄所滅，桓玄篡位，及後劉裕發起義軍擊敗篡位的桓玄，恢復了東晉政權。東晉末年劉裕北伐，收復洛陽、長安，乃東晉南朝二百多年間成就最大的一次北伐，本乃南朝進一步北伐之良基。惜劉裕目的乃在篡晉，乃匆匆南歸，僅留十三歲兒子劉義眞鎮關中。結果，關中諸將不服，互相攻伐，致關中得而復失，劉義眞隻身南逃，十餘萬軍隊覆沒。

東晉因世家大族割據，屢屢興兵反抗，而使國家滅亡，劉裕鑒於前車之鑑。登基後，不任用名門世族，任用者皆出身寒門，兵權則交於皇子，未重蹈東晉覆轍。然而，由於皇子相互間的爭權奪利，導致自相殘殺，是劉裕始料未及的困境。宋武帝永初三年（422），劉裕卒，北魏更乘機侵奪劉宋的滑台、洛陽、虎牢、碻磝河南四鎮，劉宋邊境退至淮北，北伐形勢惡化。439 年，北魏統一北方後，與南朝宋形成南北對峙。宋少帝、文帝相繼即位。其中，尤以文帝劉義隆在位的三十年間，為宋朝最繁榮時期，創造出永嘉之治美譽。此時南方經濟、文化逐漸有所發展。宋文帝於元嘉三年（426），剷除權臣徐羨之等人後親政，其在位三十年，勵精圖治、知人善任、提倡節儉並澄清吏

〔註 1〕《南史・宋本紀》（北京：中華書局，1975 年），卷 1：「帝素貧，時人莫能知，唯琅邪王謐獨深敬焉。帝嘗負刁逵社錢三萬，經時無以還，被逵執謐密以己錢代償，由是得釋。」頁 1。

〔註 2〕《南史・宋本紀》卷 1，頁 1。

〔註 3〕唐李延壽撰，《南史・宋本紀》（北京：中華書局，1975 年），卷 1：「（401）五年春，恩頻攻句章，帝屢破之，恩復入海。三月，恩北出海鹽，帝築城于故海鹽，賊日來攻城，城內兵少，帝乃選敢死士擊走之。時雖連勝，帝深慮眾寡不敵，乃一夜偃旗示以羸弱，覘其懈，乃奮擊，大破之。」頁 2。

治，國家生產經濟因此大力提升，被稱爲元嘉之治，爲六朝治世之典範（也是江東第一個治世）。至 445 年時，北魏趁勁敵柔然暫衰時，發動數次小規模南征，雙方於淮南來回拉鋸，元嘉二十七年（450 年），宋文帝出兵六萬北伐北魏之河南地（二次北伐），但卻爲北魏太武帝拓跋燾所之率六十萬大軍擊愧，六十萬魏軍遂引兵南下，威逼建康。魏軍所過之處大肆搶掠燒殺，江淮地區損失慘重、「邑里蕭條」，元嘉之治因此衰落。

宋文帝元嘉二十七年（450）至元嘉二十八年（451）間，宋與北魏交戰，雖各有勝負，然雙方亦均損失慘重，使得南北雙方，元氣大傷，無能力再戰，此時，南北局勢相對穩定。宋文帝元嘉二十五（454）年，文帝薨。孝武帝劉駿、明帝劉彧先後爲帝，彼等淫穢殘暴，奢侈無度，不僅對諸將猜疑，對待皇族及侍臣動輒殘忍刑戮，政治紊亂不堪，國力逐漸耗損。北魏趁機掠奪，佔領山東、淮北等地區，北朝國力自此超越南朝。宋明帝爲了穩固其子劉昱皇位，大肆誅除有能力的皇弟宗室、功臣武將和高門士族，造成劉昱繼位後，中央與地方軍鎮相互猜忌、攻伐的政治亂象，使得武將蕭道成因此崛起，逐漸掌握中央軍權。尤其後廢帝元徽二年（474），桂陽王劉休範以清君側之名造反，〔註 4〕殺死了權倖王道隆與顧命大將劉勔，幾攻下建康城，〔註 5〕但蕭道成即時回軍，平定亂事。事後蕭道成接替劉勔的地位，晉升爲中領軍、南兗州刺史與宰相袁粲並列的「四貴」之一，〔註 6〕更受到權倖阮佃夫的倚重。蕭道成得以交結地方軍鎮都督，權勢日漸擴大。〔註 7〕元徽五年（477），年滿 15 歲的劉昱在誅除權臣阮佃夫後，與蕭道成發生激烈衝突，但卻被蕭道成所

〔註 4〕（宋）司馬光，《資治通鑑・宋紀》卷 133：「元徽二年，夏，五月，壬午，桂陽王休範反。……。丙戌，休範率眾二萬、騎五百發尋陽，……稱：『楊運長、王道隆蠱惑先帝，使建安、巴陵二王無罪被戮，望執錄二豎，以謝冤魂。』」，頁 4177。

〔註 5〕司馬光，《資治通鑑・宋紀》卷 133：「其將丁文豪請休範直攻臺城，休範遣文豪別將趣臺城。」頁 4178。

〔註 6〕司馬光，《資治通鑑・宋紀》卷 133：「六月，庚子，以平南將軍蕭道成爲中領軍、南兗州刺史，留衛建康，與袁粲、褚淵、劉秉更日直決事，號爲四貴。」頁 4178。

〔註 7〕《資治通鑑・宋紀》卷 133，頁 4183：（梁）蕭子顯，《南齊書・李安民傳》卷 27：「（李安民）轉征虜將軍、東中郎司馬、行會稽郡事。安民將東，太祖（蕭道成）與別宴語，淹留日夜。安民密陳宋運將盡，曆數有歸。蒼梧縱虐，太祖憂迫無計，安民白太祖欲於東奉江夏王躋起兵，太祖不許，乃止。」頁 506。

弒，蕭道成趁機改立明帝次子劉準爲皇帝，即宋順帝。蕭道成獨攬軍政大權後，挾持軟弱的褚淵，以武力平定忠宋大臣袁粲、沈攸之的起義。〔註8〕昇明三年（479），年幼之宋順帝劉準禪讓于蕭道成，宋朝終被南齊所取代。

2. 齊（479～502）

齊高帝蕭道成，宋昇明三年（479），篡宋建齊。爲人深沉靜默，有鑒於宋亡教訓，登位後提倡政務節儉政策，以身作則，反對奢靡，期能移變風俗。政治上實施檢籍政策，清查詐入士族籍貫之寒人。其曾謂：「使我治天下十年，當使黃金與土同價。」〔註9〕此一政策在其提倡與其以身率下，減輕人民負擔。外交上則與北魏遣使通好，維持邊境安定。使得政權迅速走向軌道。然高帝在位僅四年，臨終前，要求其子武帝蕭賾，繼續執行其政策，且勿手足相殘。武帝永明元年（483），即位後遵其遺囑，依其政策持續完成，使得政局穩定一段時日，經濟發展，外交上則仍與北魏維持邊界和平，國力爲之增強，史稱「永明之治」。永明十一年（493），武帝崩殂，鬱林王蕭昭業繼位亦步上宋亡後塵，爭殺不已，殺戮己兄親、叔侄，人心惶惶，局勢動盪，西昌侯蕭鸞屢諫不納，「乃疑鸞有異志」，〔註 10〕遂命何胤謀誅蕭鸞，事爲鸞得知發動兵變。建武元年（494），蕭鸞篡位，是爲明帝。即位後，壓制宗室力量，並以典籤監視諸王；大肆屠殺蕭齊宗室，蕭道成與蕭賾的子孫除高帝次子文獻王蕭嶷一脈未絕外都被蕭鸞誅滅。每行事前，明帝則先至佛殿燒香祈禱，嗚咽流涕。〔註 11〕齊明帝蕭鸞任內雖如此誅殺殘虐，唯李延壽《南史》卻對其有正面評價：「帝明審有吏才，持法無所借。至御親幸，臣下肅清。驅使寒人，不得用四幅繖。大存儉約。罷武帝所起新林苑，以地還百姓。……太官進食，有裹蒸，帝十字畫之，曰：『可四片破之，餘充晚食。』……其儉約如此。」〔註 12〕蕭鸞晚年病重，極重視道教與厭勝之術，將所有的服裝都改爲紅色；而且蕭鸞還特下詔向官府徵求銀魚以爲藥劑，外界始知明帝蕭鸞患病。於建武五年（498）病故。

永元元年（499），東昏侯蕭寶卷繼任，年號永元。爲人內向寡言，不喜

〔註 8〕（宋）司馬光，《資治通鑑・宋紀》卷 134，頁 4212～4220。

〔註 9〕梁 蕭子顯撰，《南齊書・高帝》（北京：中華書局，1972 年），卷 2，頁 39

〔註10〕《南史・齊本紀》卷 5，頁 137。

〔註11〕《南齊書・蕭子岳傳》卷 40：「延興建武中，反三`誅諸王，每一行事，高宗輒先燒香火，嗚咽涕泣，眾以此輒知其夜當殺戮也。」頁 713。

〔註12〕《南史・齊本紀》卷 5，頁 145～146。

與大臣接觸，賞賜臣下無度，造成國庫空虛。因其疑心過重，朝內大臣始安王蕭遙光、右僕射江祐、司空徐孝嗣、右將軍蕭坦之、領軍將軍劉暄等人幾全遭處死。由於蕭寶卷的昏暴，齊政權爲之動搖，導致太尉陳顯達與將軍崔慧景先後起兵叛亂，但皆兵敗被殺。蕭衍就任雍州刺史後，眼見齊東昏侯濫誅朝臣，政局將亂，乃積極籌備起兵。於是暗中儲備戰力，廣結各方勢力。《梁書・武帝紀》載當時蕭衍「於是潛造器械，多伐竹木，沉於檀溪，密爲舟裝之備」，〔註 13〕又《梁書・呂僧珍傳》載：「僧珍陰養死士，歸之者甚眾……頗招武猛，士庶響從，會者萬餘人。」〔註 14〕蕭衍舉兵時，以擁立齊和帝蕭寶融討伐東昏侯名義爲號召，起初和帝身旁尚有蕭穎胄爲之謀畫，然而中興元年 11 月蕭穎胄病卒，〔註 15〕和帝左右已無人可掣肘蕭衍。蕭衍起兵攻入建康，12 月平定建康後，蕭衍更大權在握，於是便著手準備禪代事宜。此時積極爲蕭衍籌畫禪代事宜者，乃爲蕭衍於竟陵王西邸集團的舊文友范雲與沈約。中興二年（502）正月，蕭衍作勢派人西上江陵迎齊和帝，又以宣德太后臨朝之名，誅殺齊宗室諸王。待和帝一抵達姑熟，蕭衍便迫其下禪位詔書，自己受禪即皇帝位，改元天監元年，不久，和帝蕭寶融即遭殺害。〔註 16〕

3. 梁（502～557）

梁武帝蕭衍於齊和帝中興二年（502）篡齊即位後，改年號天監。倡行儉約，身體力行，勵精圖治，使梁朝前期政治穩定，國勢頗盛。於學術研究和文學創作上的成就更爲突出。即位之後，「雖萬機多務，猶卷不輟手，燃燭側光，常至午夜」。〔註 17〕《梁書》稱其：「六藝備閑，棋登逸品，陰陽緯候，卜筮占決，並悉稱善。……草隸尺牘，騎射弓馬，莫不奇妙。」〔註 18〕

〔註 13〕唐・姚思廉，《梁書・武帝紀上》（北京：中華書局，2006），卷 1，頁 4。

〔註 14〕唐・姚思廉，《梁書・呂僧珍傳》卷 11，頁 212。

〔註 15〕《南齊書・蕭穎胄傳》載蕭穎胄卒於十二月，但《南史・齊本紀》及《資治通鑑・齊紀》，皆記爲十一月，今從後者。參見梁・蕭子顯，《南齊書》（北京：中華書局，1972），卷 38，〈蕭穎胄傳〉，頁 673；唐・李延壽，《南史・齊本紀》卷 5，頁 159；宋・司馬光編著，元・胡三省音注，《資治通鑑・齊紀》卷 144，頁 4502～4503。

〔註 16〕宋・司馬光編著，元・胡三省音注，《資治通鑑・梁紀》卷 145，武帝天監元年，頁 4516～4518。

〔註 17〕《南史・梁武帝》卷 8：「〔帝〕少而篤學，洞達儒玄。雖萬機多務，猶卷不輟手，然燭側光，常至戊夜。」頁 222。

〔註 18〕《梁書・武帝紀》卷 3，頁 96。

早年受儒、釋、道三教影響，即位未久即宣佈捨道事佛，多次捨身佛寺，成爲名副其實的菩薩皇帝。早年威武雄略，運籌帷幄，親率大軍勇奪蕭齊天下。宋、齊皇帝的誅殺宗室，至齊末，蕭衍對待齊明帝子孫，其殘酷狠毒之處亦不亞於前人。〔註19〕明帝一系諸子，除蕭寶寅奔魏及「(蕭)寶義幼有廢疾，故獨得全。」〔註 20〕餘均遭誅殆盡，唯一幸存之齊宗室，僅齊武帝蕭賾一系之齊南康侯蕭子恪與祈陽侯蕭子範，二人之所以得存，依《通鑑》載：

齊南康侯蕭子恪及弟祈陽侯蕭子範嘗因事入見。上從容謂曰：天下公器，非可力取，苟無期運，雖項籍之力終亦敗亡。宋孝武性猜忌，兄弟粗有令名者皆鴆之，朝臣以疑似枉死者相繼，然或疑而不能去，或不疑而卒爲患，如卿祖以材略見疑，而無如之何。湘東以庸愚不疑，而子孫皆死其手，我於時已生，彼豈知我應有今日……正以江左以來，代謝之際，必相屠滅，感傷和氣，所以國祚不長。……況卿今日猶是宗室，我方坦然相期，卿無復懷自外之意，小待，當自知我寸心。〔註21〕

由這段話中可知，蕭衍於建國時，之所以不願仿照宋、齊皇帝做法，將前朝宗室屠滅無遺，乃有鑒於宋、齊二國屠戮太慘，「感傷和氣，所以國祚不長」之故。致爲保和氣，福祐國家。由此顯其思想中，有畏懼因果報應念頭。故其於即位後，自覺殺虐太重，恐遭受應有之報應，是以瞭解佛教經義後，立志弘法，普渡眾生，爲贖罪補過之計，此造成日後「佞佛」主因。這又可從李延壽《南史・武德郗皇后傳》載：

后酷妒忌，及終，化爲龍入于後宮井，通夢於帝。或見形，光彩照灼。帝體將不安，龍輒激水騰涌。於露井上爲殿，衣服委積，常置銀鹿盧金瓶灌百味以祀之。故帝卒不置后。〔註22〕

〔註19〕《資治通鑑・梁紀》卷145：「武帝天監元年（502）2月，齊湘東王寶晊，頗好文學。東昏侯死，寶晊望物情歸己，坐待法駕。既而王珍國等送首梁公，梁公以寶晊爲太常，寶晊心不自安。壬戌，梁公稱寶晊謀反，并其弟江陵公寶覽、汝南公寶宏皆殺之。……辛丑，殺齊郡陵王寶攸、晉熙王寶嵩、貴陽王寶貞。梁王將殺齊諸王，防守猶未急。鄱陽王寶寅家閹人顏文智與左右麻拱等密謀，穿牆夜出寶寅（奔魏）。」頁4514～4515。

〔註20〕《資治通鑑・梁紀》卷145，頁4518。

〔註21〕《資治通鑑・梁紀》卷145，頁4518～4520。

〔註22〕《南史・武德郗皇后傳》卷12，頁339。

足見其心中對鬼神之事，仍是敬畏的，以故終其生不敢立后。晚年則過於信奉佛教，曾四度出家爲僧，朝臣須用大量金錢爲其贖身，國事委佞臣朱异把持。又大肆建佛寺及翻譯佛經，佛教大盛。因佛事太過，損害經濟，使梁朝國勢逐漸衰弱，東、西魏也因忙於互相征戰，無暇顧及南方蕭梁朝，國內昇平一段時日。

梁武帝太清元年（547），東魏叛將侯景投奔梁朝，武帝本欲借侯景之力北伐，但出爾反爾。侯景洞穿南梁國勢衰弱，加上自認遭武帝出賣，遂有反叛之意，以致爆發侯景內亂，武帝最後卻被侯景囚禁餓死。這場亂事，亦是梁朝滅亡的關鍵之一。在侯景之亂後，梁朝國力急劇衰敗，北齊和西魏相繼趁機來攻，喪失大片土地。梁元帝蕭繹的繼位，其是最受爭議的人物。博學多能，自湘東王而被武帝蕭衍委以「分陝之任」，再於侯景之亂後繼位江陵，其雖志存高遠。繼位後，全民寄望他的中興，但事與願違，國事更亂。蕭方智繼位時陳霸先廢帝自立，改國號陳。直至陳霸先篡梁建陳，梁朝前後共 10 帝，歷時 55 年。但梁朝仍有兩支殘餘勢力與陳霸先對抗，分別成爲北朝東西兩個政權的傀儡，力爭正統地位：1.北周支持蕭衍之孫蕭詧，梁元帝承聖四年（555），於江陵建立後梁以對抗梁朝，傳三帝共 33 年，陳後主禎明元年（587），亡於隋。2.北齊則扶植蕭衍曾孫蕭莊繼承梁朝，對抗陳霸先的篡奪。陳武帝永定元年（557），陳霸先廢蕭方智即帝位後，王琳等人要求北齊送還蕭莊，並使其接替南梁皇帝；蕭莊回至南朝後，王琳立蕭莊爲梁皇帝於郢州，據有長江中上游地區。之後，蕭莊之南梁與陳霸先的陳朝便持續交戰，陳文帝天嘉元年（560），被陳朝擊敗投奔北齊。王琳再據壽陽抵抗至陳宣帝太建五年（573），始被陳朝消滅，前後共計 16 年。蕭詧的後梁勢力與陳朝始終對峙，爲梁朝延續了 30 年國祚和再傳了三個帝位。而蕭莊繼承梁朝也對抗近半個陳朝的時間。

4. 陳（557～589）

陳（557 年～589 年）是中國歷史上南北朝時期南朝最後一個朝代，由陳霸先代梁所建立，以建康（今南京）爲首都，國號陳。這也是中國歷史上唯一一個以皇帝的姓氏爲國號的政權。梁敬帝太平二年（557），陳霸先廢梁敬帝蕭方智，自立爲帝，建立陳，是爲陳武帝，改年號永定。此一時期，南方歷經多年的戰亂，經濟遭受嚴重破壞。在先天不足，後天又失調環境下，所建立之朝代，便注定是短命的。陳武帝與其繼承者文帝、宣帝，先後消滅王僧辯、王僧智等反對勢力，復於建康附近擊敗北齊軍。統治基礎理應鞏固，但畢竟國力薄弱，陳之統治區域，侷限於長江以南，宜昌以東之範圍。

陳朝建立時已經出現南弱北強的局面。陳朝建立時（梁太平二年、557）面臨北方國家的入侵，形勢十分危急。陳朝開國皇帝陳霸先帶領軍隊一舉擊敗敵軍，形勢有所好轉。武帝陳霸先於永定三年（559）病逝，其侄陳文帝陳蒨即位，先後消滅各地的割據勢力，大力革除前朝蕭梁奢侈之風，使陳朝治稍爲安定。天康元年（566 年），文帝死，遺詔太子陳伯宗繼位，次年被文帝弟宣帝陳頊所廢。宣帝繼續實行文帝時輕徭薄賦之策，使江南經濟逐漸復甦。陳後主至德元年（583），陳宣帝卒。其子後主陳叔寶即位，此時北方已爲隋朝統一，距全國的統一，指日可待。陳後主禎明元年（589），隋文帝楊堅滅陳，結束長達近三百年的南北朝分裂對峙局面。

南朝係繼東晉之後，由漢族於南方所建立之政權，雖然國祚皆短，但其作爲漢族的統治，使漢文化得以保存和發展延續。倘若沒有南朝的存在，漢族即可能被其他民族所滅，華夏文化也因而告終。因此，南朝於中國歷史上有著極其重要的地位，爲華夏文化的發展，作出了不可磨滅的貢獻。

二、北朝（西元 386 年～西元 581 年）

北朝（西元 386 年～西元 581 年），是與南朝同時代的北方朝代的總稱（繼承北周疆域的隋朝，由於滅亡南朝陳，完成統一，致未稱北隋，而爲後世單獨稱爲隋朝），含括北魏、東魏、西魏、北周，西魏（北周）由鮮卑族建立和東魏（北齊）則由胡化漢人所建等朝。承繼五胡十六國，爲胡漢融合之新興朝代。東漢末年，鮮卑拓跋氏據有匈奴舊地。晉成帝咸康四年（338）初，拓跋什翼犍曾在盛樂（今內蒙古和林格爾）建國稱代王，拓跋部「始置百官，分掌眾職」，〔註 23〕國家制度漸趨完整，此時什翼犍頻頻進行大規模的掠奪戰爭，擄獲數以「百萬計的牲口」。〔註 24〕晉孝武帝太元元年（376），拓跋部爲前秦苻堅所併吞，

〔註 23〕魏收撰，《魏書・序紀》（北京：中華書局，1974)》，卷 1，頁 13。

〔註 24〕司馬光撰，《資治通鑑・晉紀二十三》（北京：中華書局，1956・6），卷 101：「冬，10 月，代王什翼犍擊高車，大破之，俘獲萬餘口，馬、牛、羊百餘萬頭。」頁 3194；參見魏收《魏書・序紀》卷 1：「西元 363 年帝討高車，大破之，獲萬口，馬牛羊百餘萬頭。」；「西元 364 年討沒歌部，破之，獲牛馬羊百萬頭。」頁 14～15。

什翼犍被殺，部落離散。晉孝武帝太元八年（383），「淝水之戰」後，〔註 25〕前秦統治瓦解。登國元年正月六日（386）拓跋珪得到以賀蘭部爲首的諸部支持於牛川大會諸部，召開部落大會，即位爲代王，年號登國。拓跋珪任用賢能，勵精圖治，重興代國。即位不久，便移都代國原都盛樂，並推動農業，讓人民休養生息。同年四月，改稱魏王，稱國號爲魏，史稱北魏。

晉孝武帝太元二十年（395），什翼犍之孫拓跋珪與後燕交惡，後燕遣大軍進攻北魏，北魏道武帝皇始元年（396），拓跋珪乘後燕慕容垂甫喪（晉孝武帝太元二十一年病死上谷之沮陽），進兵中原，於參合陂擊潰燕軍。拓跋珪並乘勝南下，奪得晉陽、中山、鄴等名都重鎮（盡有今山西、河北之地），〔註 26〕逐漸成爲北方最強大之勢力。道武帝皇始三年（398），拓跋「魏王珪遷都平城，始營宮室、建宗廟、立社稷。」〔註 27〕同年 12 月己丑（二日），改元天興，登皇帝位，即爲魏道武帝。

但由於道武帝晚年國內政治局勢不穩，中原局勢又混沌不明。北魏道武帝天賜五年（408），爲其子清河王拓跋紹所殺。〔註 28〕北魏明元帝永興元年（409），道武帝長子拓跋嗣平亂繼位，是爲明元帝。魏明元帝拓跋嗣即位後至泰常八年（423），連續出兵大舉進襲南方的劉宋朝，占據青州、兗州和豫州等區，將北魏勢力擴及黃河以南。爲使國政穩定，融合族群，四處網羅「豪門強族」和「先賢士冑」。明元帝的握髮吐哺之心，求才若渴。以至山東、河北不乏士族豪強皆歸附北魏，由於渠等的出謀畫策，使北魏的政治、禮儀、

〔註 25〕王仲犖撰，《魏晉南北朝史》（上海：上海人民出版社，2004 年 4 月第 2 次印刷）：「淝水之戰，是民族大移動中最大一次戰爭，也是決定南北能否統一的一次戰爭。戰爭的結果理該不是北方的少數足王國……苻秦消滅南方的漢族王朝東晉，便是東晉收復中原。可是卻出現了南北對峙的局面，主要的原因，在於東晉統治集團苟安江南，沒有收復中原失地的決心。」頁 264。

〔註 26〕《通鑑・晉紀三十》卷 108：「珪謂諸將曰：中山城固，（慕容）寶必不肯出戰，急攻則傷士，久圍則費糧，不如先取鄴、信都，然後圖之。」頁 3434；參見魏收《魏書・太祖紀第二》卷 2：「帝謂諸將曰：朕量（慕容）寶不能出戰，自當憑城自守，偷延日月，急攻則傷士，久守則費糧，不如先平鄴、信都，然後還取中山，於計爲便。」頁 28。

〔註 27〕《通鑑・晉紀三十二》卷 110，頁 3473。

〔註 28〕《通鑑・晉紀》卷 115：「戊辰，珪譴責賀夫人，囚，將殺之，會日暮，未決。夫人密使告紹曰：『汝何以救我？』左右以珪殘忍，人人危懼。紹年十六，夜與帳下及宦者宮人數人通謀，踰垣入宮，至天安宮。左右呼曰：『賊至！』珪驚起，求弓刀不獲遂弒之。」頁 3623。

法律制度漸鞏固，國力日盛。明元帝拓拔嗣於泰常八年（423）崩。始光元年（424），拓跋燾即位，是爲太武帝，初期勵精圖治，國力大盛，並屢次攻掠南方劉宋（文帝）朝，並於解除北方柔然之威脅後，展開統一華北戰爭。太武帝神䴥四年（431），夏被北魏所屬之吐谷渾所滅。〔註 29〕此後，北魏復於太延二年（436），滅亡北燕，並於太武帝太延五年（439），攻滅北涼統一華北，結束「五胡十六國時期」。

北魏太武帝統一華北（黃河流域）後，又滅西域五大強國之一鄯善，控有西域。承平十一年（450），再度南侵劉宋朝，直逼瓜步，並揚言渡江，之後掠奪五萬戶北歸。拓跋燾於歷次戰役中，常親自率軍出征，決策果斷，部署周密，講究戰法，指揮靈活。或分道並進，輕騎奔襲，或誘敵出城，設伏圍殲，因而連戰皆捷。北宋司馬光評論曰：

> （北魏）繼以明元、太武，兼有青、兗，包司、豫，摧赫連，開關中，梟馮弘，吞遼碣，擄沮渠，並河右，高車入臣，蠕蠕遠遁；自河以北，逾於大漠，悉爲其有；子孫稱帝者，百有餘年。左袵之盛，未之有也。〔註 30〕

至此，北朝實力已勝於南朝，但軍力亦因頻戰而重創，復以北魏太武帝後期顯露殘暴個性，對人民常施嚴刑，民怨沸騰，最後遭宦官宗愛所弒。北魏天安元年（466），獻文帝拓拔弘（12 歲）執政時，被其母馮太后毒殺，北魏延興元年（471），馮太后改立獻文帝之子拓跋宏爲孝文帝，並把持朝政。馮太后性猜忌，多智且濫刑，但使國政平穩。孝文帝因馮太后之故而仰慕漢文化，認爲鮮卑人宜深入漢化。北魏延興元年（471），孝文帝即位，在親政後旋即擴建首都平城爲漢城。於政治、經濟、文化等方面大力改革。接續，孝文帝爲落實推行漢化，以平城地寒，六月雨雪，風沙常起，非用武之地，不適宜政治改革。洛陽較平城繁華，地理位置可控制全國，且易於進擊江南，可擺脫保守派勢力。北魏太和十七年（493、齊武帝永明十一年），孝文帝「將遷都洛陽；恐群臣不從，乃示議大舉伐齊，欲以脅眾。」〔註 31〕他的遷都洛陽有政治和經濟雙重目的，在政治目的上孝文帝曰：

〔註 29〕《魏書・世祖》卷 4，頁 78。

〔註 30〕司馬光著、王亦令點校，《稽古錄》（北京：中國友誼出版社，1987），卷 14，頁 444。

〔註 31〕《通鑑・齊紀》卷 138，頁 4329；參見《魏書・李沖傳》卷 53：「舊人懷土，多所不願，內憚南征，無敢言者，於是定都洛陽。」頁 1183。

> 但國家興自北土，徙居平城，雖富有四海，文軌未一，此間用武之地，非可文治，移風易俗，信爲甚難。崤函帝宅，河洛王里，因茲大舉，光宅中原。〔註32〕

之所以要遷都因素已明，要離開平城方能落實漢化。經濟上以洛陽可通漕運，一日：

> 高祖自鄴返京，汎舟洪池，乃從容謂（李）沖曰：朕欲從此通渠於洛陽，南伐之日，何容不從此入洛，從洛入河，從河入汴，從汴入清，已致於淮？下船而戰，猶出户而鬭，此乃軍國之大計。〔註33〕

洛陽有四通八達功能，遷都洛陽攸關國家大計，有非遷不可之需。雖有反對聲浪，孝文帝仍堅持遷都，藉征討南朝齊名義，率眾南遷洛陽，創造北魏盛世。孝文帝的一系列改革，使得漢族文化及先進的政治制度，完全融入於北魏的統治中，削弱鮮卑貴族的特權，北方社會進入民族融合的階段，爲經濟的恢復與發展帶來積極作用。然而，南遷的鮮卑人文化素質雖提升了，但漸弛於武備。也因長期處於昇平，鮮卑統治者，遂養成重文輕武觀念，使得北魏安定之局產生動搖。鮮卑或其他參與南遷的漢人著姓大族與胡族，亦因學習漢人的柔靡之風，沉淪養成奢侈、文弱。反觀六鎭地區：

> 昔時初置，地廣人稀，或徵發中原強宗子弟，或國之肺腑，寄以爪牙。中年以來，有司乖實，號曰府户，役同廝養，官婚班齒，致失清流。而本宗舊類，各各榮顯，顧瞻彼此，理當憤怨。〔註34〕

六鎭人的怨懟，對於孝文帝漢化政策的不滿，自生移情作用，鮮卑貴族的逐漸失勢，使得內部分爲鮮卑化與漢化，兩大集團勢力激盪，埋下六鎭民變種子。太和二十三年（499），孝文帝過世，孝武帝元脩繼位，北魏政治也隨之腐頽，繼而爆發嚴重內亂，尤以六鎭之變影響至深且鉅。緣起道武帝時，原爲防衛邊界與外征據點，以沿陰山山脈東西千里間，各配置軍鎭駐守，因佈置於朔北，故稱北鎭。其中最具代表性的六軍鎭，作爲首都平城屏障，依西起算分別爲：沃野、懷朔、武川、撫冥、懷荒、柔玄。其鎭守將領均爲鮮卑貴族，官兵則爲鮮卑人或胡化漢人。

〔註32〕《魏書・任城王傳》卷19，頁464。

〔註33〕《魏書・李沖傳》卷41，頁1185。

〔註34〕李百藥撰，《北齊書・魏蘭根傳》（北京：中華書局，1972），卷23，頁329～330。

初始，北魏對於六鎮軍將官兵，頗爲重視，陞遷快速，但因孝武帝遷都洛陽，該等鎮將官兵，不樂南遷，遂漸遠離權力核心而遭邊緣化，中央政府也與之漸行漸遠，引發六鎮官兵對於遷都、漢化政策強烈不滿。六鎮駐軍成立之初，彼等享優渥待遇，如今遭受剝奪，造成經濟困窘，地位下降。正光四年（523），北境柔然入侵懷荒鎮，鎮民以請糧不遂，執縛鎮將于景殺之而反。〔註 35〕未幾，沃野鎮民破六韓拔陵據眾反，殺鎮將，獲附近地區鎮民廣泛響應。〔註 36〕六鎮皆參與反魏變亂，頓時北邊幾成盜區，華北陷入混亂。歷史學家陳寅恪認爲「六鎮之叛，就基本性質來說，是對孝文帝漢化政策的一大反動。」〔註 37〕東、西魏也因此事件而建立，而影響中國政治三百餘年的關隴集團，亦因東魏、西魏的爭霸而創。高歡、宇文泰、侯景，即成長於此環境，亦因參與此次變亂混戰而展露頭角，成新興勢力。

北魏安定王中興二年（532），俟北魏孝武帝元脩即位（改國號太昌），極度不滿高歡的獨攬大權，暗中聯合賀拔岳試圖牽制討伐高歡。高歡親信司空高乾密奏高歡，事洩遭孝武帝殺害。高歡抱其首哭曰：「天子枉害司空。」〔註 38〕自此兩人關係急遽惡化。高歡命令侯莫陳悅刺殺賀拔岳，並派遣侯景欲接收賀拔岳的部隊。不料，賀拔岳部下奉戴宇文泰爲主，侯景無功而返。宇文泰以替賀拔岳報仇之名起兵，並發檄文討伐高歡。孝武帝於太昌三年（534），出走於關中投靠宇文泰，高歡遂藉機遙廢帝位，另立傀儡元善見爲帝，即孝靜帝；孝武帝奔西不久亦遭宇文泰所弒，宇文泰改立元寶炬爲文帝。自此，北魏分裂爲東、西魏。高歡以晉陽（今山西太原西南）爲中心，承襲原北魏，實行統治。高歡一方面爲了獲得鮮卑貴族的支持，竭力推行鮮卑化的政策；一方面爲了要得到漢族豪強地主的擁護，卻聽任彼等貪污聚斂，爲非作歹，吏治日趨腐敗惡化，其子高澄雖有大力澄清吏治，未料卻引來勳貴強烈反彈，危及高氏政權。西魏政權建立後，實際上由宇文泰掌握。掌政期間，社會較爲穩定，致力改革，國力日趨強盛，疆域雖無東魏廣大，人口少，但仍有效的抵抗了東魏的多次進攻。

魏孝靜帝武定八年（550），高歡之子高洋篡東魏，建立齊朝，史稱「北

〔註 35〕《通鑑・梁紀》卷 149，頁 4674。

〔註 36〕《通鑑・梁紀》卷 149，頁 4674～4675。

〔註 37〕萬繩楠整理，《陳寅恪魏晉南北朝講演錄》（貴陽：貴州人民出版社，2007.4），頁 236。

〔註 38〕《通鑑・梁紀》卷 156，頁 4832。

齊」。北齊乃依據東魏原有基礎而建，而東魏則承原北魏，國力較北周強盛，北魏孝文帝在位期間，又進行了改革，使北齊因之擁有的國力更優於北周。然自文帝之後，相繼即位的孝昭帝、武成帝皆爲暴君，在位期間，大肆殺戮元姓（北魏皇室）與漢族官員，使得北齊失去了鮮卑族與漢族廣大人民的支持；與北齊同時存在之北周，係由宇文覺於魏恭帝四年（557）西魏原基礎上所建立之王朝。建立之初，北周實力明顯弱於北齊，然由於周武帝宇文邕的勵精圖治，使北周於政經方面超越北齊而漸強盛，周武帝在位期間，赦免大部分奴隸爲平民，調和統治者與人民的矛盾，而平日生活簡樸、勤政愛民，深受各族人民愛戴，國力提升。北周武帝建德六年（577），北周消滅宿敵北齊。北周武帝宣政元年（578），周武帝宇文邕卒，傳位於宣帝，但此後北周之軍政大權，已逐步落入外戚楊堅之手，後楊堅於北周靜帝大定元年（581），廢周靜帝，建立隋朝，並逐步統一全國，結束了中國長期分裂的局面。

整體而論，依北朝政治發展脈絡，亦有呈現重臣悍將專政的局勢，而且嗣後裂解爲二，使北方由統一而再度走向分裂。與南朝係漢人政權相異，北朝則由鮮卑族或鮮卑化的漢人所統治，然當時北方經濟、文化之發展，並不因此而受多大影響，特別是從北魏孝文帝以至西魏、北周，多方進行了改革，使北方經濟逐漸復甦。

第二節　魏分東、西後的政治形勢

東魏與西魏之對抗時代，雖名義上沿用東、西魏之稱號，實際爲北齊、北周之前身，或逕呼之爲北齊、北周亦無不可。爲行文方便，有時北齊、北周即包含東魏、西魏在內。〔註 39〕在中國戰役史上，以南北朝之東魏、西魏戰爭爲最。時西魏由宇文泰掌握政權，東魏則由高歡掌權，彼此間引發一連串戰役。高歡與宇文泰，均爲承襲六鎮鮮卑化集團，反對北魏孝文帝之漢化政策而興起的人物。宇文泰所憑藉之人才、地利，均遠在高歡之下。如欲與高歡抗爭，勢必要有異於高歡之優勝條件，僅依現有武力是無法改變分裂事實，且爲因應內外情勢之變化，統治之所需，勢必要走出新的途徑，發展因應對策，始能內圖富國強兵，外而扞禦強敵，因而創立所謂關隴集團。使得

〔註 39〕王吉林，〈西魏北周統治階級的形成〉，(《文化學院民族與華僑研究所學報》，第三期，1981 年)，頁 19。

西魏（北周）富強，得以由弱轉強，東魏（北齊）反由盛而衰，最後被北周所併吞之理，其關鍵在勢的累積與形成。東、西魏隔黃河分治，六鎮軍人主要爲高歡所得，宇文泰麾下「軍士多是關西人」，〔註40〕彼此戰爭接連不斷。平時秣馬厲兵，準備吞併對方。淮河以南的蕭梁王朝時傾大軍北伐，企圖殲滅東魏。北境之柔然、稽胡民族亦不斷侵寇掠奪兵馬糧草，東魏邊境常受其害。《北齊書・杜弼傳》載宇文泰曾招誘過六鎮軍人，語云：

> 弼以文武在位，罕有廉潔，言之與高祖（高歡）。高祖曰：弼來，我語爾，天下濁亂，習俗已久，今督將家屬多在關西，黑獺常相招誘。人情去留未定，江東復有一吳兒老翁蕭衍者，專事衣冠禮樂，中原士大夫望之，以爲正朔所在。我若急作法網，不相饒借，恐諸將盡投黑獺，士子悉奔蕭衍，則人物流散，何以爲國？爾宜少待，吾不忘之。〔註41〕

杜弼所言，黑獺（宇文泰）的招誘，確是高歡所慮，面臨之問題。因此雙方各積極內改改革，擴充兵員、以增勢力，期利進而殲滅對方。論實力，東魏在政治、經濟、〔註42〕軍事上，遠勝西魏。宇文泰雖有利用家屬招誘高歡督將的行動，但並未奏效。雙方征戰之中，宇文泰雖時有勝利，但基本上仍舊處於劣勢。西魏自成立以來，就陷於與東魏長期戰爭中。東魏、西魏爭奪的焦點是陝、晉、豫之間的三角地帶，由黃河和崤山分隔東西，形成天然的關隘，自古以來即爲兵家必爭之地。兩魏正式分庭抗禮之後，高歡以晉陽爲基地南下，宇文泰以關中爲基地東出，在此地區展開了一系列拉鋸戰：

1. 小關之戰（536年）

東魏、西魏的五度大戰由「小關之戰」揭開序幕。東魏孝靜帝天平三年（536、西魏大統二年）12月，高歡先發制人，趁關中大饑荒時率軍西征，〔註43〕兵分

〔註40〕令狐德棻等撰，《周書・文帝紀》（北京：中華書局，1971.11），卷1，頁6。

〔註41〕李百藥，《北齊書・杜弼傳》（北京：中華書局，1972），卷24，頁347～348。

〔註42〕《通鑑・梁紀》卷158：「魏自喪亂以來，農商失業，六鎮之民相帥內徙，就食齊、晉，歡因之以成霸業。東西分裂，連年戰爭，河南州郡鞠爲茂草，公私困竭，民多餓死。歡命諸州濱河及津、梁。皆置倉積穀以相轉漕，供軍旅，備饑饉，又於幽、瀛、滄、青四州傍海煮鹽，軍國之貴，粗得周贍，至是，東方連歲大稔，穀斛至九錢，山東之民稍復蘇息矣。條下，胡三省注曰：『高歡於兵荒之餘能紓民力。』」頁4909～4910。

〔註43〕《通鑑・梁紀》卷157：「是歲，魏關中大饑，人相食，死者什七八。」頁4875。

三路，令大都督竇泰率步騎萬餘人擔任前鋒，直趨潼關〔註 44〕，（潼關位於陝、豫、晉三省交界，南倚華山，北對黃河，爲一天然險阻），欲一舉消滅西魏，令司徒高敖曹率軍攻上洛（今陝西商縣）。翌年（537）正月，高歡親率大軍赴蒲坂（今山西永濟西），造浮橋三座，作勢欲渡黃河，以疑兵欺敵，吸引西魏注意力〔註 45〕。蒲坂位於黃河彎曲處，隔河與潼關相對，爲河東通往關中要衝。宇文泰爲迎戰東魏軍，進抵渭北廣陽。面對東魏三路大軍夾擊的形勢，西魏將領均反對捨近襲遠，主張分兵迎擊。宇文泰在研判敵軍可能行動後，力排眾議，決定對蒲坂、上洛敵軍暫採守勢，主張集中火力，全力攻滅竇泰軍。

宇文泰確爲奇才，獨具慧眼，其謂諸將：高歡三面圍堵我軍，搭建浮橋，無乃虛張聲勢，目的爲牽制我軍主力，利竇泰自西進軍兩面夾攻我軍。再者，竇泰爲高歡前鋒驍將，屢屢報捷，〔註 46〕必生輕敵驕心。〔註 47〕不如逕襲竇泰，破竇泰軍，高歡必不戰而退。倘若先攻蒲坂，高歡扼前，竇泰襲後，我軍則遭前後夾攻，表裡受敵。庚戌（14 日），宇文泰回軍長安，凝聚內部共識，宇文泰的族子宇文深持有相同見解：

> 竇氏，歡之驍將也，頑凶而勇，戰亟勝而輕敵，歡每仗之，以爲禦侮。今者大軍若就蒲坂，則高歡拒守，竇泰必援之，內外受敵，取敗之道也。不選輕銳之卒，潛出小關，竇性躁急，必來決戰，高歡持重，未及救之，則竇可擒也。既擄竇氏，歡勢自沮。回師禦之，可以制勝。〔註 48〕

宇文深建議，慎選精銳兵騎直出小關（潼關之左），竇泰性急必來赴戰，而高歡行事謹慎，肯定觀望，戰勝竇泰後再回擊高歡，敵軍可破。宇文泰決定依計而行，乃佯言欲保隴右，故意示弱，退還長安，以迷亂東魏軍，暗地則率軍東出。癸丑旦（17 日），日夜兼程，直趨小關，先處戰地，以逸待勞。竇泰未料西魏軍突至，自恃驍勇，缺乏謀略，自亂陣腳，倉皇自風陵急渡黃河前進。宇文泰擇定牧澤這一有利地形，四面埋伏，引誘竇泰進入澤中泥沼地重

〔註 44〕《通鑑・梁紀》卷 157：「丁丑，東魏丞相歡督諸軍伐魏，遣司徒高敖曹趣上洛，大督都竇憲趣潼關。」頁 4875。

〔註 45〕《通鑑・梁紀》卷 157，頁 4875。

〔註 46〕《周書・文帝紀》卷 2，頁 22。

〔註 47〕《通鑑・梁紀》卷 157：「丞相泰曰：「歡再攻潼關，吾軍不出壩上，今大舉而來，謂吾亦當自守，有輕我之心，乘此襲之。」頁 4875。

〔註 48〕《周書・宇文深傳》卷 27，頁 455～456；《通鑑・梁紀十三》卷 157，頁 4875～4876。

圍。西魏軍突至小關，竇泰猝不及防，引兵赴陣，竇泰鐵騎不得馳突，西魏軍萬弩齊發，擊破竇泰軍，盡俘其眾萬餘人，竇泰亦身中數箭，料知無法脫圍，自刎而死。〔註49〕殲滅竇泰軍後，宇文泰回軍津蒲，準備再戰。高歡聞竇泰軍敗，由於黃河冰薄，人兵輜重無法渡河，遂毀橋撤軍，退回晉陽。召回高敖曹，倉促北退。雙方首戰，高歡以失敗告終。此戰擔任主攻部隊的竇泰，自恃武勇，缺乏謀略，行動遲緩。聞敵至，自風陵急渡求戰，與敵遭遇時，又以仰攻態勢，面對整暇以待、先處戰地的宇文泰軍，自屬不利。此戰為雙方的第一次交手，高歡鎩羽而歸。參戰人員如表 1。

表1　小關之戰（536～537）參戰人員表

區分／時間	兵力對比	姓　名	事　　蹟	備　註
東魏天平三～四年		高歡	神武自晉陽西討，遣兼僕射行臺汝陽王暹、司徒高昂等趣上格，大都督竇泰入自潼關。	《北齊書》卷2
		高昂		
		元暹		
		竇泰		
		杜窟	泉企子元禮尋復洛州，斬東魏刺史杜窟	《通鑑》卷157
		段榮	初，高祖將圖關右，與榮密謀，榮盛稱未可。及渭曲失利，高祖悔之。	《北齊書》卷16
		薛孤延	代人也……西伐，至蒲津，竇態河南失利，高祖班師，延殿後，且戰且行。	《北齊書》卷19
		杜弼	竇泰總戎西伐，詔弼為泰監軍。	《北齊書》卷24
		薛長孺	從擊潼關，獲東魏將薛長孺。	《周書》卷20
		叱羅協	代郡人……泰向潼關，協為監軍。泰死，協見獲。	《北史》卷57
西魏大統二～三年	有騎六千，俘東魏其眾萬餘人	宇文泰	癸丑，旦，至小關。竇泰卒聞軍至，惶懼，依山為陣，未及成列，太祖縱兵擊破之，盡俘其眾萬餘人。斬泰，傳首長安。高敖曹適陷洛州。執刺史泉企，聞泰之歿，焚輜重棄城走。齊神武亦撤橋而退。企子元禮尋復洛州，斬東魏刺史杜窟。	《周書》卷2
		泉企與子元禮、仲遵		

〔註49〕《通鑑・梁紀》卷157：「竇泰聞軍至，…，擊竇泰，大破之，士眾皆盡，竇泰自殺。」頁4876。

區分／時間	兵力對比	姓　名	事　　蹟	備　註
		蘇綽	行台左丞蘇綽、中兵參軍代人達奚武亦以爲然。……以問族子直事郎中深，深曰：「竇泰，歡之驍將，今大軍攻蒲坂，則歡拒守而泰救之，吾表裡受敵，此危道也。不如選輕銳潛出小關，竇泰躁急，必來決戰，歡持重未即救，我急擊泰，必可擒也。擒泰則歡勢自沮，回師擊之，可以決勝。」	《通鑑》卷 157
		達奚武		
		宇文深		
		宇文護	從太祖擒竇泰	《周書》卷 11
		賀拔勝	從太祖擒竇泰於小關	《周書》卷 14
		侯莫陳凱	從太祖擒竇泰	《周書》卷 16
		若干惠	從擒竇泰，復弘農，破沙苑，惠每登陷陣	《周書》卷 17
		怡峰	從太祖擒竇泰於小關	
		劉亮	從太祖擒竇泰	
		豆盧寧	齊神武與竇泰、高敖曹三道來侵，太祖欲並兵擊竇泰，諸將多異議，唯武及蘇綽與太祖意同，遂擒之。	《周書》卷 19
		楊忠	從太祖破沙苑	
		庫狄昌	從破竇泰	
		辛威	從破竇泰	
		蔡佑	從太祖擒竇泰	
		耿豪	從擒竇泰	
		韓果	從襲竇泰於潼關，太祖依其規劃，軍以勝還。	
		蔡佑	復弘農，戰沙苑皆有功	
		常善	破沙苑，累有戰功	
		王雅	東魏將竇泰入寇，雅從太祖擒之於潼關	
		達奚寔	從太祖擒竇泰	
		竇熾	破沙苑皆有功	《周書》卷 30
		竇毅	從擒竇泰	
		李穆	擒竇泰	

區分／時間	兵力對比	姓　名	事　　蹟	備　註
		韋孝寬	從擒竇泰，間左丞。	《周書》卷 31
		陸通	從擒竇泰	《周書》卷 32
		崔謙	從太祖擒竇泰	《周書》卷 35
		崔猶	破沙苑皆有功	
		靴端	從擒竇泰	
		陽猛	大統三年，爲竇泰所襲，猛脫身得免。太祖以眾寡不敵，弗之責也。	《周書》卷 44
		蔣昇	東魏將竇泰入寇，……太祖出師馬牧澤，時西南有黃紫氣抱日，從未至酉。太祖謂昇曰：「此何祥也？」昇曰：「西南未地，主土。土王四季，秦之分也。今大軍既出，喜氣下臨，必有大慶。」	《周書》卷 47
		長孫子彥	從征竇泰	《北史》卷 22
		郭琰	齊神武遣大都督竇泰襲恒農。時琰爲行臺，眾少戰敗，乃奔洛州。至刺史泉仚城守力窮，城將陷，……言發涕流，不能自止，兵士見之，咸自厲奮。竟爲東魏江高敖曹所擒。	《北史》卷 85

本表引自杜志成，〈由分裂到統一——北朝末期東、西魏（531～577）之研究〉，（臺北：私立中國文化大學史學系博士論文，2011.01），頁 196～197。

2. 沙苑之戰（537）

西魏大統二年（536、東魏天平三年），「是歲，關中大饑，人相食，死者什七八。」〔註 50〕爲擺脫糧食的匱乏與減輕強敵之威脅，〔註 51〕宇文泰接受東出奪取弘農的建議。〔註 52〕大統三年（537、東魏天平四年）8 月，係西魏新勝後的主動出擊，宇文泰率李弼、獨孤信、梁禦、趙貴、于謹、若干惠、怡峰、劉亮、王德、侯莫陳崇、李遠、達奚武等十二將出關。由於首次東出，爲重伸軍紀，特於軍行潼關時舉行誓師，以招攬河南人心。〔註 53〕先以北雍

〔註 50〕《通鑑・梁紀》卷 157，頁 4875。

〔註 51〕《周書・王羆傳》卷 18：「關中大饑，徵稅民間穀食，以供軍費。或隱匿者，令遞相告，多被篣棰，以是人有逃散」，頁 292。

〔註 52〕《周書・宇文深傳》卷 27：「深又說太祖進取弘農，復克之。太祖大悅，謂深曰：『君即吾家之陳平也。』」頁 456。

〔註 53〕《周書・文帝紀》卷 2：「與爾有眾，奉天威，誅暴亂。惟爾氏，整而甲兵，戒而戎事，無貪財以輕敵，無暴民以作威。用命則有賞，不用命則有戮。爾其士其勉之。」頁 23。

州刺史于謹為前鋒，攻下盤豆，〔註 54〕又進取弘農（今河南三門陝市西），俘虜了東魏陝州刺史李徽伯及八千餘名將卒，〔註 55〕原來歸附東魏的黃河之北諸城亦陸續反叛，歸於西魏。

面對崤函與河東等地的相繼失守，高歡旋即回應。東魏天平四年（537、梁武帝大同三年、西魏大統三年）閏 9 月，東魏丞相高歡乘西魏丞相宇文泰攻占弘農（今河南三門峽市）之際，為雪潼關（小關之戰）（今陝西潼關南禁谷）敗戰之恥，也為竇泰復仇及關中大饑尚未解除，此時對之攻擊，有利於潼關的奪取。由於宇文泰發動的此次戰爭，乃為倉促之舉，時西魏境內逢大饑荒，雖新挫東魏軍，唯國力仍虛。且西魏軍時不滿萬人，攻下弘農後，因糧草不足，僅停駐五十餘日，聞高歡將渡黃河，便匆忙引兵入關，弘農隨即為東魏將高昂所圍。先前高歡決定西征時，右長史薛琡建議緩兵，堅守糧道，不可渡河野戰，俟關中饑荒持續惡化，再以武力逼降：

> 西（魏）賊連年饑饉，無可食啖，故冒死來入陝州，欲取倉粟。今高司徒（敖曹）已圍陝城，粟不得出，但置兵諸道，勿與野戰，比及來年麥秋，人民盡應餓死，寶炬、黑獺、自然歸降。願王勿渡河也。〔註 56〕

侯景亦進言高歡，建議採取分兵兩路進擊，相互支援的策略，勿將主力全部投入，〔註 57〕以免遭西魏一舉全殲。但高歡為竇泰復仇心切，自恃兵力強大，期藉關中大旱饑荒之際，一舉破敵，因此高歡接受建議，親自「將兵二十萬自壺口（今山西吉縣西）趣蒲津（今山西永濟縣一帶）渡河，使高敖曹將兵三萬出河南。」〔註 58〕直逼華州，華州刺史王羆有備，高歡見守備甚嚴，不可攖其鋒，便繞城而過，〔註 59〕涉洛水，進屯許原（今陝西大荔南）西，直

〔註 54〕《周書・于謹傳》卷 15：「東魏高叔禮守險不下，攻破之。拔虜其卒一千。」頁 246。

〔註 55〕《通鑑・梁紀》卷 157，頁 4879。

〔註 56〕李百藥，《北齊書・薛琡傳》（北京：中華書局，1972），卷 26，頁 370。

〔註 57〕李延壽撰，《北史・薛琡傳》（北京：中華書局，1974），卷 25：「侯景亦曰：『今舉兵極大，萬不一捷，卒難收斂。不如分為二軍，相繼而進，前軍若勝，後軍合力，前軍若敗，後軍承之。』」頁 923。

〔註 58〕《通鑑・梁紀》卷 157，頁 4883。

〔註 59〕《北齊書・王羆傳》卷 18：「太祖以華州衝要，遣使勞羆，令加守備。羆語使人曰：『老羆當道臥，貉子安得過！』太祖聞而壯之。及齊神武至城下，謂羆曰：『何不早降？』羆乃大呼曰：『此城王羆冢，生死在此，欲死者來！』齊神武遂不敢攻。」頁 292。

指西魏腹地長安。宇文泰抵達渭南後，見向諸州所徵之兵馬，未能及時匯聚，遂召開會議，〔註 60〕諸將皆以敵眾我寡，宜待敵深入，依形勢變化，再調整作戰策略。宇文泰並未同意，指「歡若得至咸陽，人情轉騷擾。今及其新至，可擊之。」〔註 61〕此時正是滅敵良機，以解除諸將疑慮。不待州兵齊集，即令部卒連夜在渭水架設浮橋，攜帶三日糧秣，輕騎渡渭曲，輜重則沿渭水南岸向西撤退。東魏天平四年（537、大統三年）10 月 1 日，宇文泰兵進至沙苑（今陝西大荔南洛水與渭水之間），與東魏軍僅距六十里處紮營，由於雙方兵力懸殊，諸將皆懼，唯宇文深前來道賀說：

> 高歡之撫河北，甚得眾心，雖乏智謀，人接用命，以此自守，未易可圖。今懸師渡河，非眾所欲，唯歡恥失竇氏，愎諫而來。所謂忿兵，一戰可以擒也。此事昭然可見，不賀何爲。請假深一節，發王羆之兵，邀其走路，使無遺類矣。〔註 62〕

宇文深之言，更堅定宇文泰信心，因之決心與東魏一戰，一面遣將達奚武領數騎偵察，一面與諸將商議，此時宇文泰採李弼之計，〔註 63〕決定於沙苑以東十萬葦深土濘之渭曲設伏。以部將趙貴、李弼分置左右，背渭水東西列陣以待，李弼、趙貴伏兵頓起，李弼的鐵騎橫擊東魏主力，將高歡大軍截成兩段，於沙苑一舉擊潰東魏軍隊。次日午後，東魏軍果然進入伏擊區，見西魏軍兵少人乏，於是兵馬輕敵冒進，一時行伍大亂，未等列陣便爭相進攻。宇文泰當即下令出擊，東魏軍潰散，俘虜七萬人，繳獲鎧仗十八萬件，高歡連夜跨駱駝逃往黃河西岸。驃騎大將軍于謹領六軍配合作戰，李弼率鐵騎橫擊，亦大破東魏軍，殲八萬人，餘皆潰散。這時李穆建議「高歡膽破矣，速追之，可獲。」〔註 64〕宇文泰未納，還軍渭南，所徵之兵亦甫至前線。

宇文泰命令將士每人植柳樹一株，以旌武功。此戰，宇文泰採取了和北攻南的略策，對於北方的突厥、柔然曾通好，〔註 65〕減低邊患，但對於南朝

〔註 60〕《周書・文帝紀》卷 2：「高歡越山度河，遠來至此，天亡之時也。吾欲擊之如何？」頁 23。

〔註 61〕《北史・周本紀・太祖文帝》卷 9，頁 321；《通鑑・梁紀》卷 157，頁 4884。

〔註 62〕《周書》卷 27〈宇文測附弟深傳〉，頁 456。

〔註 63〕《通鑑・梁紀》卷 157：「開府儀同三司李弼曰：彼眾我寡，不可平地置陳，此東十里有渭曲，可先據以待之。」頁 4881。

〔註 64〕《通鑑・梁紀》卷 157，頁 4886。

〔註 65〕《通鑑・梁紀》卷 157：「大同三年九月，柔然爲魏侵東魏三堆，丞相歡擊之，柔然退走」，頁 4881。

則採取攻勢，先後進占了益州和荊雍等地。西魏軍判斷準確，根據地形特點，從容設伏，獲得以少勝多戰果。憑藉這場以弱勝強、以寡擊眾的伏擊戰，宇文泰既穩定了西魏政權，確立了東西魏割據的局面，也鞏固了在西魏政權的主宰地位，爲之後北周的建立奠基，雙方參戰人員如表 2。沙苑戰後，東魏已無能力入侵關中，雙方主戰場也轉爲河東（山西）和河南。

表 2　沙苑之戰（537）雙方參戰人員表

區分／時間	兵力對比	姓　名	事　　　　蹟	備　註
東魏天平四年	二十萬，高敖曹分兵三萬出河南。喪甲士八萬人，棄甲鎧十有八萬	高歡	歡將兵二十萬自分口趣蒲津，使高敖曹將兵三萬出河南。……高敖曹遂圍恒農。歡右長史薛琡言於歡曰：「西賊連年饑饉，故冒死來陝州，欲取倉粟。今敖曹已圍陝城，粟不得出。但置兵諸道，勿與野戰，比及麥秋，其民自應餓死，寶炬、黑獺何憂不降！願勿渡河。」侯景曰：「今茲舉兵，形勢極大，萬一不捷，猝難收斂。不如分二軍，相繼而進，前軍若勝，後軍全力；前軍若敗，後軍承之。」歡不從，自蒲津渡河。……都獨太安斛律羌舉曰：「黑獺舉國而來，欲一死決，譬如猘狗，或能噬人。且渭曲葦深土寧，無所用力，不如緩以相持，密分精銳徑掩長安，巢穴既傾，則黑獺不戰成擒矣。歡曰：「縱火焚之，何如？」侯景曰：「當生擒黑獺以示百姓，若眾中燒死，誰覆信之！」彭樂盛氣請鬥，曰：「我眾賊寡，百人擒一，何憂不克！」歡從之。	《通鑑》卷 157
		高昂		
		薛琡		
		斛律羌舉		
		侯景		
		彭樂		
		斛律金		
		薛崇禮	東魏將薛崇禮棄城走，勝等追獲之。	《周書》卷 2
		韓軌	齊神武敗於沙苑，其將韓軌、潘洛、可朱渾元爲殿。	《周書》卷 34
		潘樂		
		可朱渾元		
		叱列伏歸	齊神武所寵任，加授大都督，沙苑之敗，隨例來降。	《北史》卷 61
		司馬恭	敗於沙苑，……東雍州刺史司馬恭…棄城。	《北史》卷 69
		張華原	沙苑之役，……張華原以帳歷營點兵，…西魏力人持大棒守河橋……賀拔仁…射，一發斃之。	《北史》卷 54
		賀拔仁		

區分／時間	兵力對比	姓名	事蹟	備註
		慕容儼	沙苑之敗西魏荊州刺史郭鸞率眾攻擊……大破鸞軍。	《北齊書》卷 20
		薛脩義	元象初，拜儀同。沙苑之役，從諸軍退。	《北齊書》卷 20
		封延之	高祖沙苑失利還，延之棄州北走。高祖大怒，同罪人皆死，以隆之故，獨得免。	《北齊書》卷 21
		元景安	天平末，大軍西討，景安臨陣自歸，高祖嘉之，即補都督。	《北齊書》卷 41
		李屯	從齊神武帝與周師戰於沙苑，……因為柱國獨孤信所擒，配為士伍，給使信家，漸得親近，因賜姓獨孤氏。	《隋書》卷 55
西魏大統三年	所將士不滿八萬	宇文泰	丞相泰遣使戒華州刺史王羆，…歡知不可攻，乃涉洛，軍於許原西。泰至渭南，征諸州兵，皆未會。欲進擊歡，諸將以眾寡不敵，請待歡更西以觀其勢。泰曰：「歡若至長安，則人情大擾；今及其遠來新至，可擊也。」即造浮橋於渭，令軍士齎三日糧，輕騎渡渭，……宇文深獨賀。泰問其故，對曰：「歡鎮撫河北，甚得眾心。以此自守，未易可圖。今懸師渡河，非眾所欲，獨歡恥失竇泰，愎諫而來，所謂忿兵，可一戰擒也。事理昭燃，何不為賀！願假深一節，發王羆之兵邀其走路，使無遺類。」泰遣須昌縣公達奚武覘歡軍。	《通鑑》卷 157
		王羆		
		宇文深		
		達奚武		
		宇文導	導督左右禁旅會於沙苑，與齊神武戰，大破之。	《周書》卷 10
		宇文興	齊神武寇沙苑，興欲在行間，軍敗被虜，隨例散配諸軍。	《周書》卷 10
		宇文護	從太祖擒竇泰	《周書》卷 11
		賀拔勝	從破東魏軍於沙苑，追奔至河上。	《周書》卷 14
		李弼	與齊神武戰於沙苑，弼率軍居右，而左軍為敵所乘。弼呼其麾下六十騎，身先士卒，橫截之，賊遂為二，因大破。	《周書》卷 15
		李檦	尋為太祖帳內都督，從復弘農，破沙苑。	
		于謹	齊神武至沙苑，謹從太祖與諸將力戰，破之。	
		于寔	又從太祖戰於邙山。	

區分／時間	兵力對比	姓　名	事　　　　　蹟	備　註
		薛琡	右長史薛琡言於歡……西賊連年饑饉……民自應餓死……愳勿渡河。	《周書》卷16
		趙貴	從太祖復弘農，戰沙苑。	
		獨孤信	從太祖復弘農，破沙苑。	
		侯莫陳崇	復弘農，破沙苑。	
		侯莫陳凱	破沙苑陣。	
		梁禦	從太祖復弘農，破沙苑。	《周書》卷17
		若干惠	從擒竇泰，復弘農，沙苑，惠每登陷陣。	
		怡峰	又從復弘農，破沙苑。	
		劉亮	從擒竇泰，復弘農及破沙苑，亮並力戰有功。	
		王德	又破齊神武於沙苑。	
		王羆	沙苑之役，齊神武士馬甚盛，太祖以華州衝要，遣使勞羆，令加守備。	《周書》卷18
		侯莫陳順	從太祖破沙苑。	《周書》卷19
		豆盧寧	復弘農，破沙苑	
		楊忠	破沙苑。	
		王勵	沙苑之役，勵以都督領禁兵從太祖。勵居左翼，與帳下數十人用短兵接戰，當其前者，死傷甚重，遂卒於行間。	《周書》卷20
		尉遲綱	戰沙苑皆有功。	
		尉遲迥	復弘農，破沙苑皆有功。	《周書》卷21
		楊儉	從破齊神武於沙苑	《周書》卷22
		赫連達	復弘農，破沙苑皆有功。	《周書》卷27
		韓果	破沙苑	
		蔡佑	戰沙苑	
		常善	戰沙苑	
		辛威	戰沙苑，並先鋒陷敵，勇冠一時。	
		庫狄昌	戰沙苑，昌皆先登陷陣。	
		田弘	戰沙苑	
		梁椿	戰沙苑	
		宇文深	至於沙苑。……對曰：「歡鎮撫河北，甚得眾心。以此自守，未易可圖。今懸師渡河，非眾所欲，獨歡恥失竇泰，愎諫而來，所謂忿兵，可一戰擒也。」	

區分／時間	兵力對比	姓　名	事　　　　　蹟	備　註
		權景宣	戰沙苑，皆先登陷陣。	《周書》卷28
		王傑	破沙苑	《周書》卷29
		王勇	戰沙苑，氣蓋眾軍，所當必破。	
		宇文盛	及沙苑、河橋之戰皆有功。	
		宇文虬	破沙苑	
		高琳	從太祖破齊神武於沙苑。	
		王雅	沙苑之戰，……乃擐甲步戰，所向披靡，太祖壯之。	
		達奚寔	沙苑之戰皆力戰有功。	
		侯植	從太祖破沙苑	
		耿令貴	沙苑之戰，豪殺傷甚多，血染甲裳盡赤，太祖見之，歎曰：「令貴武猛，向無前，觀其甲裳，足於爲驗，不須更論級數也。」	
		竇熾	戰沙苑皆有功。	《周書》卷30
		竇毅	戰沙苑皆有功。	
		李穆	沙苑之捷，穆又言於太祖曰：「高歡今日已喪膽矣，請速逐之，則歡可擒也。」太祖不聽。	
		韋孝寬	擒竇泰，兼左丞。	《周書》卷31
		陸通	沙苑之戰皆力戰有功。	《周書》卷32
		盧柔	時沙苑之後，大軍屢捷，汝、潁之間，多舉義來附……柔隨機報答，皆合事宜。	
		唐謹	從破沙苑。	
		王慶	沙苑之戰皆力戰有功。	《周書》卷33
		元定	從擒竇泰。	《周書》卷34
		楊檦	齊神武敗於沙苑，其將韓軌、潘洛、朱可渾元等爲殿，檦分兵要截，殺傷甚眾。	
		崔謙	沙苑之戰皆力戰有功。	《周書》卷35
		崔猷	沙苑之戰皆力戰有功。	《周書》卷35
		崔說	沙苑之戰皆力戰有功。	
		斐俠	領鄉兵戰沙苑，先鋒陷陣。	
		薛端	沙苑之戰皆力戰有功。	
		敬珍	及齊神武趣沙苑，……珍曰：「宇文丞相寬仁大度，……殲馘凶徒，使只輪不反，非直雪朝廷之恥，亦壯士封侯之業。」……舉兵，數日之中，眾至萬餘。	

區分／時間	兵力對比	姓　名	事　　　蹟	備　註
		段永	破沙苑，皆力戰有功。	《周書》卷36
		司馬裔	乃於溫城起義，遣使送款，與東魏將高永洛、王陵等晝夜交戰。	
		韋瑱	戰沙苑。	《周書》卷39
		梁昕	沙苑之戰，皆力戰有功。	
		泉元禮	從態祖戰於沙苑，爲流矢所中，遂卒。	《周書》卷44
		翼儁	戰沙苑。	《周書》卷47
		莊昇	破沙苑。	
		長孫子彥	戰沙苑功，加開府、侍中。	《北史》卷22

本表引自杜志成，〈由分裂到統一——北朝末期東、西魏（531～577）之研究〉，（臺北：私立中國文化大學史學系博士論文，2011.01），頁197～200。

3. 河橋之戰（538）

抗禦過第一輪打擊的高歡派遣侯景、高昂等收復了河南大片州縣，隨即攻向洛陽。獨孤信避至金墉城中（洛陽城外要塞）。侯景一把火將洛陽之建築付之一炬，北魏孝文帝精心營造的一代名都，就此化爲焦土。西魏宇文泰率大軍救援，東魏侯景、高昂等撤圍北上，在「河橋」以南、邙山以北布陣，準備和宇文泰決一雌雄。

河橋之戰，發生於西魏大統四年（東魏元象元年、538）八月（初四日）。西魏大統三年（537、東魏天平三年），沙苑之戰東魏大敗後，西魏宇文泰兵分二路，派遣大軍出擊，元季海與獨孤信率步騎二萬東進洛陽；賀拔勝、李弼渡過黃河包圍蒲阪（今山西永濟）。東魏蒲阪牙門將高子信開門讓賀拔勝大軍入城，守將薛崇禮棄城而走，被追擒。宇文泰占據蒲阪，威脅汾州、絳州。〔註66〕洛陽一路在獨孤信統領下，進軍攻至新安（洛陽西新安縣），東魏大將高敖曹不支，渡河而逃。獨孤信遂進入洛陽。之後洛陽周圍州郡潁川郡、梁州、滎陽郡之當地豪族、官吏紛紛擒拿東魏的刺史、郡守歸降西魏。東魏大將堯雄、趙育、是雲寶、任祥等出兵潁川，欲收復失地，被西魏宇文貴、梁遷、怡峰等將領擊敗，趙育、是雲寶殺其東揚州刺史那椿以州投降西魏。〔註67〕

〔註66〕《周書・文帝紀》卷2，頁24。
〔註67〕《周書・文帝紀》卷2，頁24～25。

東魏元象元年（538）7 月，東魏丞相高歡派遣大將侯景、厙狄干、高敖曹、韓軌、可朱渾（道）元、莫多婁貸文等包圍了洛陽的獨孤信。高歡領大軍後至。西魏文帝下詔宇文泰率軍救援，並隨軍駕臨洛陽〔註 68〕。8 月庚寅（初三），宇文泰進軍至穀城，東魏將領莫多婁貸文、可朱渾元迎戰，莫多婁貸文被斬，可朱渾元單騎遁免，東魏俘虜被全部送往弘農。宇文泰遂進軍至瀍水東岸。當夜，東魏主將侯景解除洛陽包圍，退至邙山南部、河橋北岸嚴陣以待。〔註 69〕次日早上，率輕騎追擊的宇文泰追至河橋（在今河南孟縣西南、孟津東北黃河上），兩軍於河橋展開大戰。〔註 70〕此戰，由於各方面皆不能相互應援，成為混戰的局面。戰鬥中，宇文泰一度墜馬，險些被俘。不久西魏主力軍趕到，宇文泰率中軍攻破東魏軍，俘殺二萬餘人，陣斬驍將高昂。然而西魏左右軍此時又被擊潰，高歡亦率大批援軍兵臨黃河，宇文泰難以擴大戰果，不得不引軍撤回關中。河橋之戰即以平局而告結束，也結束了兩年多的連番大戰。

三戰過後，東魏方面不但未能攻占關東寸土，而且損兵折將無數，元氣大傷，急需時間休養生息；西魏方面雖然損耗比東魏少，戰爭是場消耗戰，經不起連年大戰的折騰。此時雙方都已精疲力竭，兵疲馬累，皆無力再戰，進入了四、五年的休戰期。但休戰並不意味著和平，在此期間，雙方仍在積極整裝待發，為即將到來的另一場大戰作準備。

4. 邙山之戰（543）

東魏興和四年（西魏大統八年、542）8 月，高歡再次西征，圍攻西魏王思政於玉壁城，但未能攻克，因逢大雪士卒多凍死，不得不班師。雖然這場仗未真正宣戰，然宇文泰深知，高歡必不會放棄入侵關中的計畫，遂謀劃先發制人，掌握戰略主動權。幾個月後，由此導致次年的邙山之戰。

邙山之戰，是西魏柱國大將軍宇文泰，對東魏發動的戰役。西魏大統八年（東魏興和四年、543）2 月，東魏北豫州刺史高仲密據虎牢叛變（一說是高澄強姦高仲密妻李氏，導致叛變），宇文泰率軍接應。〔註 71〕虎牢扼嵩山南麓與黃河間通道，為洛陽東方門戶。且高仲密世為冀州豪宗，並為信都義從

〔註 68〕《周書・文帝紀》卷 2，頁 25。

〔註 69〕《周書・文帝紀》卷 2，頁 25。

〔註 70〕《周書・文帝紀》卷 2，頁 25。

〔註 71〕《周書・文帝紀》卷 2：「九年春，東魏北豫州刺史高仲密舉州來附，太祖帥師迎之，令開府儀李遠為前軍。」頁 27。

勳家。〔註 72〕他的變節無疑爲東魏政權帶來衝擊，高歡爲穩定政局，立即安撫仲密弟高季氏，派封隆之慰撫冀州豪傑，〔註 73〕圖將傷害降至最低。宇文泰派于謹攻取柏谷塢，〔註 74〕防東魏大將侯景來襲，於是東、西魏戰火再起。東魏武定元年（543）3 月，兩軍於邙山決戰，西魏軍大敗。東魏當初，面對敵軍潰退的態勢，高歡陣營意見分歧，行台郎中封子繪建議：

> 混壹車書，正在今日，天與不取，反得其咎。昔魏主之平漢中，不乘勝而取巴、蜀，失在遲疑，悔無及已。伏願大王不以爲疑。〔註 75〕

高歡深然之，於是召集所屬研議進止，諸將咸以爲野無青草，人馬疲瘦，不可遠追。陳元康獨排眾議：

> 兩雄交爭，歲月已久，今得大捷，便是天授，時不可失，當乘勝追之。高祖曰：『若遇伏兵，孤何以濟？』元康曰：『王前沙苑退軍，彼尚無伏；今奔敗若此，何能遠謀。若捨而不追，必成後患。〔註 76〕

經過一陣激辯後，惜高歡卻意興闌珊，以防伏兵爲由，僅遣劉豐生追至弘農，但爲西魏王思政所阻，遂引兵東還。〔註 77〕邙山之役，戰況反覆，高歡、宇文泰均曾陷入險境，可見戰鬥之激烈，最後東魏勝利。當時若高歡堅持乘勝追擊的話，宇文泰恐無法回至西京，歷史即是一念之差，造成不同的後果，可能連高歡亦未想到吧。而東魏高歡，此戰佔盡上風，卻無法解決宇文泰，導致兩方的勢力，造成均勢。西魏大統三年（537）的沙苑之戰，可說是西魏的一大勝利，攻佔河東、河南等地，收復洛陽。〔註 78〕然，《周書・文帝紀下》載 538 年 8 月云：

> 是日置陣既大，首尾懸遠，從旦至未，戰數十合，氛霧四塞，莫能相知。獨孤信、李遠居右，趙貴、怡峯居左，戰並不利，又未知魏帝及太祖所在，皆棄其卒先歸。開府李虎、念賢等爲後軍，遇信等

〔註 72〕《北齊書・高乾附弟愼傳》卷 21，史臣曰：「然則齊氏元攻功，一門而已。」頁 309。

〔註 73〕《北史・高允附季氏傳》卷 31，頁 1148～1149；參見《通鑑・梁紀》卷 158，頁 4914。

〔註 74〕《周書・文帝紀》卷 2，頁 27。

〔註 75〕《北齊書・封子繪傳》卷 21，頁 304～305。

〔註 76〕《北齊書・陳元康傳》卷 24，頁 343。

〔註 77〕《周書・王思政傳》卷 18，頁 295。

〔註 78〕《通鑑・梁紀》卷 157：「獨孤信至新安，高敖曹引兵北渡河。信逼洛陽，洛州刺史廣陽王湛棄城歸鄴，信遂據金墉城。」頁 4888。

退，即與俱還。由是乃班師，洛陽亦失守。〔註 79〕

此即邙山之役，先勝後敗，對西魏來說，打擊甚大。接著洛陽亦失守，《周書・文帝紀下》，續載大統四年：

大軍至弘農，守將皆已棄城西走。所虜降卒在弘農者，因相與閉門拒守。進攻拔之，誅其魁首數百人。大軍之東伐也，關中留守兵少，而前後所虜東魏士卒，皆散在民間，乃謀爲亂。及李虎等至長安，計無所出，乃與公卿輔魏太子出渭北。關中大震恐，百姓鄉剽劫。於是沙苑所俘軍人趙青雀、雍州民于伏德等遂反。青雀據長安子城，伏德保咸陽，與太守慕容思慶各收降卒，以拒還師。每日接戰。魏帝留止受鄉，遣太祖討之，關中於是乃定。〔註 80〕

從高歡與宇文泰之間爭霸戰端視，西魏宇文泰明顯弱於高歡。因此宇文泰希冀擁有一支新的軍事強隊，否則難以與高歡抗衡於中原。《周書・文帝紀下》載：「大統九年，太祖以邙山之戰，諸將失律，上表請自貶。魏帝報曰：『宜抑此謙光，恤予一人。』於是廣募關隴豪右以增軍旅。」〔註 81〕尤以大統四年的邙山之戰大敗，憾動折損西魏。纏鬥多年，東、西兩雄各自面臨「力屈」、「氣喪」的困境。〔註 82〕宇文泰雖自此未再圖東出，然在損兵折將之餘，卻能於政治、經濟上實施大幅度變革，廣募關隴豪右以增軍旅，使政權體質得以改善。高歡亦自認以東魏現有實力，實不足於殲滅對手，遂轉移內政興革、澄清吏治，著手政權的接班佈局。

5. 玉壁之戰

玉壁之戰是高歡的生命面臨油盡燈枯之際，奮起餘勇，希望能一舉蕩平西魏，因此主動對西魏發動戰役，旨在攻取戰略要地玉壁城，進而打開西進的道路。〔註 83〕北魏孝武帝永熙三年（534、梁武帝中大通六年），北魏分裂爲東魏和西魏。唯兩魏實權分別落入丞相、鮮卑化的漢人高歡和漢化的鮮卑人

〔註 79〕《周書・文帝紀》卷 2，頁 26。

〔註 80〕《周書・文帝紀》卷 2，頁 26。

〔註 81〕《周書・文帝紀》卷 2，頁 28。

〔註 82〕《通鑑・梁紀》卷 158：「元康曰：『王前沙苑失利，彼尚無伏；今奔敗若此，何能遠謀！若捨而不追，必成後患。』歡不從。條下，胡三省注曰：『余謂邙山之戰，蓋俱傷而兩敗，宇文泰雖力屈而遁，高歡之氣亦衰矣，安敢復深入乎。』」頁 4917。

〔註 83〕《周書・韋孝寬傳》卷 31：「十二年，齊神武傾山東之眾，志圖西入，以玉壁衝要，先命攻之。」頁 536。

宇文泰手中，君主僅是傀儡而已。兩魏以黃河爲界，東魏以鄴（今河北臨漳西南）爲都，佔有函谷關以東原北魏的大部分地區；西魏以長安（今陝西西安市）爲都，佔有原北魏的關中一帶。兩魏彼此對立，後又分別爲齊、周所代，最後北齊爲北周所滅，山西始終是首當其衝的爭戰之地。高歡仗恃地廣人眾、糧足馬肥的戰略優勢，欲一舉蕩平西魏；宇文泰則儘管僻處關西，人稀兵少，糧秣匱乏，卻能勵精圖治，尤以戰役勝利的積累，信心和實力與日俱增。

西魏大統三年（537、梁武帝大同三年），西魏驍將楊檦在宇文泰支持下，運用其地緣關係，東渡黃河，巧計攻占東魏邵郡（今山西垣曲故城），進入河東（今山西南部地區）。從此，東、西魏互爲依托的關河天險爲西魏所獨有。此歷史現象頗似戰國時代秦據有魏的安邑（今夏縣西北）而對秦、魏的盛衰存亡攸關一樣，如今之於兩魏同爲盛衰存亡之所繫。由於河東處於東、西霸府晉陽、華州之間，任何一方得到該地，除能增強其防禦縱深外，並可威脅對手的軍事重鎮。〔註84〕正因如此，河東遂成爲兩魏之間殊死戰焦點，亦爲東魏於西魏大統八（542）年、十二（546）年兩度兵叩玉壁主因。此戰東魏軍由大丞相高歡統領；西魏軍首次由東道行台王思政爲主將，第二次則由晉州刺史韋孝寬爲主將。

（1）高歡的首度攻玉壁（542）

東魏孝靜帝興和四年（542、西魏大統八年、梁武帝大同八年）初冬。高歡率軍自晉陽，揮軍沿汾河谷道南下，九月，至絳州（今山西新絳）折西，軍勢浩大，號稱「連營四十里」。高歡兵臨城下，軟硬兼施，先以授并州刺史勸降，爲王思政所拒；〔註85〕冬，十月，高歡遂圍玉壁，〔註86〕激烈反攻，由於玉壁已近達二年的工事構築，致東魏雖全力猛攻，連續攻打 9 日，又逢大雪天候惡劣，士卒饑凍，死傷慘重，無力攻克，〔註87〕無奈撤軍。〔註88〕

〔註84〕陳長琦、易澤陽，〈韋孝寬與玉壁之戰〉收入（《南都學壇》第一期，2008 年），頁 38。

〔註85〕《周書・裴俠傳》卷 35：「王思政鎭玉壁，以俠爲長史。未幾爲齊神武所攻。神武以書招思政，思政令俠草報，辭甚壯烈。」頁 618。

〔註86〕《魏書・孝靜帝紀》卷 12：「四年冬十月甲寅，齊獻武王圍寶炬玉壁。」頁 305；見《通鑑・梁紀》卷 158：「十月，己亥，歡圍玉壁，凡九日」頁 4912。

〔註87〕《周書・王思政傳》卷 18：「八年，東魏來寇，思政守禦有備，敵人晝夜攻圍，卒不能克，乃收軍還。」頁 295。

〔註88〕《北齊書・神武帝紀》卷 2：「十月己亥，圍西魏儀同三司王思政於玉壁城，欲以致敵，西師不敢出。十一月癸未，神武以大雪，士卒多死，乃班師。」頁 21。

（參戰者如表 3）。

面對西魏援軍馳至之壓力，研判情勢不利於己，高歡僅能苦吞敗果，撤圍退兵。是役，東魏採高歡與侯景南北分進合擊，以玉壁爲餌，吸引關中重兵解圍。俟西魏援兵東渡時，侯景軍直驅潼關，逕入關中，與高歡合殲西魏大軍於河東之策略。然而戰爭結果，並未達成高歡預期目標，西魏雖被困玉壁，但在名將王思政指揮若定下，又以玉壁地形險要，易守難攻，天候不佳，侯景軍又未能適時配合攻擊，高歡望城興嘆。

表 3　第一次玉壁之戰（542）東魏參戰人員表

區分／時間	兵力對比	姓　名	事　　蹟	備　註
東魏興和四年	連營 40 里，士卒飢凍多死者	高歡	九月，神武西征。十月己亥，圍西魏儀同三司王思政於玉壁城，欲以致敵，西師不敢出。十一月癸未，神武以大雪士卒多死，乃班師。	《北齊書》卷 2
		可朱渾道元	歡以書招思政曰:「若降，當授以并州。」思政復書曰：「可朱渾道元降，何以不得？」	《通鑑》卷 157
		元欽	魏遣太子欽鎮蒲坂。丞相泰出軍蒲坂，將擊之」至皁莢，聞歡退渡汾，追之不及。	
		宇文泰	冬十月，齊神武侵汾、絳，圍玉壁。太祖出軍蒲坂，將擊之，軍至皁莢，齊神武退。太祖渡汾追之，遂遁去。	《周書》卷 2
		賀拔勝	及齊神武悉眾攻玉壁，勝以前軍大都督從太祖追之於汾北。	《周書》卷 14
		趙貴	又從援玉壁，齊神武遁去。	《周書》卷 16
		怡峰	從解玉壁圍，平柏谷塢，並有功。	《周書》卷 17
		楊忠	並與怡峰解玉壁圍，轉洛州刺史。	《周書》卷 19
		尉遲綱	東魏圍玉壁，綱從太祖救之。	《周書》卷 20
		王盟	東魏侵汾川，圍玉壁，盟以左軍大都督守蒲坂。	
		長孫澄	從太祖援玉壁	《周書》卷 26
		梁臺	從援玉壁	《周書》卷 27
		宇文測	是年十二月，突厥從連谷入寇，去界術十里。測命積柴之處，一時縱火，途厥謂有大軍至，懼而遁走，自相蹂踐，委棄雜畜及輜重不可勝數。	

區分／時間	兵力對比	姓　名	事　　　蹟	備　註
		李穆	從解玉壁圍	《周書》卷 30
		陸通	從文帝援玉壁	《周書》卷 32
		裴俠	王思政鎮玉壁，……神武以書招思政，思政令俠草報，辭甚壯烈。太祖善之，曰：「雖魯連無以加也。」	《周書》卷 35
		鄭偉	解玉壁圍，偉常先鋒陷陣。	《周書》卷 36
		裴果	解玉壁圍，並摧鋒奮擊，所向披靡。	
		韋瑱	大統八年，齊神武侵汾、絳，瑱從太祖禦之。	《周書》卷 39
		陽雄	解玉壁圍	《周書》卷 44

本表引自杜志成〈由分裂到統一——北朝末期東、西魏（531～577）之研究〉，（臺北：私立中國文化大學史學系博士論文，2011.01。）頁 205。

（2）高歡再攻玉壁（546）

三年後，即西元 546 年（東魏武定四年、西魏大統十二年），東魏與西魏的第五次大戰——玉壁之戰爆發。參戰者如表 4。

高歡將鄴都政務交由高澄後，全心全意於與西魏的爭霸戰，期望在有生之年能夠解決關中問題，以免禍延下代，但事與願違，高歡的臨終遺言高澄，嘆：「邙山之戰，吾不用陳元康之言，留患遺汝，死不瞑目。」〔註 89〕

高歡記取第一次失敗教訓，經過精心策劃充分準備，東魏孝靜帝武定四年（546、西魏大統十二年、）9 月，高歡再度調集二十萬大軍，其「連營數十里，至於城下」，〔註 90〕之傾國兵馬，志圖關中，直撲西魏位於汾河下游的重要據點玉壁（今山西稷縣）城下。西魏守將韋孝寬堅守不出，據城固守。〔註 91〕東魏軍於城南起土丘，欲居高臨下攻城，破城而入，土山對面，城上原有兩座敵樓，韋孝寬邊於樓上縛木相接，高逾土丘，邊廣積戰具以待。高歡使人向城中喊話「縱爾縛樓至天，我會穿城取爾。」，〔註 92〕遂於城南鑿地道向城接近，同時於城北起土山晝夜攻城；韋孝寬則沿城挖塹截擊地道，並嚴令戰士守塹，城外一旦挖透塹壕，立即擒殺，又於塹外貯存柴火，備足風箱，

〔註 89〕《通鑒・梁紀》卷 159，頁 4946。
〔註 90〕《周書・韋孝寬傳》卷 31，頁 536。
〔註 91〕《北齊書・神武帝紀》卷 2：「九月，神武圍玉壁，以挑西師，不敢應。西魏晉州刺史韋孝寬守玉壁」，頁 23。
〔註 92〕《周書・韋孝寬傳》卷 31，頁 536。

如有敵蟄伏地道，即鼓風以煙火灼燒。城內無水而汲於汾水，高歡使將士移汾改道；韋孝寬則於城內鑿井以對。城外又造攻車，堅固銳利，車之所及，莫不摧毀；城內乃縫布爲縵，隨車所向而張設，布既懸空中，車竟不能壞。城外縛松香於高竿，灌油加火，欲燒布焚樓；城內則造長柄鐵鉤，以鉤割竿，松麻俱落。城外又於城四面穿地二十道，各施梁柱，以油澆灌，放火燒柱，柱折城崩；城內卻隨崩隨豎木柵以阻止。高歡戰術用盡，皆無濟於事，使祖珽向韋孝寬喊話，曉以大義，勸何不投降；韋孝寬答：「我城池嚴固，兵食有餘，攻者自勞，守者常逸。豈有旬朔之間，已須救援。適憂爾眾有不反之危。孝寬關西男子，必不爲降將軍也。」〔註 93〕高歡再使人射募格於城中云：「能斬城主降者，拜太尉，封開國郡公，邑萬戶，賞帛萬疋。」〔註 94〕韋孝寬則於背面書，反射城外云：「若有斬高歡者，一依此賞。」〔註 95〕雙方你來我往，高歡又縛押韋孝寬於山東之從子於城下，揚言城內再不降，即殺之；韋孝寬依然不爲所動，從而更加堅定士卒與城共存亡的信念。

高歡用盡心思，苦戰六旬，士卒死傷已過半，仍無法攻克，士氣低落，眼見佔領玉壁城無望，急得舊病復發，〔註 96〕乘夜逃亡，不久忿怨死於晉陽。西魏則嘉勉韋孝寬守城之功，授驃騎大將軍、開府儀同三司，進爵建忠郡公。高歡縱橫沙場多年，竟連續二次敗於玉壁，非其不能也，實因王思政、韋孝寬等人善於守護。高歡自晉陽傾舉國之力來攻，迫西魏軍決戰。而爲何關中一改之前，按兵不動。乃西魏尚未走出邙山之敗陰影，又玉壁已經營多年，又經戰火洗禮，已驗證實效，又有當地豪勇支援，可謂防衛堅牢。高歡無法越雷池一步，倘無勝算把握，實不宜再另起爭端。唯雙方交戰多年，勢均力敵，證實兩者仍未俱備一統中國北方的實力。而東魏北齊，於往後二十餘年間，未曾向西發動大規模攻擊，轉而利用侯景亂梁，趁南朝內亂之際，掠取淮南、江北等地。而宇文泰自知實力尚不足於與東魏對抗，故不理會其挑釁，益發使高歡猛攻玉壁，無奈該城牢不可破，使高歡一籌莫展。宇文泰雖未圖東出，埋首關中各項改革，亦乘江南十年大亂，逐步蠶食蕭梁，奠下北周統一之基。

〔註 93〕《北史・韋孝寬傳》卷 64，頁 2261。
〔註 94〕《通鑑・梁紀》卷 159，頁 4942。
〔註 95〕《周書・韋孝寬傳》卷 31，頁 537。
〔註 96〕《通鑑・梁紀》卷 159，武帝中大同元年：「東魏苦攻凡五十日，士卒戰及病死者共七萬人，共爲一冢。歡智力皆困，因而發疾。」頁 4942。

但總體而論，上述戰役乃屬個別戰，短暫論輸贏，宇文泰與高歡於政治謀略伯仲間，不分軒輊，軍事指揮才能宇文泰勝出一籌，然高歡優勢的軍事與經濟實力彌補了不足。是故，無法蓋棺論定雙方最終勝敗，只待其後世一決。宇文泰作爲實力弱的一方，戰術均採運動戰，伏擊戰，防禦戰，方屬有利，亦可彌補兵力之不足，若採主動至外線作戰則升高危險。從結果看，外線作戰大多數敗多於勝。愚意，宇文泰係採以攻爲守戰術，擴大己方戰略緩衝區，將戰場置於對方（東魏）境內，以減少對自己國土的破壞，而打擊對方國家的經濟，生產能力，削弱對方實力，此一策略與三國時期諸葛亮北伐做法，異曲同工。

表4　第二次玉壁之戰（546）參戰人員表

區分／時間	兵力對比	姓　名	事　　　　蹟	備　註
東魏武定四年		高歡 曹魏祖 元盜	神武將西伐，自鄴會兵於晉陽。殿中將軍曹魏祖曰：「不可。今八月西方王，以死氣逆生氣，爲客不利，主人則可。兵果行，傷大將軍。」……九月，神武圍玉壁以挑西師，不敢應。西魏晉州刺史韋孝寬守玉壁，……用李業興孤虛術，卒其北。北天險也。乃起土山，鑿十道，又於面鑿二十一道以攻之。城中無水，汲於汾。神武使移汾，一夜而畢。孝寬奪據土山，頓軍五旬，城不拔，死者七萬人，聚爲一塚。	《北齊書》卷2
		祖珽	歡無如之何，乃使倉曹參軍祖珽說之……孝寬報曰：「我城池嚴固，兵食有餘，攻者自勞，守者常逸，……孝寬關西男子，必不爲降將也。」	《通鑑》卷159
		侯景	先是，歡別使侯景將兵趣齊子嶺，……景聞櫆至，砍木斷路六十餘里，猶驚不安，遂還河陽。	
		段韶 斛律金 韓軌 劉豐	武定四年，從征玉壁，時高祖不豫，攻城未下，召集諸將，共論進止之宜。謂大司馬斛律金、司徒韓軌、左衛將軍劉豐等曰：「吾每與段孝先論兵，殊有英略，若使比來用其謀，亦可無今日之勞矣。吾患勢危篤，恐或不虞，欲委孝先以鄴下之事，何如？金等曰：「之臣莫若君，實無出孝先。」仍謂韶曰：「吾昔與卿父冒涉險艱，同獎王室，建此大功。今病疾如此，殆將不濟，宜善相翼佐，克茲負荷。」	《北齊書》卷16

區分／時間	兵力對比	姓　名	事　　　　　蹟	備　註
		高澄	齊獻武王自鄴帥眾西伐，文襄王會於晉州。九月，圍玉壁以挑之，寶炬、黑獺不敢應。	《魏書》卷 12
		薛孤延	西攻玉壁	《北齊書》卷 19
		張保洛	圍玉壁，攻龍門。	
		慕容儼	又從攻玉壁，賜帛七百匹並衣帽等。	《北齊書》卷 20
		封子繪	四年，高祖西討，起為大都督，領翼州兵赴鄴，從高祖自滏口西趣晉州，會大軍於玉壁	《北齊書》卷 21
		張纂	從征玉壁。大將軍還山東，行達晉州，忽值寒雨，士卒飢凍，至有死者，州以邊禁不聽入城。於時纂為別使，遇見，則令開門內之，分寄民家，給其火食，多所全濟。	《北齊書》卷 25
西魏大統 12 年		宇文泰	九月，齊神武圍玉壁，大都督韋孝寬力戰拒守，齊神武攻圍六旬不能下，其士卒死者二三。會齊神武有疾，燒營而退。	《周書》卷 2
		韋孝寬	齊神武……連營數十里，至於城下，乃於城南起土山，欲乘之以入。……外又於城四面穿地，作二十一道，分為四路，於其中各施樑柱，作訖，以油灌柱，放火燒之，柱折，城並崩壞。孝寬又隨崩處豎木柵以扞之，敵不得入。城外盡其攻擊之術，耀寬咸拒破之。	《周書》卷 31

本表引自杜志成〈由分裂到統一——北朝末期東、西魏（531～577）之研究〉，（臺北：私立中國文化大學史學系博士論文，2011.01）頁 206。

第三節　東魏（北齊）西魏對梁用兵

一、東魏（北齊）攻梁

侯景亂梁之前，東魏已預知事態發展，早有侵梁準備。〔註 97〕東魏雖居優勢，極欲獲取梁地，唯遠不如西魏之多，恐與內憂外患有關，導因於如：東魏與西魏之潁川戰役、高澄的被刺、高洋篡位稱帝等內部內亂，外患指蠕

〔註 97〕《通鑑・梁紀》卷 161：「梁武帝太清二（西元 548）年正月甲辰，豫州刺史羊鴉仁以東魏軍漸逼，稱糧運不繼，棄懸瓠，還義陽；殷州刺史羊思達亦棄項城走；東魏人皆據之。」頁 4971。

蠕、突厥、契丹不斷侵擾寇邊等有關，使東魏北齊無餘力於南梁。復以東魏北齊不願捲入侯景叛梁亂事旋渦，採觀望態勢，而願伺機取地坐收利益，無暇與西魏瓜分梁地，亦直接限制取梁版圖時機，因而未能長期控制江北。

東魏天平二年（535、梁武帝大同元年、西魏大統元年）二月，「戊戌，梁司州刺史陳慶之伐東魏，與（東魏）豫州刺史堯雄戰」。〔註98〕同年三月，「元慶和攻東魏城父，丞相（高）歡遣高敖曹帥三萬人趣項，竇泰帥三萬人趣城父，侯景帥三萬人趣彭城，以任祥爲東南道行臺僕射，節度諸軍。」〔註99〕

梁武帝太清二（548、東魏武定六年）年8月庚寅，侯景憑凌南土，東魏乘梁危迫中不遑顧及淮南，「（高）澄還晉陽，遣尚書辛術帥諸將略江、淮之北，凡獲二十三州。」〔註100〕不費一矢，坐得全淮。加以梁武帝太清三年（549、東魏武定七年）正月，蕭梁守將王顯貴以壽陽降東魏及 3 月庚午，東徐州刺史湛海珍、北青州刺史王奉伯，以地降東魏。青州刺史明少遐、山陽太守蕭鄰棄城走，於太清三年12月，「東魏使金門公潘樂等將兵五萬襲司州，（梁）刺史夏侯強降之，東魏盡有淮南之地。」〔註101〕至此東魏始有遣多兵（五萬）侵梁。青、冀兩州治北海，東徐州治宿預，皆位於淮北。此三州州郡的降東魏，淮北即成孤島，壓力大增至力不能守，降於東魏，是必然，史載「（明少遐）太清之亂奔魏，仕北齊」。〔註102〕東魏的掠奪梁朝上述諸地，與梁建康局勢息息相關，是梁人內部壓力獻地，而非東魏全力奪取。侯景包圍臺城之際，朝命無法外傳，於是對長江以北之地失去控制力，各地刺史守將只能自力救濟，人心不安，局勢搖動。

梁簡文帝大寶元年（550、東魏武定八年）高歡子高洋代東魏稱帝，改國號齊，史稱北齊，仍都鄴。北齊繼承了東魏所控制的地區，占有今黃河下游流域的河北、河南、山東、山西以及蘇北、皖北的廣闊地區。北齊的核心主要爲六鎮流民及關東世族，其軍力強盛。高洋乃出兵進攻柔然〔註103〕、契丹

〔註98〕《通鑑・梁紀》卷157，頁4864。
〔註99〕《通鑑・梁紀》卷157，頁4866。
〔註100〕《通鑑・梁紀》卷161，頁4979。
〔註101〕《通鑑・梁紀》卷162，頁5033。
〔註102〕李延壽撰，《南史・明僧紹傳附少遐》（北京：中華書局，1975），卷 50，頁1244。
〔註103〕《北齊書・帝紀第四》卷4：「（554）丁未，北討茹茹，大破之。六月，茹茹率部眾東徙，將南侵。帝率輕騎於金山下邀擊之，茹茹聞而遠遁。」頁58。

〔註104〕、高句麗等國，連戰皆捷。梁承盛元年（552）4月，侯景事平定，但譙州、秦州仍屬梁朝控制範圍。同年5月，北齊遣兵7萬攻秦州；〔註105〕《通鑑》載：

> 齊主使潘樂、郭元建將兵圍秦郡，行台尚書辛術諫曰：「朝廷與湘東王信使不絕。陽平，侯景之土，取之可也；今王僧辯已遣嚴超達守秦郡，於義何得復爭之！且水潦方降，不如班師。」弗從。陳霸先命別將徐度引兵助秦郡固守。齊眾七萬，攻之甚急。王僧辯使左衛將軍杜崱救之，霸先亦自歐陽來會，與元建大戰於士林，大破之，斬首萬餘級，生擒千餘人。元建收餘眾北遁。然因梁朝頑強抵抗，東魏鎩羽而歸。〔註106〕

梁元帝承聖元年（552）4月，平定侯景亂事，「劍北皆入於魏」，〔註107〕北齊因不能完整奪占江北，西進擴地之舉受阻。而西魏控制漢東及其以西之長江以北和益州等地區，南梁侯景亂事定後，依舊以建康爲都，並積極向江北期求屏障，種種因素，迫使北齊無餘力再和西魏爭奪南梁疆域。

梁承聖二年（553、北齊天保四年）9月，「齊主使郭元建治水軍二萬餘人於合肥，將襲建康，納湘潭侯退，又遣將軍邢景遠、步大汗薩帥眾繼之。陳霸先在建康聞之，白上；上詔王僧辯鎮姑孰以禦之。」〔註108〕出奔的蕭退此役隨齊軍南下，〔註109〕梁朝遣南豫州刺史侯瑱，與郭元建戰於東關，齊師大

〔註104〕《北齊書・文宣帝紀》卷4：「（553）九月，契丹犯塞。壬午，帝北巡冀、定、幽、安，仍北討契丹。冬十月丁酉，帝至平州，遂從西道趣長塹。詔司徒潘相樂率精騎五千自東道趣青山。辛丑，至白狼城。壬寅，經昌黎城。復詔安德王韓軌率精騎四千東趣，斷契丹走路。癸卯，至陽師水，倍道兼行，掩襲契丹。甲辰，帝親踰山嶺，爲士卒先，指麾奮擊，大破之，虜獲十萬餘口、雜畜數十萬頭。樂又於青山大破契丹別部。」頁57。

〔註105〕姚思廉撰，《梁書・元帝》（北京：中華書局，1973），卷5：「是月，魏遣太師潘樂、辛術等寇秦郡，王僧辯遣杜崱帥眾拒之。」頁128。

〔註106〕《通鑑・梁紀》卷164，頁5089～5090。

〔註107〕《通鑑・梁紀》卷164：「魏達奚武遣尚書左丞柳帶韋入南鄭，說宜豐侯循曰：『足下所固者險，所恃者援，所保者民。今王旅深入，所憑之險不足固也；白馬破走，酋豪不進，所望之援不可恃也；……循乃請降。』乃受循降，獲男女二萬口而還，於是劍北（作者按：指梁州、北益州、黎州、東梁州、洵州、南洛州）皆入於魏。」頁5090～5091。

〔註108〕《通鑑・梁紀》卷165，頁5105。

〔註109〕《通鑑・梁紀》卷162：「湘潭侯退與北兗州刺史定襄侯祇出奔東魏。」頁5014。

敗，湘潭侯退（南豫州時治姑孰）復歸於鄴。北齊企圖利用蕭退建立傀儡政權，以牽制蕭繹。但蕭繹平侯景後，不直接東下建康，而以江陵爲都，因此北齊企圖渡江控制建康，另立蕭退爲王之策不能成功。

梁紹泰元年（555）正月，北齊趁虛而入，北齊文宣帝高洋不甘於西魏勢力南擴，亦欲趁梁國破敗，前來瓜分，派其弟上黨王高渙領兵南向，護送原被東魏俘虜的貞陽侯蕭淵明爲梁主，派上黨王高渙送他南還，並寫信要求王僧辯迎接，王僧辯起先拒不允應。見勸說無效，梁敬帝紹泰元年（555、承聖四年）3 月，齊軍兵至東關，王僧辯遣徐州刺史裴之橫領兵攔擊，丙戌（6 日）裴之橫戰敗被殺，王僧辯在驚懼之中親自領兵出屯姑熟。其間，王僧辯一方面與北齊、另一方面與陳霸先書信往來不斷。陳霸先堅持不納蕭淵明，但王僧辯隨著裴之橫敗亡，漸漸軟弱下來，屈從於北齊壓力，五月丙午（27 日），蕭淵明入建康，即皇帝位，改元天成，立梁王爲太子。〔註 110〕

梁敬帝紹泰元年（555、齊天保六年），北齊第二次攻梁，導因於 9 月時，陳霸先縊殺王僧辯父子，10 月，王僧辯外甥「譙、秦二州刺史徐嗣徽從弟徐嗣先，僧辯死，嗣先亡就嗣徽，嗣徽以州入于齊。嗣徽密結北齊南豫州刺史任約，將兵五千乘虛襲建康」，〔註 111〕以抗梁朝陳霸先。十一月，「齊遣兵五千渡江據孤孰，以應徐嗣徽、任約。」「齊又遣安州刺史翟子崇、楚州刺史劉士榮、淮州刺史劉柳達摩，將兵萬人於胡墅度米三萬石、馬千匹入石頭。」「齊人於倉門、水南立二柵，與梁兵相拒。齊大都督蕭軌將兵屯江北。」〔註 112〕以強兵壓境，威脅梁朝，結果徐嗣徽等軍大敗。北齊敗因可從陳霸先問計於韋載之語，〔註 113〕見之北齊策略的錯誤，由於齊軍不知梁於三吳之地兵力分布狀況，未能占據三吳之路，扼其要害，致失先機，此其一，但更主要乃是梁軍的頑強抵抗，此其二。

梁敬帝太平元年（556、北齊天保七年）3 月，北齊三次入侵江南。「齊遣儀同三司蕭軌、庫狄伏連、堯難宗、東方老等與任約、徐嗣徽合兵十萬入寇。」

〔註 110〕《通鑑・梁紀》卷 166，頁 5125～5130。

〔註 111〕《通鑑・梁紀》卷 166，頁 5135。

〔註 112〕《通鑑・梁紀》卷 166，頁 5136。

〔註 113〕姚思廉撰，《陳書・韋載傳》（北京：中華書局，1972），卷 18：「齊軍濟江，據石頭城，高祖（陳霸先）問計於韋載，載曰：『齊軍若分兵先據三吳之路，略地東境，則時事去矣。今可急於淮南即侯景故壘築城，以通東道轉輸，別命輕兵絕其糧運，使進無所虜，退無所資，則齊將之首，旬日可致。』」頁 249～250。

〔註 114〕戰事戰至 6 月，會連日大雨，平地水丈餘，齊軍晝夜坐立泥中，足指皆爛，懸鬲以爨。梁軍直衝齊軍，齊軍披靡，陳霸先與吳明徹、沈泰等眾軍首尾齊舉，縱兵大戰，侯安都自白下引兵橫出其後，齊師大潰，斬數千人，擒獲徐嗣徽、蕭軌、東方老等將。

綜觀齊軍數次攻梁未成因素，乃建康（江南地區）為蕭梁政權腹地，賴以生存之根，失此江南人民一無所有，且侯景之亂已弭平，梁朝得以全力抗齊，因之江南人民必誓死抵抗，狀況與東魏北齊入侵淮北、淮南和江北時，因逢侯景之亂，蕭梁的自顧不暇，疆土輕易遭掠奪，截然不同。

二、西魏攻梁

西魏成立之初，屢遭受來自東魏高歡進犯的威脅，因此不敢冒然攻梁略地，與東魏之穎川之戰，雖以失敗告終，僅王思政及其所統數千人被俘，西魏大軍並未與戰。西魏攻梁情況與東魏有異，時西魏內部政局穩定，也無大邊患，其間雖有幾次民變事件，唯規模不大，短時間控制，對其政局穩定不構成威脅，如大統十五年（549、梁武帝太清三年）安夷、南秦、興州三地之氐反叛；〔註 115〕大統十六年（550）洛安民雍方雋反。〔註 116〕外又無異族邊境侵寇。西魏則乘侯景之亂，梁境矛盾之際進攻，收劍北、定蜀地及平江陵取雍荊等地。且西魏對侵寇蕭梁一事，能選擇有利時機，自然水到渠成。從現有史料考證，並無西魏於侯景反梁前，積極佈署兵力以侵梁之記載。西魏之未出兵奪取梁土，應是西魏認為以目前實力尚不足，不敢貿然捲入侯景之亂旋渦有關。

西魏大統十五年（549、梁武帝太清三年）11 月，梁朝雍州刺史岳陽王蕭詧求救並投附西魏，此時東魏則正是高澄被刺後三個月，人情未定，自顧不暇。給予西魏注入強心劑，認為此刻正是進向梁朝長江以北（江、漢）的絕佳時機，又可控制漢東石城—安陸以北等地。如此一來，西魏即可將長江以北之地一分為二，於是遣大將楊忠援之，收義陽，下㴩城。東魏（北齊）勢力僅及於東方江淮之地，西邊之地，侯景無法插手，梁元帝蕭繹亦因侯景亂梁牽制，無法與西魏相爭，西魏得以逸待勞。俟蕭梁邊境豪帥相互衝突混亂

〔註 114〕《通鑑・梁紀》卷 166，頁 5142；《梁書・敬帝紀》卷 6，頁 146；《北齊書・文宣帝紀》卷 4，頁 61～62。

〔註 115〕《周書・異域上》卷 49，頁 895。

〔註 116〕《周書・魏玄傳》卷 43，頁 780。

之際，輕而易舉獲取大量梁地，並在侵梁戰役上掌握主動權，〔註 117〕也無形中擴充實力，裨益國力。西魏大統十六年（550、梁大寶元年）正月，西魏楊忠逆擊淙頭，復攻下安陸，盡取漢東之地。

《南史》載：

> 仲禮命其將王叔孫爲竟陵太守，副軍馬岫爲安陸太守。置拏於安陸，而以輕兵師於淙頭，將侵襄陽。岳陽王（蕭）詧告急於魏，魏以大將楊忠援之。仲禮與戰於淙頭，大敗，并弟子禮沒於魏。……西魏於是盡得漢東。〔註 118〕

又《周書》載：

> 柳仲禮留其長史馬岫守安陸，自率兵騎一萬寇襄陽。初，梁竟陵太守孫暠以其郡來附，太祖命大都督符貴往鎮之。……太祖怒，乃令忠帥眾南伐。攻梁隨郡，克之，獲其守將桓和。所過城戍，望風請服。忠乃進圍安陸。……，請急攻之。忠曰：『攻守勢殊，未可卒拔。若引日勞師，表裡受敵，非計也。南人多習水軍，不閑野戰，……以奇兵襲之，彼怠我奮，一舉畢克。則安陸不攻自拔，諸城可傳檄而定也。』於是選騎二千，銜枚夜進，遇仲禮於淙頭。忠親自陷陳，擒仲禮，悉俘其眾。〔註 119〕

梁柳仲禮所率之軍，因「南人都習水軍，不閑野戰。」〔註 120〕，再加漢東之地的動盪，民心不安，西魏遂能擒仲禮，馬岫以安陸（今湖北）降，守將王叔孫斬孫暠，以竟陵（今湖北鍾祥）降，於是漢東之地盡入於魏。西魏大統十七年（551、梁簡文帝大寶二年）正月，西魏將王雄取上津、魏興二地。〔註 121〕同年 10 月，侯景趣逼江陵，湘東王蕭繹除向西魏求援外，並「命梁、秦州刺

〔註 117〕《通鑑・梁紀》卷 162：「（太清三年 11 月）詧既與湘東王繹爲敵，恐不能自存，遣使求援於（西）魏，請爲附庸。承相泰令東閣祭酒榮權使於襄陽，繹使司州刺史柳仲禮鎮竟陵以圖詧，詧懼，遣其妃王氏及世子嶚爲質於魏。丞相欲經略江、漢，以開府儀同三司楊忠都督三荊等十五州諸軍事，鎮穰澄。仲禮至安陸，安陸太守柳勰以城降之。仲禮留長史馬岫與其弟子禮守之，帥眾一萬趣襄陽，泰遣楊忠及行臺僕射長孫儉將兵擊仲禮以救詧。」頁 5031。

〔註 118〕《南史・柳元景附柳仲禮傳》卷 38，頁 994：《周書・文帝紀》卷 2：「十六年春正月，柳仲禮率眾來援安陸，楊忠逆擊於淙頭，大破之，擒仲禮，悉俘其眾。馬岫以城降。」頁 32。

〔註 119〕《周書・楊忠傳》卷 19，頁 316。

〔註 120〕《周書・楊忠傳》卷 19，頁 316。

〔註 121〕《周書・文帝下》卷 2，頁 33。

史宜豐侯蕭循以南鄭與魏，召循還江陵。（蕭）循以無故輸誠，非忠臣之節，報曰，請改爲待命。」〔註 122〕西魏宇文泰於是遣「大將軍達奚武將兵三萬取漢中，又遣大將軍王雄出子午谷，攻上津。」〔註 123〕在此逼壓下，蕭循遂向武陵王蕭紀求救，紀遣潼州刺史楊乾運救援，西魏達奚武逆擊之，大破楊乾運於白馬，陳其俘馘（割其左耳以示戰功）於南鄭城下。

西魏大統十七年（552、梁承聖元年）正月「太祖遣達奚武、王雄等略山南，（李）遷哲率其所部拒戰，軍敗，遂降於（達奚）武。然（李遷哲）猶意氣自若。達奚武執送京師。太祖謂之曰：『何不早歸國家，乃勞師旅，今爲俘虜，不亦愧乎？』答曰：『世荷梁恩，未有報效，又不能死節，實以此爲愧耳。』」〔註 124〕說明李遷哲仍是忠於蕭梁朝。同年 5 月，西魏達奚武遣尚書左丞柳帶韋入南鄭，勸降宜豐侯蕭循，蕭循堅決抗魏，守之以死，誓爲斷頭將軍，不肯輕易投降，至蕭循得知梁援軍已敗始降。〔註 125〕達奚武「乃受（蕭）循降，獲男女二萬口而返，於是劍北皆入於魏。」〔註 126〕西魏奪劍北（括：北益州、黎州、東梁州、洵州、南洛州等州郡）正是侯景與梁拼最後一博，「時紀與其兄爭帝，遂連兵不息。」〔註 127〕當地豪帥軍心動搖，持觀望，不全心爲梁而戰。如南洛北司二州刺史扶猛，侯景亂時，擁眾自守，意存觀望，並對敵「微通餉饋」，以善意待敵，以利爲抗敵或降魏預作準備。《周書》扶猛傳載：「猛遂以眾降。太祖以其世據本鄉，乃厚加撫納，受車騎大將軍、儀同三司，加散騎常侍，……以猛爲刺史。」〔註 128〕西魏廢帝二年（552、梁承聖元年）11 月，侯景亡後，湘東王蕭繹於江陵即位，然蕭繹亦因皇位爭奪過程，爲自己建立的江陵政權埋下隱患。如西魏廢帝二年（552、梁元帝承聖元年）8 月，蕭紀率巴、蜀大軍由外水東下，欲攻擊於江陵稱帝之兄長蕭繹，蕭繹甚懼，

〔註 122〕《通鑑・梁紀》卷 164，頁 5073～5074。
〔註 123〕《通鑑・梁紀》卷 164，頁 5074。
〔註 124〕《周書・李遷哲傳》卷 44，頁 790。
〔註 125〕《周書・達奚武傳》卷 19：「（十七年）梁梁州刺史、宜豐侯蕭循固守南鄭，武圍之數旬，循乃請服，武爲解圍。會梁武陵王蕭紀遣其將楊乾運等將兵萬餘人救循，循於是更據城不出。恐援軍之至，表裡受敵，乃簡精騎三千，逆擊乾運於白馬，大破之。乾運退走。武乃陳蜀軍俘級於城下。循知援軍被破，乃降，率所部男女三萬口入朝，自劍以北悉平。」頁 304。
〔註 126〕《通鑑・梁紀》卷 164，頁 5090～5091。
〔註 127〕《周書・楊乾運傳》卷 44，頁 794。
〔註 128〕《周書・扶猛傳》卷 44，頁 795。

乃與西魏書曰：「子糾，親也，請君討之。」〔註129〕請求出兵援助，太祖宇文泰曰：「取蜀制梁，在茲一舉。」〔註130〕於是遣大將尉遲迥督開府儀同三司原珍等六軍，甲士萬二千，騎萬匹，自散關伐蜀。西魏廢帝三年（553、梁元帝承聖元年）5 月，蕭紀寧願失去成都，大軍仍繼續乘船「欲遂東進」，因將卒皆爲四川人，日夜思歸回蜀，蕭紀爲安撫軍心，以黃金一斤製成餅一萬個，銀餅五萬個，宣稱將士奮勇征戰，立功者必賞以金，銀餅，但是一路上，將士們奮力殺敵，蕭紀卻食言，每戰僅「懸示將士，不以爲賞。」〔註131〕口惠實不惠，致使將士怨恨，人心思變，「由是將卒解體」。〔註132〕蕭紀自知無力攻破江陵，乃遣其度支尚書樂奉業詣江陵求和，請依前旨還蜀。樂奉業知紀必敗，見蕭繹時反曰：「蜀軍乏糧，士卒多死，危亡可待。」〔註133〕蕭繹遂拒絕其和談。西魏廢帝三年（553、梁元帝承聖二年）7 月，蕭繹命令軍隊反攻，辛未，巴東民符昇等斬閃口城主公孫晃，降於王琳，長江兩岸十四城守將紛紛背棄蕭紀，開城投降，江陵兵斷道，紀不獲退。又遣游擊將軍樊猛追擊之，紀眾大潰，赴水死者八千餘人，「獲紀及其第三子圓滿，俱殺之於陝口。」〔註134〕益州遂全爲西魏所占，梁江陵政權失去上游屏障；又於與蕭詧兄弟鬥爭中，蕭詧以襄陽降附宇文泰。〔註135〕而西魏攻下江陵後，國民全遭擄掠，僅留江陵空城與蕭詧作爲梁國都，而未遭破壞之雍州收歸作爲西魏郡縣。而「江陵去襄陽步道五百，勢同唇齒，無襄陽則江陵受敵」，〔註136〕原屬蕭梁內部蕭薔之爭，蕭繹卻不惜借用外力干涉，變成西魏趁機獲得大片梁地，西魏也得以正式成爲掌控南梁幕後黑手。

西魏廢帝三年（553、梁元帝承聖二年）11 月丙寅，「太師泰（宇文泰）陰有圖江陵之志，梁王（蕭）詧聞之，益重其貢獻。」〔註137〕蕭繹即帝位之後，其弟武陵王蕭紀稱帝於益州。西魏恭帝元年（554、梁承聖三年）7 月，

〔註129〕《通鑑・梁紀》卷165，頁5098。
〔註130〕《通鑑・梁紀》卷165，頁5098。
〔註131〕《通鑑・梁紀》卷165，頁5102。
〔註132〕《通鑑・梁紀》卷165，頁5102。
〔註133〕《通鑑・梁紀》卷165，頁5102。
〔註134〕《梁書・蕭紀傳》卷55，頁828。
〔註135〕《周書・蕭詧傳》卷48：「大統十五年，乃遣使稱藩，請爲附庸。」頁858。
〔註136〕蕭子顯撰，《南齊書・志第七州郡下》（北京：中華書局，1972），卷15，頁273。
〔註137〕《通鑑・梁紀》卷165，頁5107。

梁元帝遣使西魏請據舊圖以定疆界，又連結於北齊，言辭悖慢。宇文泰曰：「古人有言『天之所棄，誰能興之』，其蕭繹之謂乎。」〔註 138〕此舉給了西魏藉口及可趁之機，益州因此淪落其手。西魏恭帝元年（554、梁承聖三年）9 月乙巳，西魏魏遣其柱國常山公于謹等率眾兵五萬來寇。〔註 139〕至同年 11 月癸未：

> 師濟於漢。中山公護與楊忠率鋭騎先屯其城下，據江津以備其逸。丙申，于謹至江陵，列營圍守。辛亥，進攻城，其日克之。擒梁元帝，殺之，并擄其百官及士民以歸。沒爲奴婢者十餘萬，其免者二百餘家。立蕭詧爲梁主，居江陵，爲魏附庸。〔註 140〕

西魏所立的梁帝蕭詧，占據荊州一帶三百里區域，爲西魏藩屬。做爲附庸皇帝，蕭詧雖心有不甘，然卻有無力感。同年（554）西魏攻佔江陵，老將尹德毅即勸蕭詧脫離西魏掌控而自立。並獻計，利用犒賞宴請西魏諸將之機，預伏武士，一舉將除之。然後安撫江陵百姓，任命百官，還建康登基稱帝，以立萬世功業。蕭詧認爲「卿此策非不善也，然魏人待我厚，未可背德。若遽爲卿計，人將不食餘。」；〔註 141〕並且也擔心實力不濟，弄巧成拙，因而未採納老將建議。及至全城老幼咸遭西魏擄掠西去，大本營襄陽亦被西魏掠奪，蕭詧乃嘆曰：「恨不用尹德毅之言！」；〔註 142〕復以疆域既狹、城邑殘毀、干戈不休，家國受制於人，蕭詧恥其威略不振，常懷憂憤，扼腕喟嘆，每誦「老馬伏櫪，志在千里，烈士暮年，壯心不已」以自勵，並寫下〈愍時賦〉以明心志。〔註 143〕從蕭詧稱帝過程觀之，其亦有自成一股勢力意圖，唯顧忌軍力不足於與西魏對抗，致寢尹德毅建議，於今眼見大勢已去，僅有無力可回天之嘆。

西魏奪取蕭梁地，始於大統十五年（549、梁太清三年），終於西魏恭帝二年（554、梁承聖三年）。大統十五年（549）11 月前，西魏未出兵攻取梁地，主因與東魏潁川戰事有關，亦爲西魏較謹嚴務實之軍事策略之故。以致侯景

〔註 138〕《通鑑・梁紀》卷 165，頁 5112。

〔註 139〕《通鑑・梁紀》卷 165：「承聖三年（554）年 9 月乙巳，魏遣柱國常山公于謹、中山公宇文護、大將軍楊忠將兵五萬入寇。」頁 5112；參見《梁書・元帝》卷 5，頁 134；見《周書・文帝下》卷 2：「冬十月壬戌，遣柱國于謹、中山公護、大將軍楊忠、韋孝寬等步騎五萬討之。」頁 35。

〔註 140〕《周書・文帝下》卷 2，頁 35～36。

〔註 141〕《通鑑・梁紀》卷 165，頁 5124。

〔註 142〕《通鑑・梁紀》卷 165，頁 5124；參見《周書・蕭詧傳》卷 48，頁 860～861。

〔註 143〕《周書・蕭詧傳》卷 48，頁 861～863。

亂後年餘始出兵，乃不願捲入梁內亂泥淖，適逢蕭詧降附，西魏趁機入梁。李萬生在《侯景之亂與北朝政局》中說：「西魏向梁長江以北插入一道楔子，控制漢東石城–安陸以北等地。」〔註144〕將梁長江以北之地一分爲二，使東魏北齊限縮於江淮之地，西邊之地，侯景無力插手，蕭繹亦因侯景之亂之絆，又不能與西魏相爭，西魏得以穩步地利用蕭梁邊境豪帥的軍心不穩，順利以極小代價取得大片梁地。

〔註144〕李萬生，《侯景之亂與北朝政局》（北京：中國社會科學出版，2003年10月第1版），頁156；參見《通鑑・梁紀》卷164：「（梁元帝承聖元年、552）侯景之亂，州郡太半入魏，自巴陵以下至建康，以長江爲限，荊州界北盡武寧，西拒硤口。」頁5094。

第三章　侯景叛魏亦叛高氏

由於侯景與高歡有六鎭起義之誼，而投靠高歡。高歡在世尚能駕馭侯景，東魏武定五年（547），高歡殂崩，世子高澄承襲爵位。侯景旋即叛變高澄，認恥與高澄共事，凸出其與高氏父子的恩怨情結。侯景悍勇能戰，治軍有術，特別重視以厚利撫納籠絡士卒，每戰勝後均以所搶掠之財寶、女子分與將士，故得部眾擁戴。亦精於韜略，機詐權變，由於善挾巧詐，對於指揮用兵自視甚高，桀驁不馴。素輕視東魏將領高敖曹、彭樂等，唯一忌憚者，是爲曾教授其兵法之慕容紹宗。於此東魏視侯景爲頭痛、人人所忌對象。北魏的動盪局勢，使侯景養成善變多疑、反覆無常的性格。北魏末年統治敗壞、政權更迭，今日的權奸弄臣，轉眼即成刀下亡魂。若未能審時度勢，勢必無法安然立足混亂局勢。且侯景專制河南十四年，擁有一支強悍戰鬥力的軍隊，東魏近半的土地皆在其掌握中，爲侯景叛亂創造絕佳條件，成爲侯景叛東魏的堅實力量基礎。

第一節　侯景時代背景

侯景（503～552），「字萬景，魏懷朔鎭人。出身貧賤」，〔註 1〕有關侯景的氏族，自始均無詳細文獻資料及確實之論，原因在於正史不僅所記簡易且有

〔註 1〕宋司馬光，《資治通鑑・梁紀》（北京：中華書局，1997），卷 164：「（簡文帝大寶二年、551）王偉請立七廟，景曰：『何謂七廟？』偉曰：『天子祭七世祖考。』并請七世諱，景曰：『前世吾不復記，唯記我父名標；且彼在朔州，那得來噉此！』眾咸笑之。景黨有知景祖名乙羽周者；自外皆王緯制其名位」頁 5075。

互異。據姚薇元考證應爲羯族。〔註2〕據《梁書・侯景傳》載云:「侯景字萬景,朔方人,或云雁門人。少而不羈,見憚鄉里。及長,驍勇有膂力,善騎射。……狡猾多計,反覆難知。」〔註3〕又據《南史・侯景傳》載:「侯景字萬景,魏之懷朔鎮人。」二史對侯景所載身世籍貫亦略異。依北魏景明四年(503)的〈顯祖獻文皇帝第一品嬪侯夫人墓誌銘〉或可作爲推論,其〈墓誌銘〉載:

> 夫人本姓侯骨,其先朔州人,世酋部落。其遠祖之在幽都,常從聖朝,立功累葉。祖俟萬斤,第一品大酋長考伊莫汗。世祖之世,爲散騎常侍,封安平侯,又遷侍中尚書,尋出鎮臨濟,封曰南郡公。孝文皇帝徙縣伊京,夫人始賜姓爲侯氏焉。〔註4〕

《梁書・侯景傳》載,廢蕭楝,禪位於己,於建康稱帝:「其左僕射王偉請立七廟。景曰:『何謂七廟?』偉曰:『天子祭七世祖考,故置七廟。并請七世之諱,敕太常具祭祀之禮。』景曰:『前世吾不復憶,惟阿爺名標。』眾聞咸竊笑之。景黨有知景名周者,自外悉是王偉制其名位,以漢司徒侯霸爲始祖,晉徵士侯瑾爲七世祖。於是追尊周爲大丞相,父標爲元皇帝。」〔註5〕《南史・侯景傳》亦載:「王偉請立七廟,景曰:『何謂七廟?』偉曰:『天子祭七世祖考,故置七廟。并請七世諱,敕太常具祭祀之禮。』景曰:『前世吾不復憶,惟阿爺名摽,且在朔州,伊那得來噉是。』眾聞咸笑之。景黨有知景祖名乙羽周者,自外悉是王偉制其名位,以漢司徒侯霸爲始祖,晉徵士侯瑾爲七世祖。於是推尊周爲大丞相,父摽爲元皇帝。」〔註6〕《通鑑》載:「(簡文帝大寶二年、551)王偉請立七廟,景曰:『何謂七廟?』偉曰:『天子祭七世祖考,故置七廟。并請七世諱,敕太常具祭祀之禮。』景曰:『前世吾不復記,惟記我父名標,且彼在朔州,那得來噉此。』眾咸笑之。景黨有知景名乙羽周者,自外皆王偉制其名位,追尊父摽爲元皇帝。」〔註7〕

〔註 2〕唐 姚思廉撰,《梁書・侯景傳》(北京:中華書局,1973)卷 56:「字萬景,朔方人,或云雁門人。少而不羈,見憚鄉里。」頁 1993;又姚元薇指按《南史・侯景傳》,景生於北魏懷朔鎮,少事介朱榮;其生地及出身與侯淵悉同。見〈內篇・魏書官氏志所載諸胡姓・侯氏〉收於《北朝胡姓考》(北京:中華書局,2007.07),頁 89。

〔註 3〕《梁書・侯景傳》卷 56,頁 833~834。

〔註 4〕趙超,《漢魏南北朝墓誌彙編》(天津:天津古籍出版社,2008.7),頁 42。

〔註 5〕《梁書・侯景傳》卷 56,頁 859~860。

〔註 6〕唐 李延壽撰,《南史・侯景傳》(北京:中華書局,2003),卷 80,頁 2012~2013。

〔註 7〕《通鑑・梁紀》卷 164,頁 5075。

由《梁書》、《南史》、《通鑑》所載，侯景父祖之家於朔州，侯景爲朔州人。又據《魏書・地形志上》卷106載：「朔州由懷朔鎮所改而來。」〔註8〕可知侯景及其先世與〈顯祖獻文皇帝第一品嬪侯夫人墓誌銘〉所誌有屬同祖先之可能，若按此推測無誤，那侯景的「侯」，應本爲「侯骨」，孝文帝改制時，始賜侯姓。《魏書・官氏志》卷113載，侯氏爲：「胡古口引氏，後改爲侯氏。」〔註9〕姚薇元《北朝胡姓考》認爲是：「胡引」氏。〔註10〕《魏書》校勘記（二八），認爲《官氏志》：「本作『古口引氏』，當時又別作『胡口引』，後人旁注『胡』字，羼入正文。『古口引』既亦作『胡口引』，亦可省作『古引』或『胡引』，故姓氏書或作『古引』。」〔註11〕可證無論古口引或胡口引，音之主體是胡口、古口即侯骨，引爲尾音。是故胡口、古口應屬訛傳。

侯景仕途，起於魏鮮卑族拓跋氏建立的北魏，和漢族蕭衍建立的梁朝南北對峙時期。「時魏末北方大亂，乃事邊降尒朱榮，甚見器重。」〔註12〕北魏經過孝文帝改革後，腐敗局面雖有所改善，然階級矛盾仍尖銳，小型之農民起義動亂，仍此起彼落，北魏末年尤甚。永平三年（510）2月之「秦州沙門劉光秀謀反。」〔註13〕永平四年（511）正月汾州劉龍駒聚眾反。〔註14〕延昌四年（515）「沙門法慶聚眾反於翼州，殺阜城令，自稱大乘。」〔註15〕神龜元年（518）6月「河州民卻鐵忽聚眾反，自稱水池王。〔註16〕正光五年（524）「沃野鎮人破六韓拔陵高舉義旗，聚眾反，殺鎮將，號眞王元年。」〔註17〕正式揭起北方六鎮人民反抗大旗，這場暴動引發關隴、河北、山東等區之流民起義，促使北魏統治政權危機加重。但統治階層內部勾心鬥角依舊。洛陽朝廷內，胡太后與孝明帝元詡，卻爲爭統治權而鬥，給予秀容川契胡部落首

〔註8〕北齊　魏收撰，《魏書・地形志上》（北京：中華書局，2003），卷106：「朔州，本漢五原郡，延和二年（433）置爲鎮，後改爲懷朔，孝昌中改爲州。」頁2498。

〔註9〕《魏書・官氏志》（北京：中華書局，2003），卷113，頁3008。

〔註10〕姚薇元，《北朝胡姓考》（北京：中華書局，1962年），頁81。

〔註11〕《魏書・官氏志》之（校勘記二八）卷113，頁3019～3020。

〔註12〕《南史・侯景傳》卷70，頁1993。

〔註13〕《魏書・世宗紀》卷8，頁209。

〔註14〕《魏書・世宗紀》卷8，頁210。

〔註15〕《魏書・肅宗紀》卷9，頁222。

〔註16〕《魏書・肅宗紀》卷9，頁228。

〔註17〕《魏書・肅宗紀》卷9，頁235。

領尒朱榮得以率兵進駐洛陽，控制朝廷，專權擅任之機。

尒朱榮係爲少數民族東胡秀容川部落酋長，世襲北魏官爵。於北魏末年四方起兵，國內大亂之際，招兵買馬，快速發展成一支不可忽視的力量。北魏孝明帝孝昌四年（528）4 月，北魏孝明帝被弒，〔註 18〕胡太后臨朝聽政，羯族契胡部落首領尒朱榮，「入匡朝廷」〔註 19〕並以明帝被鴆毒爲名，舉兵入洛陽，發動「河陰之變」，〔註 20〕成功掌握北魏軍政大權，控制朝廷。尒朱榮氣勢如日中天，各地豪強紛紛投效，侯景亦以私兵歸附尒朱榮，尒朱榮以侯景爲將才，即委軍事。嗣後葛榮南侵，尒朱榮命侯景爲先鋒，率精騎七萬，倍道兼行，東出滏口，於河內大破並生擒葛榮，〔註 21〕以軍功被擢升爲定州刺史、大行臺，封濮陽郡公。〔註 22〕自此，侯景威名遠播，地位日益升高，成爲尒朱榮的心腹將士。後高歡滅尒朱家族，侯景見高歡勢盛，遂依靠原來與高歡同是懷朔鎮的鎮兵，又同參與六鎮起義舊誼，率眾投降高歡。高歡亦重用侯景，封司徒，仍兼定州刺史，擁兵十萬，統治河南地區。長久以來，高歡以其個人的領導魅力，善持懷柔與高壓策略，率領桀驁不馴的六鎮、河北武人，西征北討，奠下東

〔註 18〕《通鑑・梁紀》卷 152：「（武帝大通二年、528）魏肅宗亦惡（鄭）儼、（徐）紇等，逼於（胡）太后，不能去，密詔榮舉兵向內，欲以脅太后。榮以高歡爲前鋒，行至上黨，帝復以私詔止之。儼、紇恐禍及己，陰與太后謀酖帝，癸丑，帝暴殂。」頁 4738～4739。

〔註 19〕唐李延壽撰，《北史・尒朱榮傳》（北京：中華書局，1974），卷 48，頁 1753。

〔註 20〕唐 李延壽，《北史・魏本紀》（北京：中華書局，1974），卷 5：「永安元年（528）夏四月戊戌，帝南濟河，即皇帝位。以尒朱榮爲使持節、侍中、都督中外諸軍事、大將軍、尚書令、領軍將軍、領左右，封太原王。己亥，百僚相率，有司奉璽綬，備法駕，奉迎於河南。西至陶渚（河陰），榮以兵權在己，遂有異志，乃害靈太后及幼主，次害無上王劭、始平王子正，又害丞相、高陽王擁已下王公卿士二千人。」頁 161～162。

〔註 21〕《通鑑・梁紀》卷 152：「（武帝大通二年、528）葛榮引兵圍鄴，眾號百萬，遊兵已過汲郡，爾朱榮乞求討之。九月，爾朱榮詔從子肆州刺史天光留鎮晉陽，曰：『我身不得至處，非汝無以稱我心。』自率精騎七千，馬皆有副，倍道兼行，東出滏口，以侯景爲前驅。葛榮爲盜日久，橫行河北，爾朱榮眾寡非敵。爾朱榮潛軍山谷，爲奇兵，分督將已上三人爲一處，處有數百騎，令所在揚塵鼓譟，使賊不測多少。分命壯勇所向衝突，號令嚴明，戰士同奮。爾朱榮身陷陳，出於賊後，表裏合擊，大破之，於陳擒葛榮，于眾悉降。」頁 4751～4752。

〔註 22〕《南史・侯景傳》卷 80：「侯景字萬景，魏之懷朔鎮人也。少而不羈，爲鎮功曹史。魏末北方大亂，乃事邊疆尒朱榮，甚見器重。初學兵法於榮部將慕容紹宗，未幾紹宗每詢問焉。後以軍功爲定州刺史。」頁 1993。

魏立國的基石，〔註 23〕侯景進入東魏後，與西魏互戰，頗有戰功，自詡足與高歡匹敵，其志不居人下，口出狂言，此時的高歡側有宇文泰壓力，急需侯景，故仍以重用，侯景因而成為東魏不可或缺的將領。

北魏孝莊皇帝永安三年（530）9 月，尒朱榮入洛陽為北魏孝莊帝所殺，尒朱家族殘暴不仁，高歡遂產生討伐尒朱家族的想法。北魏中興二年（532）7 月，「夏州徙民郭遷據宥州反，刺史元疑棄城走。詔行臺侯景率齊州刺史尉景、濟州刺史蔡儁等攻討之，城陷，遷奔蕭衍。」〔註 24〕北魏孝武帝太昌二年（533），高歡消滅尒朱氏集團。〔註 25〕高歡復為大行臺，隨機裁處，掌握北魏大權。太昌三年（534），北魏君相間，矛盾激化尖銳，孝武帝元修內圖高歡未成，奔關中依附宇文泰，未久遇害，宇文泰另立元寶炬為帝（西魏文帝）。高歡立元善見為帝（東魏孝靜帝），魏始自分裂為東魏、西魏。宇文泰據關中與高歡抗衡，南方有蕭梁，天下三分之勢乃成。

宇文泰、高歡、侯景原為北秀容尒朱榮麾下，為其所倚仗。最終宇文泰與高歡的矛盾爆發，各立皇帝為傀儡，但無篡立舉動。分別控制了北魏的兩位皇帝者，建立了東魏與西魏，最終高洋篡位建立北齊和宇文邕建立北周，與南朝陳形成三足鼎立之勢。此時，位於淮河以南的梁朝政權已更迭，正是梁武帝蕭衍統治時期。至太昌三年（534），東西魏分裂之際，梁武帝統治已達三十年有餘，梁朝政權表面風平浪靜，相安無事，社會安定，人民安居樂業。事實上，梁朝表面的浮華下已隱藏著社會危機，統治階級已腐敗不堪，以梁武帝為首的統治階級窮奢極侈、揮霍無度，尤其梁武帝的幾次捨身佛門，花費巨資贖身，大小寺廟多，財政短收，百姓賦稅加重，統治階級已搖搖欲墜，階級矛盾更為尖銳，已達一觸即發。同時，梁武帝又無時無刻不忘恢復北方沃土、統一中原。

〔註 23〕王怡辰，〈東魏時代的四大派閥（534～550）〉，收入氏著《東魏北齊的統治集團》（台北：文津出版社有限公司，2006）指出：「東魏在政治上，有鄴和晉陽兩個核心區；在婚媾上，出現以高氏為主軸的懷朔、胡漢士族兩大婚姻圈；在軍事統御上，又鄴城京畿府、晉陽西中六州禁旅和河北塢堡地方武力的三個軍事系統；在人物上，又有懷朔豪傑、尒朱將領、河北塢堡群雄、自洛陽遷鄴的胡漢士族，四種共識極低的派閥；在種族上，當權的則有北鎮鮮卑、敕勒酋帥、洛陽國姓，并州契胡和漢人郡姓。……終究二個核心區和婚姻圈、三大軍事系統、四個意識矛盾的派閥、五個當權種族，卻只有一個高歡，他必須負擔維繫政權安定的全部責任。」頁 169～170。

〔註 24〕《魏書・廢出三帝紀》卷 5，頁 172。

〔註 25〕《北史・魏本紀》卷 5：「永熙二年正月丁酉，勃海王高歡大敗尒朱氏，山東平。」頁 172。

太昌三年（534）的天下呈三足鼎立態勢，東西魏各據北魏原土，隔黃河而治，南朝蕭梁又以淮水爲界，南北對峙。三國之間紛爭不息，侯景即於此背景下以專制河南爲據點，逐漸增強戰鬥力，憑藉軍功攫取官爵與掌握軍對權力，最後發佔展成爲表面依附東魏，實則據有相當實力的令一股軍力。

第二節　侯景勢力的崛起壯大

深受邊鎮剽悍、尚武之風影響，行爲恣縱不拘，善騎射，驍勇好鬥的侯景。初爲北魏戍守邊鎮，功曹史。〔註 26〕後投靠尒朱榮，隨其進入洛陽。北魏爆發六鎮起義後，侯景因平定河北的葛榮有功，昇爲定州刺史、大行臺、濮陽郡公。〔註 27〕並賴其傑出軍事才能，成爲尒朱榮心腹，聲名大噪，尒朱榮弒胡太后後，高歡抗表罪狀尒朱榮，以此爲藉口，陸續勦除尒朱氏勢力。時高歡濟州別駕赫連子悅，「及高祖起義，侯景爲刺史，景本尒朱心腹，子悅勸景起義，景從之。」〔註28〕成爲高歡的得力戰將之一。

侯景於北魏、東魏時期，爲尒朱榮、高歡掃除農民起義、抵禦西魏、對抗南方蕭梁朝，立下戰功，奠定其日後專制河南發展壯大基石。魏太昌元年（532）7 月，「夏州徙民郭遷據宥州反，刺史元嶷棄城走。詔行臺侯景率齊州刺史尉景、濟州刺史蔡儁等攻討之。城陷，遷奔蕭衍。」〔註 29〕魏永熙三年（534）北魏分爲東、西魏，征戰不息，侯景仍續追隨高歡，爲其征戰不遺餘力，成爲高歡權力圈中不可或缺大將。賀拔岳於關中「以華山爲城，黃河爲塹，進可以兼山東，退可封函谷。」〔註 30〕不願受制於高歡，魏孝武帝期藉賀拔勝、岳兄弟之力以抗高歡。高歡得知後，乃使計遣侯莫陳悅謀害賀拔岳〔註 31〕，復遣侯景討賀拔勝，將其南逼入梁，此戰侯景功

〔註 26〕《梁書・侯景傳》卷 50，頁 833。

〔註 27〕《梁書・侯景傳》卷 50，頁 833。

〔註 28〕《北史・赫連子悅傳》卷 55，頁 2009：參見《北齊書・赫連子悅傳》卷 40，頁 529。

〔註 29〕《魏書・廢出三帝紀》卷 11，頁 285；《魏書・賀拔勝傳》卷 80：「時獻五王（高歡）已遣行臺侯景、大都督高敖曹討之，勝戰敗，爲流矢所中，乃率左右五百餘騎奔蕭衍。」頁 1781。

〔註 30〕《通鑑・梁紀》卷 155，頁 4825。

〔註 31〕《魏書・賀拔岳傳》卷 80：「悅既總大眾，據制關右，憑強驕恣，有不臣之心。齊獻武王惡其專善，令悅圖之。悅素服威略，既承密旨，便潛爲計。……悅誘岳入營，坐論兵事，悅詐云腹痛，起而徐行，悅女夫元洪景抽刀斬岳。」頁 1784。

不可沒。魏永熙三年（534）9月，「歡乃東還，遣行臺侯景等引兵向荊州，荊州民鄧誕等植元穎以應景。景逆擊之，勝兵敗，帥數百騎來奔（奔梁）。」〔註 32〕

東魏天平三年（536、西魏大統二年）正月，關中饑荒，〔註 33〕高歡乘西魏災荒之際，親帥萬騎襲（西）魏，揭開兩國間爭奪領土拉鋸戰。東魏以侯景爲南道行臺，與司徒高敖曹、大都督竇泰等人，由高歡督軍攻西魏。東魏天平四年（537、西魏大統三年），高歡率二十萬軍自壺口趣蒲津，雙方於甘陝沙苑一帶激戰。此役，高歡軍損失慘重。〔註 34〕東魏孝靜帝元象元年（538、西魏大統四年），高歡重組軍力，進行反攻，先遣大都督賀拔仁擊敗西魏，擒其刺史韋子粲。同年（538）2 月，復遣「大行臺侯景等治兵於虎牢，將復河南諸州，魏梁迴、韋孝寬、趙繼宗皆棄城西歸。」〔註 35〕侯景趁勢進軍廣州，擊敗西魏援軍儀同三司程華、王征蠻所部，斬殺廣州刺史李長壽。「初，魏伊川土豪李長壽爲防蠻都督，積攻至北華州刺史。孝武帝西遷，長壽率其徒拒東魏，魏以長壽爲廣州刺史。侯景攻其壁，殺之。」〔註 36〕「於是南汾、潁、豫、廣四州復入東魏。」〔註 37〕東魏元象元年（538）7 月，繼續揮軍北上，與高敖曹等圍魏獨孤信於金庸，迫使宇文泰傾關中之兵支援獨孤信。〔註 38〕宇文泰抵瀍東，侯景施計謀，誘其追擊，結果宇文泰中計，幾乎被逮。同年 8 月，「泰進軍瀍東，侯景夜解圍去。辛卯，泰帥輕騎追景至河上，景爲陳，北據河橋，南屬邙山，與泰合戰。泰馬中流矢

〔註 32〕《通鑑・梁紀》卷 156，頁 4854。
〔註 33〕《北史・魏本紀》卷 5，頁 176。
〔註 34〕《北史・魏本紀》卷 5：「冬十月，安定公宇文泰大破東魏軍於沙苑」，頁 176；《周書・帝紀》卷 2：「(537) 冬十月壬辰，至沙苑，距齊神武軍六十餘里。……大破之，斬六千餘級，臨陣降者二萬餘人。齊神武夜遁，追至河上，復大克獲。前後虜其卒七萬。劉其甲士二萬，餘悉縱歸。收其輜重兵甲，獻俘長安。」頁 24。
〔註 35〕《通鑑・梁紀》卷 158，頁 4891。
〔註 36〕《通鑑・梁紀》卷 158，頁 4899～4900。
〔註 37〕《通鑑・梁紀》卷 158，頁 4892。
〔註 38〕《通鑑・梁紀》卷 158：「東魏侯景與高敖曹等圍魏獨孤信于金庸，太師（高）歡師大軍繼之……會信等告急，遂與丞相泰俱東，命尚書左僕射周惠達輔太子欽守長安，開府儀同三司李弼、車騎大將軍達奚武帥千其爲前。」，頁 4893～4894；參《周書・文帝下》卷 2：「七月，東魏遣其將侯景、厙狄干、高敖曹、韓軌、可朱渾道元、莫多婁貸文等圍獨孤信於洛陽。齊神武繼其後……會信被圍，詔太祖率軍救信」，頁 25。

驚逸，遂失所之。」〔註 39〕侯景乃東魏高歡抗禦西魏主將，每戰必役，且每戰均凱旋，侯景軍事才能展露無遺。至能於高歡掌權期間受重用，並因戰績輝煌，不次拔擢，授予官爵。東魏高歡基於內政外交之需，有能作爲其軍事後盾，驍勇善戰，穩定局勢。而侯景具有出色之軍事才能，又善於謀略，於高歡政權中當屬佼佼者。

侯景自崛起至勢力壯大，憑藉良好的機遇與自身條件，扶搖直上。先受尒朱榮重用，後受高歡賞識，並委其鎮守河南，使擁兵十萬「仗任若己之半體」〔註 40〕。高歡的如此給侯景大權，使侯景自認其權力與高歡等夷，傲視群倫，更因專制河南十四年後，勢力逐漸壯大，致時有飛揚跋扈心。其實侯景之有今日，非止於史書所載「歡壯其言」，〔註 41〕或軍事才能。東魏孝靜帝元象元年（534），北魏分裂，高歡遷都鄴城，取代尒朱榮控制朝廷，人情未定。此時，於高歡而言，首要之務，肅清尒朱氏殘餘勢力，排除異己，培養親信。而如何安排合適駐防，穩定外部局勢，乃當務之急。且亦由於當時的歷史條件和時代背景促成，茲分析如下：

首先，侯景與高歡爲同鄉，與歡甚篤，《通鑑》載：「歡與懷朔省事雲中司馬子如、秀容劉貴、中山賈顯智、戶曹史咸陽孫騰、外兵史懷朔侯景、獄掾善無尉景、廣寧蔡儁特相友善，并以任俠雄於鄉里。（胡三省注：高歡事始此）」〔註 42〕後兩人各事其主，侯景所事尒朱氏爲高歡滅，侯景又歸順高歡，爲其效鞍馬之勞，因兩人舊時情誼，侯景又具軍事才能，高歡遂付予重任。其次，高歡雖位國家重臣，然卻不居洛陽，仿傚尒朱榮當年坐鎮晉陽，仍遙控朝廷。高歡無力兼顧距晉陽之河南，故委侯景專任。呂思勉云：「歡居晉陽，去河南較遠，勢不能不專有所任，此景之所以有大權也。」〔註 43〕東魏在外患嚴重之際，利用侯景優點，替其效力，給其行政軍事大權，駐守東魏門戶

〔註 39〕《通鑑・梁紀》卷 158，頁 4894；參《周書・文帝下》卷 2：「是夕，魏帝幸太祖營，於是景等夜解圍去。及旦，太祖率輕騎追之，至於河上。景等北據河橋，南屬邙山爲陣，與諸軍合戰。太祖馬中流矢，驚逸，遂失所之，因此軍中擾亂。」頁 25。

〔註 40〕《南史・侯景傳》卷 80，頁 1994。

〔註 41〕《南史・侯景傳》卷 80，頁 1994。

〔註 42〕《通鑑・梁紀五》卷 149，頁 4645；參見《南史・侯景傳》卷 80：「始魏相高歡微時，與景甚相好」，頁 1993。

〔註 43〕呂思勉，《兩晉南北朝史》（上海：上海古籍出版社，2005 年 11 月第一版），頁 556。

河南地區。侯景得以擴充軍隊，培植親信。此刻的侯景已「總攬兵權，與神武相亞。」〔註 44〕其次，侯景憑藉軍事才能，多次率兵爲東魏效力，屢戰皆捷，戰功事實證明他的才能，遂獲高歡付予重責大任。第三，源於所處年代環境與歷史條件促成。北魏末年官僚貴族奢靡腐朽自不待言，宣武帝元恪之政治措施，導致鮮卑貴族與漢族士族間之族群意識，逐漸加深惡化，引發朝政混亂，如景明元年（500）「齊州民柳世明聚眾反」。〔註 45〕景明二年（501）5 月，北魏宗室「太保、咸陽王禧謀反」。〔註 46〕自太和二十三年（499）至延昌三年（514）長達 15 年之水旱災禍連連，使得百姓民不聊生，被迫起亂，暴動頻頻，沿邊之氐、羌族先後起而反魏。民族與階級矛盾，如同兩支利刃懸於頭頂，北魏統治者不知所措。此時，迫切需能征善戰者爲其平亂，鎮壓叛亂份子，以穩定政局，侯景即於此環境下崛起，受提拔重用，勢所必然。

第三節　侯景叛高澄

北魏末年邊鎮各族人民起義起，鳴鼓角、樹旗幟者不計其數。侯景與懷抱攬轡登車，澄清天下之志的懷朔鎮隊主高歡友好，同圖建勳立業。北魏武泰元年（528）4 月，孝明帝遭弒，〔註 47〕靈太后臨朝聽政，羯族契胡部落首領尒朱榮以「入匡朝廷」爲名向洛陽進兵，發動「河陰之變」。〔註 48〕藉助此次政變，尒朱榮遂將遷移於洛陽之漢化鮮卑貴族，和出仕北魏政權中的漢族大家消滅殆盡，其勢力因而更爲堅強，從而完全控制北魏朝政。高歡刻意輸誠尒朱兆，「（尒朱）兆以神武爲誠，遂以委焉。」〔註 49〕封高歡爲晉州刺史。

〔註 44〕《梁書・侯景傳》卷 50，頁 834。

〔註 45〕《魏書・世宗紀第八》卷 8，頁 192。

〔註 46〕《魏書・世宗紀第八》卷 8，頁 193。

〔註 47〕《通鑑・梁紀》卷 152：「魏肅宗亦惡（鄭）儼、（徐）紇等，逼於（胡）太后，不能去，密詔榮舉兵向內，欲以脅太后。榮以高歡爲前鋒，行至上黨，帝復以私詔止之。儼、紇恐禍及己，陰與太后謀酖帝，癸丑，帝暴殂。」頁 4738～4739。

〔註 48〕《北史・魏本紀》卷 5：「永安元年夏四月戊戌，帝南濟河，即皇帝位。以尒朱榮爲使持節、侍中、都督中外諸軍事、大將軍、尚書令、領軍將軍、領左右，封太原王。己亥，百僚相率，有司奉璽綬，備法駕，奉迎於河南。西至陶渚（河陰），榮以兵權在己，遂有異志，乃害靈太后及幼主，次害無上王劭、始平王子正，又害丞相、高陽王擁已下王公卿士二千人。」頁 161～162。

〔註 49〕《北齊書・神武帝紀》卷 1，頁 5。

尒朱榮勢如日中天，各地豪強紛投效，侯景亦以私眾歸附。尒朱榮極爲賞識侯景，即委以軍事。侯景「初學兵法於（尒朱）榮部將慕容紹宗」，〔註 50〕嗣後葛榮南侵，尒朱榮命侯景爲先鋒，發揮所學兵法，於河內大破並「生擒葛榮」，〔註 51〕以軍功被擢升爲定州刺史、大行臺，封濮陽郡公。〔註 52〕侯景威名崛起，地位日益升高，成爲尒朱榮的心腹。永安三年（530）9 月，「孝莊（帝）誅（尒朱）榮」，〔註 53〕尒朱榮死後，其餘黨尒朱兆弒孝莊帝。〔註 54〕高歡謂孫騰：「兆舉兵犯上，此大賊也，吾不能久事之。」自是始有圖兆計。〔註 55〕期年之後，高歡與河北大族擊敗尒朱氏及餘黨。東魏孝靜帝元象元年（534），侯景進入東魏後，追隨高歡與西魏宇文泰互戰，頗有戰功，自詡其能足與高歡匹敵，躊躇滿志，口出狂言。此時的高歡側有強敵宇文泰壓力，急需侯景，故仍以重用，侯景因而成爲東魏不可或缺的將領。日本學者吉川忠夫對侯景評價說：

> 一旦讓他指揮馬背上，便見才幹超群，矮個子且右腳短小的侯景，弓馬之術並不出色，然而具有不可貌相的膽識及機靈、狡黠，家上舉止大方，人氣總是不斷上升，對於高歡愛將高昂、彭樂等，卻被他當面嘲笑爲有勇無謀的「豬武者」。自視甚高，桀驁不馴。高歡命令他招撫河西地方蠻族費也頭虜，也曾出使關中會見宇文泰。〔註 56〕

〔註 50〕《北齊書・神武帝紀》卷 1，頁 2。

〔註 51〕《通鑑・梁紀》卷 152：「葛榮引兵圍鄴，眾號百萬，遊兵已過汲郡，爾朱榮乞求討之。九月，爾朱榮詔從子肆州刺史天光留鎮晉陽，曰：『我身不得至處，非汝無以稱我心。』自率精騎七千，馬皆有副，倍道兼行，東出滏口，以侯景爲前驅。葛榮爲盜日久，橫行河北，爾朱榮眾寡非敵。爾朱榮潛軍山谷，爲奇兵，分督將已上三人爲一處，處有數百騎，令所在揚塵鼓譟，使賊不測多少。分命壯勇所向衝突，號令嚴明，戰士同奮。爾朱榮身陷陳，出於賊後，表裏合擊，大破之，於陳擒葛榮，于眾悉降。」頁 4751～4752。

〔註 52〕《南史・侯景傳》卷 80：侯景字萬景，魏之懷朔鎮人也。少而不羈，爲鎮功曹史。魏末北方大亂，乃事邊疆尒朱榮，甚見器重。初學兵法於榮部將慕容紹宗，未幾紹宗每詢問焉。後以軍功爲定州刺史。頁 1993。

〔註 53〕《北齊書・神武上》卷 1，頁 4。

〔註 54〕《北齊書・神武上》卷 1：「及兆入洛，執莊帝以北，神武聞之，大驚。又使孫騰僞賀兆，因密頡孝莊所在，將劫以舉義，不果。……兆不納，殺帝」，頁 4。

〔註 55〕《北齊書・神武上》卷 1，頁 4。

〔註 56〕日 吉川忠夫，〈南朝貴族社會的命運〉《侯景之亂始末記》（中央公論社，昭和 49 年 4 月 25 日（1974）），頁 15；承蒙華梵大學蔡朝枝學長的翻譯成中文，使筆者得以順利閱讀吉川忠夫大作，特申謝忱。

侯景素輕高澄、彭樂、高昂等人。侯景身雖有缺陷，爲具謀略，侯景的不願爲人臣有跡可尋，時於高歡麾下，官至吏部尚書，仍嫌不足，每獨曰：「何當離此反故紙邪。」〔註 57〕足見其自負。高歡於消滅尒朱氏集團後，身掌北魏大權，故與孝武帝嫌隙加劇。東魏天平元年（534），孝武帝與高歡矛盾激烈明朗化，武帝遂奔關中依附宇文泰，然因與宇文泰無法謀合，未久見弒，宇文泰另立元寶炬爲帝（西魏文帝）；高歡立元善見爲帝（東魏孝靜帝），軍政大權則分別爲高歡和宇文泰掌控實權，此時的北魏已名存實亡，政權再度分裂爲東魏和西魏。

東魏高歡的接納侯景，乃因侯景所具軍事長才，可效力於己。侯景投附高歡後，地位雖有所提升。唯當時侯景因所處河南地離晉陽較遠，對高歡內政不致產生實際影響，但高歡對其仍存戒心。東魏孝靜帝天平元年（534）8月，侯景受命進攻荊州都督賀拔勝，氣勢高昂，連敗賀拔勝、獨孤信、史寧等西魏驍將。天平三年（536）11 月，侯景率兵七萬攻楚州，虜獲梁刺史桓和，〔註 58〕所戰皆捷，勇猛敢衝。其曾謂高歡曰：「恨不得泰，請兵三萬，橫行天下。」〔註 59〕高調不忌諱的霸性已顯露。侯景又專制河南，手握重兵，權重勢大，是促使叛亂的客觀條件。東魏孝靜帝興和四年（542）8 月，庚戊，「東魏以開府儀同三司、吏部尚書侯景爲兼尚書僕射、河南道大行臺，隨機防討。」〔註 60〕東魏既使其防梁及西魏，又使討叛逆，侯景便宜行事，高歡給了侯景權勢，得以坐大。時河南地臨近分有河南道、東南道等行臺，侯景爲高歡抵禦西魏，對抗蕭梁，立下不少戰功，寵遇甚厚，侯景成獨當一面封疆大吏。東魏孝靜帝武定元年（543）3 月，邙山大戰西魏戰勝，但侯景因用計爲東魏奪取虎牢城，〔註 61〕並收北豫州及洛州有功，晉升司空。獲得高權力的侯景，心術不正，對東魏建國以來的名將多持輕視的態度，唯一所忌憚者爲慕容紹宗。鄙視高澄，以高澄無任君格局，並謂其迄今之所以仍居人臣，乃因懼於高歡威信與實力，不敢有異志。曾刻意於高歡大將司馬子如前言：「高王在，

〔註 57〕《南史・侯景傳》卷 70，頁 1993。
〔註 58〕《通鑑・梁紀》卷 157，頁 4874。
〔註 59〕《南史・侯景傳》卷 80，頁 1993。
〔註 60〕《通鑑・梁紀》卷 158，頁 4911。
〔註 61〕《通鑑・梁紀》卷 158：「泰使諜潛入虎牢，令守將魏光固守，侯景獲之，改其書云：『宜速去。』縱諜入城，光宵遁。景獲高仲密妻子送鄴，北豫、洛二州復入於東魏。」頁 4919。

吾不敢有異；王沒，吾不能與鮮卑小兒共事！」〔註 62〕侯景自認僅效力於高歡，無法屈就聽命高澄，其不爲人臣心意甚明，叛離東魏僅爲遲早。侯景與當初協助高歡奠定東魏的久歷戎陣豪傑，〔註 63〕高歡若未能妥善統御，必釀事端，故成爲其最重要的遺言交待。〔註 64〕

東魏天平元年（534），孝武帝西奔長安，高歡以不可一日無君，改立孝靜帝，並遷都於鄴。時於晉陽之高澄，隨即被任命爲「加使持節、尚書令、大行臺、并州刺史」，〔註 65〕以熟稔政務。天平三年（536），高澄以十五歲之齡正式「入朝輔政，加領左右、京畿大都督」，〔註 66〕儼然爲執政者。除了擔任實際執行政務外，亦掌控鄴城禁軍與河北地區軍權，「時人雖聞器識，猶以少年期之」，〔註 67〕顯見內心之不服。唯見其機略嚴明，駕馭全局，有膽略有氣魄，處理問題及時妥切，事無疑滯，於是朝野乃心悅誠服，朝綱振肅，政局呈現嶄新氣象。元象元年（538 年），「攝吏部尚書。」〔註 68〕興和二年（540），高澄「加大將軍，領中書監，仍攝吏部尚書。」〔註 69〕北魏自崔亮以來，選官常以論資排輩，不按才能選取。高澄乃廢除此一選任制度，改以拔擢唯在得人。「凡才名之士，雖未薦擢，皆引致門下，與之遊宴、講論、賦詩，士大夫以是稱之。」〔註 70〕由於北魏自孝明帝正光元年（520）以後，四方多事，「在任群官，廉潔者寡。」〔註 71〕武定二年（544），高澄二十四歲，高澄用

〔註 62〕《通鑑．梁紀》卷 159，頁 4945。

〔註 63〕《北齊書．神武紀》卷 2：「厙狄干鮮卑老公，斛律金敕勒老公，並性遒直，終不負汝。可朱渾道元、劉豐生遠來投我，必無異心。賀拔焉過兒樸實無罪過。潘相樂本作道人，心和厚，如兄弟得當其力。韓軌少戇，宜寬借之。彭相樂心腹難得，宜防護之。」頁 24。

〔註 64〕《通鑑．梁紀》卷 159；「(546) 歡謂澄曰：『我雖病，汝面更有餘憂，何也？』未及對，歡曰：『豈非憂侯景叛邪？』對曰：『然。』歡曰：『景專制河南，十四年餘，常有飛揚跋扈之志，顧我能蓄養，非汝所能駕馭也。今四方未定，勿遽發哀。厙狄干鮮卑老公，斛律金敕勒老公，並性遒直，終不負汝。可朱渾道元，劉豐生，遠來投我，必無異心。潘相樂本作道人，心和厚，汝兄弟當得其力。韓軌少戇，宜寬借之。彭樂心腹難得，宜防護之。堪敵侯景者，爲有慕容紹宗，我故不貴之，留以遺汝。』頁 4945。

〔註 65〕《北齊書．文襄帝紀》卷 3，頁 31。

〔註 66〕《北史．齊本紀》卷 6，頁 232。

〔註 67〕《北史．齊本紀》卷 6，頁 232。

〔註 68〕《北史．齊本紀》卷 6，頁 232。

〔註 69〕《北史．齊本紀》卷 6，頁 233。

〔註 70〕《通鑑．梁紀》卷 158，頁 4901。

〔註 71〕《北史．齊本紀》卷 6，頁 233。

鐵面無私的御史中尉崔暹、尚書左丞宋遊道「糾核權豪，無所縱捨」。〔註 72〕高澄謂崔暹等曰：「卿一人處南臺，一人處北省，當使天下肅然。」〔註 73〕嚴厲打擊。由是政風爲之一新。獲得百姓的稱讚，裨益高澄聲望的提升。時尚書令司馬子如與太師咸陽王元坦一道斂財納賄。崔暹先後多次彈劾司馬子如、元坦以及并州刺史可朱渾道元等人；宋遊道亦彈劾司馬子如、元坦以及太保孫騰、司徒高隆之、司空侯景、尚書元羨等。高澄遂將司馬子如繫獄，僅一夜，司馬子如髮盡白。〔註 74〕東魏的貪墨習尚可溯及北魏正光年間的政局紛擾，百官貪污奢靡。後東魏遷都鄴城，腐敗之風更甚，貪得無厭，競成風尚。經此整肅高澄威望雖立，但抑制勳貴，單憑高歡支持與自己的濫刑無能竟其功。事實上高澄原已有計畫、系統地起用漢族文官助其整肅勳貴、排除異己的，此爲漢族文官被重用的原因。在崔暹、宋遊道、崔昂等人的銳意改革，大力整肅下，高歡時期勳貴故舊無一幸免，輕者降官，重者處死。由於高澄和高歡時代所組成之東魏統治集團淵源不深，加上整肅渤海高氏，打擊懷朔勳貴，都造成派閥普遍對高澄的不滿，爲經高歡的有計畫栽培，至武定二年（544）後，高澄於政、軍系統地位，表面大至成熟穩定。當時身爲司徒、河南大將軍、大行臺的侯景，早有異志，只是礙於高歡的威信與實力，才不敢肆意妄爲，按兵不動。

東魏武定五年（547）正月，高歡疾篤。高澄先發制人，矯書召河南大行臺侯景入京，「景知僞，懼禍」。〔註 75〕侯景自知一旦入朝，脫離根本，宛若虎兕在柙，不僅威權盡失，性命亦難保無虞，於是公開據兵反叛。〔註 76〕並依謀臣王偉計，於同年（547）2 月，旋即遣行臺郎中丁和向梁朝上表求降。侯景自投靠尒朱榮開始，後又追隨高歡，高歡甫亡故，屍骨未寒，又背叛東魏，手法翻雲覆雨，但河南諸州刺史、守、令卻都歸降侯景，意味著高澄執政之憂慮。東魏於武定四年（546）玉壁之戰，損失慘重，高歡的崩殂引起朝野震動，侯景的叛變又使東魏西、南兩面受敵，形勢更加險峻。侯景的叛逆，除桀驁不馴性格外，與高澄的整肅勳貴不無關係。這可從侯景上梁武帝的降

〔註 72〕《北史・齊本紀》卷 6，頁 233。

〔註 73〕《通鑑・梁紀》卷 158，頁 4922。

〔註 74〕《通鑑・梁紀》卷 158：「(544) 尚書司馬子如以丞歡故人，當重任，意氣自高，與太師咸陽王坦黷貨無厭，暹前後彈子如、坦及并州刺史可朱渾道元等罪狀，無不極筆。……澄收子如繫獄，一宿，髮盡白。」頁 4923。

〔註 75〕《南史・侯景傳》卷 80・頁 1994。

〔註 76〕《北齊書・文襄》卷 3，頁 32；《周書・文帝下》卷 2：「齊文襄遣其將韓軌、厙狄干等圍景於潁川。」頁 30～31。

表中得知，其對高澄之不滿溢於言表，《梁書》載：

丞相既遭疾患，政出子澄。澄天性險忌，觸類猜疾，諂諛迭進，共相搆毀。而部分未周，累信賜召，不顧社稷之安危，惟恐私門之不植。甘言厚幣，規滅忠梗。其父若殞，將何賜容。〔註 77〕

侯景突然的反叛令舉朝不解，當侯景的降表內容傳抵京城後，東魏諸將領司馬子如、可朱渾道元、高隆之、孫騰、元弼、高岳等，此等曾飽受貪瀆整頓者，挾舊怨乘勢反擊，歸咎侯景之叛，導因御史中尉崔暹的糾核權貴引發，應誅殺打擊最力之崔暹，以謝國人。高澄爲平息眾怒，欲殺崔暹以謝侯景，〔註 78〕陳元康諫曰：

今雖四海未清，綱紀已定，若以數將在外，苟悅其心，枉殺無辜，虧廢刑典，豈止上負天神，何以下安黎庶，晁錯前事，願公慎之。澄乃止。〔註 79〕

侯景叛變時所附從的將領，應不僅北鎮人物，有豫州刺史高成、廣州刺史暴顯、潁州刺史司馬世雲、荊州刺史郎椿、襄州刺史李密、兗州刺史邢子才、南兗州刺史石長宜、齊州刺史許季良、東豫州史丘元征、洛州刺史可朱渾願、揚州刺史樂恂、北州刺史梅季昌、北揚州刺史元神和等，皆河南牧伯，大州帥長。〔註 80〕又另《北齊書・慕容儼傳》載：「獲景麾下厙狄曷賴及僞署太守鄭道合、兗州刺史王彥夏、行臺狄暢等……又擒景僞署刺史辛光，及蔡遵」。〔註 81〕足見出身、種系均極複雜，顯見叛變因素，除崔暹之打擊權貴外，侯景控制河南 14 年之久，擁有強悍戰鬥力軍隊，故有自立於河南之念：

爲君計，莫若割地兩和，三分鼎峙，燕、衛、晉、趙足相奉祿，齊、曹、宋、魯悉歸大梁，使僕得輸力南朝，北敦姻好，東帛交行，戎車不動。僕立當世之功，君卒祖禰之業，各保疆界，躬享歲時，百姓乂寧，四民安堵。〔註 82〕

侯景的叛變主因，非崔暹的打擊懷朔勳貴，其實除侯景另有成立一股勢力念

〔註 77〕《梁書・侯景傳》卷 56・頁 834。

〔註 78〕《通鑑・梁紀》卷 166 載：「諸將皆以景之叛由崔暹」條下，胡三省注曰：『崔暹糾核權貴，諸將恨之，故以景叛爲暹罪。』」頁 4948。

〔註 79〕《通鑑・梁紀》卷 160，頁 4948～4949。

〔註 80〕《梁書・侯景傳》卷 56，頁 834～835。

〔註 81〕《北齊書・慕容儼傳》卷 20，頁 280。

〔註 82〕《梁書・侯景傳》卷 56，頁 839～840。

頭外，從叛變後尒朱餘黨、郡姓、國姓的附從參與可知事非單純。侯景與高氏父子恩怨關係，剪不斷理還亂。如今高歡的不在，侯景認為在東魏已無效力對象，唯有選擇離開東魏。

第四節　東魏對侯景的追擊

東魏武定四年（546、梁武帝中大通元年）11 月，高歡於征伐西魏過程中，智力皆竭，舊疾復發，旋即班師，同時召高澄，護送高歡至晉陽，高歡謂澄曰：「侯景狡猾多計，反覆難知，我死後，必不為汝用。」〔註 83〕侯景聞高歡病篤，旋於荊州等河南之地擁兵自固，謀生異圖。東魏武定五年（梁武帝太清元年、547）正月 8 日，高歡薨於晉陽丞相府。東魏國內分裂之各派閥勢力，使國家置於瀕臨危殆之境，高歡世子高澄，即將繼任，唯高歡協力的宿將之中，有不乏反對高澄繼承聲浪，〔註 84〕其中的急先鋒當屬侯景在內。高澄接班後，首先要面對來自侯景的挑戰與反對者勢力，侯景是高歡擔任函使時結交的好友之一，時任懷朔鎮外兵史。〔註 85〕高澄遵父遺命「秘不發喪」，速採取措施，以鞏固權位為要。其實高歡安排高澄接班，是有計畫漸進式培植權力，以《魏書・刑罰志》為例。〔註 86〕高澄繼承的權力，王怡辰認為可分為兩個系統，一是原本擔任「輔朝政」時所建立的班底；另一個系統，則是大體由北鎮將領所組成的晉陽兵團，〔註 87〕改變了高歡時代四大派閥共治統治集團的型態。

由於侯景之反叛，衝擊著東魏，為避免政權分裂，高澄不得不倚重久經沙場的勳貴將領〔註 88〕，並由韓軌督諸軍討侯景。〔註 89〕李萬生教授於《侯景之

〔註 83〕《梁書・侯景傳》卷 56，頁 834。

〔註 84〕《北齊書・崔㥄傳》卷 23：「高祖葬後，（崔）㥄又竊言：『黃頷小兒堪當重任不？……㥄要拜道左，世宗發怒曰：『黃頷小兒何足拜也！』於是鎖㥄赴晉陽而訊之。」頁 334。

〔註 85〕《北齊書・神武帝紀》，卷 1，頁 2。

〔註 86〕《魏書・刑罰志》卷 111：「天平後，遷移草創，百司多不奉法，貨賄公行。興和初，齊文襄王入輔朝政，以公平肅物，大改其風。至武定中，法令嚴明，四海如治矣。」頁 2889。

〔註 87〕王怡辰〈東魏時代的四大派閥（534～550）〉收入氏著《東魏北齊的統治集團》，頁 216～225。

〔註 88〕《魏書・孝靜帝傳》卷 12 載：「四月，進司空韓軌為司徒，以領軍將軍可朱渾道元為司空，以司徒高隆之錄尚書事，以徐州刺史慕容紹宗為尚書左僕射。」頁 309。

〔註 89〕《通鑑・梁紀十》卷 159，頁 4945；《北齊書・文襄》卷 3，頁 32。

亂與北朝政局》文中說：「慕容紹宗在永熙二年（533）即投降高歡，自後高歡一直未重用他。其重要原因就是紹宗與尒朱榮爲兄弟，對尒朱氏十分忠誠，對高歡高歡不放心，故不重用。高歡對侯景的不放心，實際也是因爲侯景是尒朱氏黨羽之故。」〔註90〕古來強人疑心皆重，高歡亦不例外。高歡與慕容紹宗二人芥蒂，可自尒朱兆時請高歡處理「并、肆州因頻歲霜旱，請令就食山東問題」，〔註91〕然長史慕容紹宗諫曰；「不可，今四方擾擾，人懷異望，況高公（歡）雄略，又握大兵，將不可爲。」〔註92〕顯其對高歡的不信任。同年（547）3月，高澄顧慮諸州有變，人情不安，「乃自出巡撫，留段韶守晉陽，委以軍事」。〔註93〕除鞏固權位外，亦是對侯景密集進攻。爲盡快平叛，高澄對侯景許以種種優厚條件誘降，〔註94〕同時遣重兵晝夜兼行，企圖包圍侯景。

甫喪丞相的東魏，又逢侯景叛變，可謂多事之秋。高澄根基未穩，又懼侯景遊走於西、南兩方。侯景事件，挑戰高氏政權交替，使東魏內部嚴重分裂，迫使高澄對侯景須格外慎重。東魏武定五年（梁太清元、547）3 月，高澄一方面遣重兵晝夜兼行，企圖包圍侯景，期殲滅之。另一方面則留意各州郡狀況，防患於未然，期制亂於初動。武定五年（梁太清元、547）6 月，高澄將回晉陽，以其弟高洋爲京畿大都督，留守鄴城，由黃門侍郎高德政輔政。同年 6 月丁丑日，高澄回晉陽後，始發喪。武定五年（梁太清元、547）7 月，魏帝詔高澄任使持節、大丞相、都督中外諸軍、尙書事、大行台、渤海王；詔太原公高洋攝理國事，高澄確實掌握東魏政權後，勵精圖治，鞏固了朝政。

高歡知能制侯景者唯慕容紹宗，故遺命高澄，宜重用慕容紹宗。東魏武定五年（梁太清元年、547）2 月，侯景反叛初期，軍隊氣勢強盛，加之對東魏諸將狀況知之甚詳，致十分狂妄。韓軌率兵前來，侯景輕蔑鄙視的稱其爲「噉豬腸兒何能爲」。〔註95〕高岳前來，侯景仍不爲所動，說其「兵精人凡」。

〔註90〕李萬生《侯景之亂與北朝政治局》（北京：中國社會科學出版社，2003 年 10 月第 1 次印刷），頁 69～70。

〔註91〕《北齊書・神武帝紀》，卷 1，頁 5。

〔註92〕《北齊書・神武帝紀》，卷 1，頁 5。

〔註93〕《通鑑・梁紀》卷 160，頁 4951。

〔註94〕《南史・侯景傳》卷 77：「景將蔡道遵北歸，言景有悔過志。高澄以爲信然，乃以書喻景，若還，許以豫州刺史終其身，所部文武更不追攝，闔門無恙，并還寵妻愛子。景報書不從。澄知景無歸志，乃遣軍相繼討景。」頁 1994。

〔註95〕《通鑑・梁紀》卷 160，頁 4961。

〔註 96〕直到聽聞慕容紹宗前來，方才「叩鞍有懼色」，自言自語地嘀咕：「誰叫鮮卑兒（高澄）解遣紹宗來，若然，高王（高歡）定未死邪？」。〔註 97〕東魏武定五年（梁武帝太清元年、547）5 月，慕容紹宗被任命爲尚書左僕射。〔註 98〕高澄因爲慕容紹宗是尒朱榮餘黨，不敢輕易重用，〔註 99〕但又不敢違父命。這時陳元康以慕容紹宗，曾向其行賄，探聽高澄態度爲由，勸諫高澄放心任用。武定五年（梁武帝太清元年、547）5 月戊戌，高澄遣武衛將軍元柱等率兵數萬晝夜兼行，以襲侯景，遇侯景於穎川北方，元柱等大敗，侯景以梁援軍未到，於是退保穎川。韓軌又馬不停蹄圍侯景於穎川，迫使其河南地逐步退縮，景恐懼，情急之下「割東荊、北兗州、魯陽、長社四城賂（西）魏以求救。」〔註 100〕西魏宇文泰聞之，「加景大將軍兼尚書令，遣太尉李弼、儀同三司趙貴將兵一萬赴穎川。」〔註 101〕一面召侯景入朝關中。東魏韓軌聞西魏李弼等率兵將至，隨即班師鄴城，暫解侯景之圍。

東魏武定五年（547、梁太清元年）11 月，由於向西魏二次「乞兵」未奏效，侯景見西魏起疑迅轉投降梁朝，武帝給予優渥待遇（河南王、大將軍、持節）。高澄遣慕容紹宗率領劉豐生、段韶、斛律光，與太尉高岳等討侯景，梁武帝則命貞陽侯蕭淵明，率軍堰泗水於寒山以灌彭城，等得彭城後，再與侯景成犄角合攻東魏，蕭淵明軍於寒山，去彭城十八里，尚未水攻彭城，已遭東魏擊潰，全軍覆沒，蕭淵明及胡貴孫、趙伯超等皆爲東魏所擄。高澄又遣慕容紹宗追擊侯景，紹宗士卒十萬，旗甲耀日，侯景退保渦陽（安徽蒙城），由於抵擋不住東魏的追兵，被「俘斬五萬餘人，其餘溺死渦水」。〔註 102〕高澄對侯景的叛變除了軍事攻擊外，亦展開親情、政治號召，見諸高澄之憂慮、積極，因侯景部將暴顯等各率所部投降慕容紹宗，景軍因而潰散，此證高澄的連番攻擊與政治號召發揮了作用。東魏武定五年（547、梁太清元年）12 月，東魏對侯景持續窮追不捨，欲斷其後路，乃使軍司杜弼作檄移梁朝曰：

〔註 96〕《通鑑．梁紀》卷 160 頁 4961。
〔註 97〕《通鑑．梁紀》卷 160，頁 4961～62。
〔註 98〕《北史．魏本紀》卷 5，頁 193。
〔註 99〕《北齊書．慕容紹宗傳》卷 20：「尋行青州刺史。丞相府記室孫搴屬紹宗以兄爲周主簿，紹宗不用。搴譖之於高祖，云：『慕容紹宗嘗登廣固城長嘆，謂其所親云「大丈夫有復先業理不」由是徵還。』」頁 273。
〔註 100〕《通鑑．梁紀》卷 160，頁 4952。
〔註 101〕《通鑑．梁紀》卷 160，頁 4953。
〔註 102〕《北史．魏本紀》卷 5，頁 194。

侯景豎子，自生猜貳，遠託關、隴，依憑姦僞，逆主定君臣之分，僞相結兄弟之親，豈曰無恩，終成難養，俄而易慮，親尋干戈。釁暴惡盈，側首無託，以金陵逋逃之藪，江南流寓之地，甘辭卑禮，進孰圖身，詭言浮説，抑可知矣。……猶是久涉行陣，曾習軍旅，……終恐尾大於身，……狼戾難馴，則反速而釁小，不徵則叛遲而禍大。〔註 103〕

說明侯景野心，不爲人臣，反覆無常，難以駕馭。不見容於西魏，歸梁居心叵測，因此東魏若與梁朝聯手，侯景必無退路。所言雖屬離間計，事後印證事實，東魏則可封鎖侯景，斷其後路。梁太清二年（東魏武定六年、548）正月，渦陽之役，侯景遭慕容紹宗擊敗後，〔註 104〕狼狽不知所適，領著八百名親軍南奔，進襲蕭梁壽春，將監州事韋黯驅逐，佔據壽春。梁太清二年（東魏武定六年、548）2 月，「東魏殺其南兗州刺史石長宜，討侯景之黨也；其餘爲景脅從者，皆赦之。」，〔註 105〕以斷侯景殘餘勢力。梁太清二年（548、東魏武定六年）3 月，高澄親自領兵南下黎陽、虎牢渡黃河至洛陽，擒西魏同軌防長史裴寬。東魏的追擊，西魏的圖奪地，雙重壓力強逼下，侯景四面楚歌，唯有向南梁投靠一途，方能保自身。然而出乎意料，貞陽侯蕭淵明被俘後，遣使回梁，述東魏請追前好，蕭衍也表示亦欲偃旗息鼓，復信應允。唯獨司農卿傅岐曰：「高澄既新得志，何事須和？必是設間，故令貞陽遣使，令侯景自疑，當以貞陽易景，景意不安，必圖禍亂。若許通好，政是墜其計中。且彭城去歲喪師，渦陽復新敗退，今使就和，益示國家之弱。和不可許。」〔註 106〕諫請武帝愼重思考，但未被採納。

高澄期藉南梁力量圍堵侯景，迫使侯景束手就擒，以解高澄與侯景間恩怨，其意甚明。侯景果然恐懼，在雙重壓力，又不能如願下，投降梁朝。縱觀高澄當政時期，有二次大會戰，一次爲討侯景之渦陽之役和長社之役；另一次爲進攻西魏潁川王思政之役，兩次征戰皆獲得勝利，下表是爲兩次會戰高澄所遣將領與彼等出身。(其參戰者如表 5)。

〔註 103〕《通鑑・梁紀》卷 160，頁 4963～4966。
〔註 104〕《通鑑・梁紀》卷 160：「慕容紹宗引軍擊侯景，景輜重數千兩，馬數千匹，士卒四萬人，退保渦陽。」頁 4968。
〔註 105〕《通鑑・梁紀》卷 161，頁 4974。
〔註 106〕《南史・傅岐傳》卷 70，頁 1708～1709；參《通鑑・梁紀》卷 161，頁 4975。

表 5　高澄時代作戰用將表

戰　役	將　領	出身	事　　蹟	備　註
討侯景之役	元柱	3	高澄遣武衛將軍元柱等，將數萬眾晝夜兼行……遇景於潁川北，柱等大敗……韓軌等圍侯景於潁川，景……賂（西）魏以求救。	《通鑑》卷160
	韓軌	1		
	張纂	4	世宗嗣位，侯景作亂潁川，招引西魏。以纂爲南道行臺與諸將率討之。	《北齊書》卷25
	張亮	4	屬侯景叛……攻梁江夏、潁陽等七城，皆下之。	
	高岳	1	侯景叛……梁武帝乘間遣其貞陽侯明率眾於寒山……與景爲犄角聲援。岳總率諸軍南討…大破之，景乃擁眾於渦陽，與左衛將軍劉豐等相持，岳回軍追討，又破之。	《北齊書》卷13
	劉豐	1		
	劉貴平	4	侯景南叛……東魏亦遣張伯德（張亮）爲（豫州）刺史，伯德令其將劉貴平……屢來攻逼。	《北史》卷61
	斛律金	1	侯景據潁川降於西魏，詔遣（斛律）金帥潘樂、薛弧延等固守河陽以備……侯景之走南豫……復詔金督彭樂、可朱渾道元等出屯河陽，斷其奔救之路。又詔金率眾會攻潁川。	《北齊書》卷17
	潘樂	1		
	薛弧延	1		
	彭樂	1		
	可朱渾道元	1		
	慕容紹宗	4	侯景反叛，命紹宗爲東南道行臺……討侯景於渦陽……大捷，景遂奔遁。	《北齊書》卷20
	張遵業	4	武定中隨儀同劉豐討侯景，爲景所擒。景敗，殺遵業於渦陽，喪還，世宗親自臨弔。	
	薛震	3	從慕容紹宗討侯景。	
	慕容儼	4	侯景叛，儼擊陳郡賊，獲景麾下……等，擒斬百餘級。玄軍項城，又擒景僞署刺史……並其部下二千人。	
	杜弼	3	梁貞陽侯蕭明等人寇彭城，大都督高岳、行臺慕容紹宗討之，詔弼爲軍司……破蕭明，迴破侯景於渦陽。	《北史》卷55
	斛律光	1	（渦陽戰）裨將斛律光……被甲將出，紹宗戒之曰：「勿度渦水。」既而爲景敗。	《南史》卷80
	暴顯	1	侯景反於河南，爲景所攻，險率左右二十餘騎突出賊營，拔南歸國……隨岳等破景於渦陽。	《北齊書》卷41
	敬顯儁	3	敗侯景，平壽春，定淮南。	《北齊書》卷26
	王則	4	（蕭）淵明於寒山，去彭城十八里……東魏徐州刺史太原王則嬰城固守。	《通鑑》卷160

<table>
<tr><th>戰　役</th><th>將　領</th><th>出身</th><th>事　　　蹟</th><th>備　註</th></tr>
<tr><td rowspan="10"></td><td>張恃顯</td><td>?</td><td rowspan="2">紹宗、豐生俱奔譙城裨將斛律光、張恃顯尤之……段韶夾渦而軍，潛於風縱火……草濕，火不復燃。</td><td rowspan="2">《通鑑》卷160</td></tr>
<tr><td>段韶</td><td>1</td></tr>
<tr><td>高歸彥</td><td>1</td><td>以討侯景功，別封常樂郡公，除領軍大將軍。</td><td>《北齊書》卷14</td></tr>
<tr><td>高季式</td><td>2</td><td>從清河公岳破蕭明於寒山，敗侯景於渦陽。</td><td rowspan="2">《北齊書》卷21</td></tr>
<tr><td>高長命</td><td>2</td><td>隨儀同劉豐討侯景，爲景所殺</td></tr>
<tr><td>梁子彥</td><td>1</td><td>祖朝請，望重縉紳……父雲周使君身沒名飛，久而不朽……侯景反噬……轉爲都督，裹糧坐甲，固□是求，礫石投人，餘勇斯賈。及城陷，以軍功除寧遠將軍都督平陽子。</td><td>《墓誌彙編》</td></tr>
<tr><td>韓裔</td><td>1</td><td>以公爲南道都督，征侯景於渦陽。</td><td>《墓誌彙編》</td></tr>
<tr><td>辛術</td><td>5</td><td>侯景叛……與高岳等破侯景，擒蕭明，遷東徐州刺史，爲淮南經略史。</td><td>《北齊書》卷38</td></tr>
<tr><td colspan="4"></td></tr>
<tr><td colspan="4"></td></tr>
<tr><td rowspan="16">役之川潁</td><td>高岳</td><td>1</td><td rowspan="6">東魏太尉高岳、行臺慕容紹宗、儀同劉豐生等，率步騎十萬來攻潁川……紹宗窮極，投水而死。豐生浮向土山，復中矢而斃，生擒永珍……齊文襄聞之，乃率步騎十一萬來攻……（克）文襄遣其常侍趙彥深就土山執手申意……以其忠於所事，禮遇甚厚。</td><td rowspan="6">《周書》卷18</td></tr>
<tr><td>慕容紹宗</td><td>4</td></tr>
<tr><td>劉豐</td><td>1</td></tr>
<tr><td>慕容永珍</td><td>4</td></tr>
<tr><td>高澄</td><td></td></tr>
<tr><td>趙彥深</td><td>5</td></tr>
<tr><td>房豹</td><td>3</td><td>王思政入據潁川，慕容紹宗出討，豹爲紹宗開府主簿兼行臺郎中。</td><td>《北史》卷39</td></tr>
<tr><td>張保洛</td><td>1</td><td>王思政之援潁州（川）攻圍未克，世宗仍令保洛鎮楊志塢，使與陽州爲犄角之勢，潁川平。</td><td rowspan="3">《北齊書》卷19</td></tr>
<tr><td>厙狄迴洛</td><td>1</td><td>世宗嗣事，從平潁川。</td></tr>
<tr><td>薛孤延</td><td>1</td><td>諸軍討潁州（川），延專監造土山。</td></tr>
<tr><td>慕顯</td><td>1</td><td>從世宗平王思政於潁川。</td><td>《北齊書》卷41</td></tr>
<tr><td>杜弼</td><td>3</td><td>關中遣王思政據潁（州）川，朝廷以弼行潁州，攝行臺右丞。</td><td>《北史》卷55</td></tr>
<tr><td>張宴之</td><td>3</td><td>高岳征潁川，復以爲都督中兵參軍兼記室，宴之文士，兼有武幹，每與岳帷帳之謀，又長短兵接刀，親獲所級。</td><td>《北齊書》卷35</td></tr>
<tr><td>高季式</td><td>2</td><td></td><td>《北齊書》卷21</td></tr>
</table>

本表引自王怡辰著《東魏北齊的統治集團》第三章〈東魏時代的四大派閥〉頁228。

註：1表出身懷朔貴族 2表出身河北塢堡將領 3表出身胡漢士族 4表出身尒朱餘部 5表高澄班底

第五節　無路可走的侯景唯有馬首向南

侯景無法抗拒東魏攻勢，歸因：（一）雙方軍力懸殊：

將　帥	兵　　力	備　考
侯景	號稱擁眾十萬剩四萬紹宗進擊侯景，侯景輜重數千兩，馬數千匹，士卒四萬人，退居渦陽。	通鑑，卷 160
東魏（慕容紹宗）	士卒十萬，旗甲耀日。	通鑑，卷 160

本表參考《資治通鑑》繪製

此表明顯看出勝敗，侯景兵力雖號稱十萬眾，但數據是否眞實，有待考證。侯景叛東魏時僅有潁川刺史司馬世雲以城響應，兩者相加，依此推斷兵力應不多，無法抵擋東魏兵眾凌厲攻勢。初始，高澄遣元柱將兵討景，深信軍力亦不少於侯景。後又遣慕容紹宗率十萬兵攻伐時，「旗甲耀日，鳴鼓長驅而進」，〔註 107〕侯景軍僅剩四萬人，輜重數千兩，馬千匹，退保渦陽。相形之下，侯景氣勢已居下風，倘欲以智謀取勝，恐亦不敵曾教授其兵法，侯景最忌憚的慕容紹宗。慕容紹宗為高歡最得力戰將，驍勇善戰，高歡恐其子高澄即位後，無法駕馭侯景，對東魏局勢造成不可預測影響。提醒高澄「堪敵侯景者」，唯慕容紹宗也。而慕容紹宗亦不負高歡所望，出兵討侯景，連戰皆捷，迫使侯景逃亡梁朝，為東魏減除一大患。（二）治所不定：侯景的大行臺置於北豫州（治虎牢），與東魏官軍駐紮營區臨近，無法作為陣前指揮所，因此侯景放棄虎牢而轉入潁州治所潁川。〔註 108〕侯景治所的游移不定，給了敵人退縮感覺，所屬士卒亦有駐守不安定的恐懼感。何況黃河以北為高氏所據疆土，黃河又綿長，防禦困難，每當冬季來臨，北騎的長驅直入，對河南威脅極大。

一、梁武帝北來降將迷思

姚思廉《梁書》史臣曰載：

> 高祖革命受終，光期寶運，威德所漸，莫不懷來，其皆殉難投身，前後相屬。元法僧之徒入國，並降恩遇，位重任隆……。而羊侃、鴉仁值太清之難，並竭忠奉國。侃則臨危不撓，鴉仁守義殞命，可

〔註 107〕《通鑑・梁紀》卷 168，頁 4968。

〔註 108〕《魏書・孝靜紀》卷 12，武定五年正月：「辛亥，司徒侯景反，潁州刺史司馬世雲以城應之，景入據潁城」，頁 309。

謂志等松筠，心均鐵石，古之殉節，斯其謂乎。」〔註 109〕

對北來降將的盡忠梁朝持高度肯定。梁武帝善待北來降將，如西魏賀拔勝、獨孤信皆是前例。侯景替高歡將賀拔勝逼入梁朝。〔註 110〕「在江表三年，梁武帝遇之甚厚。勝常乞師北討齊神武，既不果，乃求還。梁武帝許之，親餞於南苑。勝自是之後，每行執弓矢，見鳥獸南向者皆不射之，以申懷德之志也。」〔註 111〕獨孤信亦係遭侯景逼至梁朝。〔註 112〕「居三載，梁武帝方始許信還北。信父母既在山東，梁武帝問信所往，信答以事君無二，梁武帝深義之，禮送甚厚。」〔註 113〕對於侯景的投誠，梁武帝態度積極，嘗獨言《通鑑》胡三省註：「獨言者，宴閒之時，非因與侍臣問答，獨言其事。蓋帝欲受其地，念茲在茲，而不能自己於言也。」〔註 114〕認為我國家如金甌般堅固，侯景的來降是如虎添翼，對其統一重燃希望，機不可失，相較於西魏的遲疑被動派兵赴援，更襯托出梁武帝接納侯景有所圖心思。梁武帝認已得侯景，戰力提升，遂於太清元年（547）8 月，倉促北伐東魏，遣貞陽侯蕭淵明率十萬大軍屯寒山。此次北伐的目的期與侯景互為犄角之勢，共同夾擊東魏，以席捲東魏河南、山東之地，令高澄首尾無法照應，從而獲得更大戰果，史稱「寒山之戰」。此役東魏慕容紹宗大敗梁軍，侯景不但喪失了土地，僅餘殘兵 800 人逃竄班師梁朝。這是一場兵敗如山倒戰爭，梁武帝不但未獲一沙寸土，且折損五萬大軍，包括主將蕭淵明等被虜，損失慘重。梁朝北伐出師首站寒山，梁武帝所用非人，主力幾被消滅殆盡，羊鴉仁、羊思達等原據的懸瓠、項城得而復失，遭東魏奪回。

寒山之戰使梁武帝後期的計畫破滅，即，坐視北朝東、西魏內戰、消耗實力，俟機坐收漁翁之利。梁武帝之戰略計畫頗為完整，然忽略根本性問題，要知戰爭乃須賴人執行，戰爭會消耗國家實力，但卻可訓練戰鬥力，南朝一味坐山觀虎鬥，原有戰鬥力於昇平中逐漸消退，終至坐吃山空，一遇戰爭，反而不如長期內戰之北朝。寒山之戰最佳例證，梁武帝圖依侯景勢力，奪取

〔註 109〕《梁書・元法僧等傳》卷 39，頁 564。

〔註 110〕《北史・賀拔允傳》卷 49：「時齊神武已遣行臺侯景、大都督高敖曹赴之，勝敗，中流矢，奔梁。」頁 1798。

〔註 111〕《周書・賀拔勝傳》卷 14，頁 219。

〔註 112〕《北史・獨孤信傳》卷 61：「東魏又遣其將高敖曹、侯景等奄至。信寡不敵眾，歲率麾下奔梁。」頁 2168。

〔註 113〕《周書・獨孤信傳》卷 16，頁 264。

〔註 114〕《通鑑・梁紀》卷 160，頁 4950。

北朝大片領土，尤以極具戰略、經濟及政治意義之河南各州，進而統一天下。但是，再周詳的戰略計畫，仍須依賴人的執行，梁朝境內已難覓適當人選爲武帝執行該計畫者。蕭會理、蕭淵明乃至羊侃，均非一時之選。這一切，釀成了寒山之戰失利，也在日後釀成更大悲劇。侯景的投附梁朝，自有其精算，非偶然之舉。侯景識破梁境虛弱，軍紀不彰，缺乏指揮將才，此刻投靠必獲梁朝重用，也認爲梁武帝非得重用北來降將不可，其可藉機擴展勢力，此應亦爲誘因之一。魏收於《魏書》中對梁朝的軍紀頹腐有著貼切記載：

> 武定六年。…景既至，便圍其城，縱火燒爇，掘長圍，築土山以攻衍。衍亦於城內起山以應之。衍令文武運土，人責二十石，於是其王侯朝貴皆自負擔。蕭綱亦自負，僉議以爲太示迫屈，乃止。衍每募人出戰，素無號令，初或暫勝，後必奔背。景宣言曰：「城中非無菜，但無醬耳」以戲侮之。〔註115〕

梁軍紀渙散，軍中乏指揮將領，侯景能知己知彼，梁武帝卻蔽障於諂，不得不啓用北來降將守疆作戰。〔註116〕梁武帝於普通元（520）年之後，即已被迫使用北來降將馳騁沙場，侯景適時來附，對武帝而言，更堅信北伐必成。二十多年間，除侯景外，餘降將如王神念、王僧辯、元法僧、元樹、羊侃、羊鴉仁等，於保衛梁朝邊境甚至於抗拒侯景，均能適時發揮重要作用。梁武帝對彼等亦禮遇有加，給予高官厚祿，授與顯職重任，用之不疑，倚仗愼重；北來將領亦知恩圖報，效力疆場，樂而忘返。唯宿將已非老即孱弱，臺城守將僅餘羊侃一人獨撐大樑，梁武帝不知指揮人才的缺乏嚴重，戰力影響是必然。《南史》載：「王神念、羊侃、羊鴉仁等，自北徂南，咸受寵任。……僧辯風格秀舉，有文武奇才」，〔註117〕對彼等傑出表現及受重用有所敘述。是故非排拒北來降將，此時武帝應思考，如何強化國軍士氣與戰鬥力。但另一方

〔註115〕《魏書·島夷蕭衍傳》卷98，頁2185；參見《通鑑·梁紀》卷161，頁4990。

〔註116〕陳寅恪，〈述東晉王導之功業〉收入《陳寅恪先生論文集》（台北：九思出版社，民國99（2010）年9月1日初版），載：「長江上游南來北人之武力集團，本爲北方中層社會階級，即宗越所謂「次門」者是，與長江下游居住京口晉陵一帶之南來北人爲武力集團者正同，但其南遷之時代較晚，觀楊公則席闡文康絢諸傳，可知此等人先世之南遷當在「胡亡氐亂」以後，故其戰鬥力之衰退亦較諸居住長江下游京口晉陵一帶之武力集團爲稍遲，梁武帝之興起實賴此團之武力，梁之季年此集團之武力已不足用，故梁武帝不得已改用北來降將。」，頁20～21。

〔註117〕《南史·王神念等傳》卷63，頁1549～1550。

面，武帝如此作爲也改變東晉以來獨重僑姓，排斥北人，更遑論起用異族降將之偏狹立場。

梁武帝晚期，虔心佛教，無心擴土，但又一心一意希望北來降將爲其完成統一大計，又期平順度日，遂與東魏再次通和，時南北處於平和狀態。梁朝武人尚文，仿士大夫生活，公卿及閭里士大夫，久不見兵甲，不能馳騁沙場，朝中更乏能征善戰之大將。陳寅恪謂：「江左僑寓之寒族北人，至南朝後期，即梁代亦成爲不善戰之民族。當時政府乃不能不重用新自北方南來之降人以爲將帥。」〔註 118〕侯景以所治東魏近半領土之河南十三州降附，梁武帝不僅圖侯景軍事才能，亦圖侯景所帶來土地，並能爲梁朝戍守邊境，拓展穩定疆域。是故，積極授予侯景高官厚爵，圖留侯景。梁武帝的輕率、積極態度與西魏的謹慎反應，形成強烈對比。襯托出梁武帝的納侯景有所圖的心思及貪利冒進。呂思勉謂：「西魏爲之出師，原不過相機行事。而當時事機，並不甚順，必欲乘釁進取，勢非更出大兵不可。然此時西魏，亦甚疲敝，兼之景既不易駕馭，又須抗拒東魏及梁；利害紛紜，應付非易，故西魏始終以謹慎出之。此不失爲度德量力。而梁之貪利冒進者，乃自詒伊戚矣。」〔註 119〕西魏盱衡自身國力，分析敵我利害關係，謹慎以對，反觀梁武帝利令智昏，喪失其應有警惕，只求私利不計後果，埋下日後侯景反逆禍根。

二、自成另一股勢力

東魏武定五年（547）5 月，東魏韓軌領重兵圍侯景於潁川，窘困中侯景再割東荊、魯陽、長社、北兗四城向西魏請救。宇文泰深謀遠慮，既不願放過此稍縱即逝的東進良機，又審慎冷靜地注意防範詐諼叵測的侯景反覆。決意相機行事，納降後乘勢進取河南。遣兵前往潁川解危，又派荊州刺史王思政即刻接收降地七州十二鎮。東魏見狀兵退，侯景出屯懸瓠。喘息未定，宇文泰召其入朝，企圖虛委重任，實去其權。侯景深諳此謀，自然不落入宇文泰圈套，其宣稱「恥與高澄雁行，安能比肩大弟（指宇文泰）。」〔註 120〕決計馬首南向，投奔蕭梁。梁武帝太清二年（548）春正月，侯景部將暴顯等降東魏慕容紹宗，侯景收散卒步騎八百，奔蕭梁壽陽城（今安徽壽縣）。

〔註 118〕陳寅恪，〈魏書司馬睿傳江東民族條釋證及推論〉收入《金明館從稿初編》（上海：古籍出版社，1980），頁 65。

〔註 119〕呂思勉《兩晉南北朝史》（上海：上海古籍出版社，2005 年 11 月），頁 558。

〔註 120〕《通鑑．梁紀》卷 160，頁 4955。

侯景反叛東魏後，高澄以侯景掌握兵權，又專制河南日久，對其丞相權構成威脅，須極早處理。隨即以威脅利誘招撫手段，但侯景不納。侯景的反叛目的，除全力維繫原有河南勢力範圍以作後盾外，另一個目的應是稱王，自成一家，爲另一股勢力。以侯景本人及其智囊團的謀略，勢必預料東魏的反制，出兵奪回河南。侯景與高歡同出於北魏六鎮戍兵。其「驍勇有膂力，善騎射」，馭軍嚴整，長於謀略，追隨高歡開創東魏基業，戰功彪炳。高歡對侯景甚爲倚重，使其領兵十萬，總攬河南十三州軍政。侯景反叛後，便據河南之地向蕭梁請降。隨後因梁援未至，又轉降西魏。西魏丞相宇文泰正欲向東擴展勢力，遂派軍東進，暫除東魏軍對侯景的圍攻。但宇文泰爲一具遠見的政治家，深知侯景素有野心，反覆無常。因而對侯景的來降採取審愼的態度，除先遣軍逐步侵蝕侯景所帶降地，一面征侯景入朝，欲削其兵權。侯景深之其與西魏多年爲敵，結怨甚深，如今投降西魏僅爲在東魏大軍壓迫之下的權宜之計，無意歸附西魏。此刻見計謀未能得逞。遂進據懸瓠（今河南汝南）、項城（今河南沈丘）等地，一心投靠蕭梁。此不難理解侯景何以欲利用投降西魏之際，誘使西魏高元成、李密、暴顯等人歸順，並欲奪西兗州及更多州郡的行爲，意在奪兵擴充軍員，收攬同路人，壯大實力，以爲另股勢力奠基。但侯景掠地之計未得逞，反而暴露了其背叛東魏的行徑，使朝廷及其他州郡都有防範，侯景的陰謀因而受挫，自此侯景與西魏徹底決裂。侯景無意歸附西魏，隨即遣使入梁，愚意以爲侯景先投降西魏，是乃權宜之計，目的除前所述，另則是防東魏來攻時措手不及。若無法自立，再投靠蕭梁朝，而之與蕭梁事先通和，則是爲自己鋪墊退路。

此時的梁朝於政治、經濟、軍事上已不及北方；且侯景僅圖私人目的，無意進取河北，爲蕭梁朝盡節效忠，武帝的北伐失敗是可預見的結果。侯景洞穿梁統治集團的腐敗，階級矛盾日益嚴重，貧苦農民暴動頻傳。〔註 121〕統治者不思改革也無力改革，對農民一味巧奪豪取，嚴徵稅收，殘酷壓迫，連綿不斷的農民反抗接踵而來，反映蕭梁朝階級矛盾的日益加劇。但梁武帝對

〔註 121〕《南史・鄧元起傳羅研附傳》載：「及西昌侯藻重爲（西州）刺史……臨汝侯嘲之曰：『卿蜀人樂禍貪亂，一至於此。』對曰：『蜀中積弊，實非一朝。百家爲村，不過數家有食，窮迫之人，十有八九，束縛之使，旬有二三。貪亂樂禍，無足多怪。若令家畜五母之雞，一母之豕，牀上有百錢布被，甑中有數升麥飯，雖蘇、張巧說於前，韓、白按劍於後，將不能使一夫爲盜，況貪亂乎？』」頁 1369～1370。

侯景百般攏絡，侯景雖歸附蕭梁朝，但其因本性難改，何能忠心爲梁武帝效力。且自知目前力量，不足於對抗東魏、西魏，唯有仰賴梁朝，覓得暫時容身。加以蕭梁朝中多數重臣的反對容納侯景，因之行事謹慎，並以自請削減官職緩衝大臣敵意，〔註 122〕降蕭梁後，暗自招兵買馬，企圖擴張勢力，掌握實權，以爲稱王鋪路。侯景乃具改朝換代的企圖心，曾向梁武帝使者謂，其之揮軍入京，目的即便自立爲帝，〔註 123〕侯景旺盛的企圖心溢於言表。另侯景企盼與王、謝大族結婚，以提高聲勢，曾向武帝求親，爲梁武帝的門第之見，歧視排擠，埋下侯景攻城後，向貴族豪門報復種子。

其實侯景有著稱王野心，並非一朝一夕，自早期與高歡共事，處處顯出不滿現有，故高歡始有「飛揚跋扈」之說。入梁後更於極短時間，敢以單薄兵力，直攻蕭梁朝京城，宛若小蝦米衝撞大鯨魚，勝負已明般，或謂侯景膽識過人，或謂蚍蜉撼樹，不自量力。侯景自以蕭梁腐敗若此，應有人趁機揭竿起義，與之共襄盛舉，其必有一番作爲。故於圍城初期，治軍嚴格，士兵不得侵暴建康士民。〔註 124〕故若是以其作爲而言，無法推測侯景自始，即有強烈打擊建康高門士族的心態。部分學者認爲侯景打擊士族的企圖，起於求婚高門失敗。蘇紹興認爲，「這種說法不易成立，因爲，拒絕他提婚的是梁武帝，並非高門士族。」〔註 125〕相反的，爲了克定京師，自立爲帝，其特重軍隊於建康的紀律。侯景得勢後，殺蕭正德，軟禁梁武帝。梁武帝因而憂憤而死，侯景立蕭綱爲帝，又廢殺蕭綱立蕭棟爲帝。至梁大寶二年（551），侯景終又廢蕭棟而自立稱帝，國號漢，稱南梁漢帝，完成稱帝之願。

〔註 122〕《通鑑・梁紀》卷 161：「景遣儀同三司于子悅馳以敗聞，併自求貶削」，頁 4973。

〔註 123〕《通鑑・梁紀》卷 161：「上遣中書舍人賀季、主書郭寶亮隨思玉勞景于板橋。景北面受敕，季曰：『今者之舉何名？』景曰：『欲爲帝也！』」頁 4985。

〔註 124〕《梁書・侯景傳》卷 56：「初，景至（建康），便望克定京師，號令甚明，勿犯百姓。」頁 843。

〔註 125〕蘇紹興，〈侯景亂梁與南朝士族衰弱的關係〉收入《兩晉南朝的士族》（臺北：聯經出版事業公司，1993），頁 33。

第四章　佛心難度羅剎

安祿山兵變破壞唐朝秩序，使唐朝政局爲之崩潰。梁武帝的菩薩心，寄望普渡眾生，感化爲德不卒者。但事與願違，不僅無能度化猛苛的侯景，卻使其叛變梁朝，引發梁朝最嚴重內亂，不緊吹皺梁朝一池春水，也使得南北朝權力秩序與政權結構爲之變異。梁武帝太清二年（548）正月，侯景遭遇東魏慕容紹宗強力攻擊潰敗。侯景因之與心腹及散卒數百奔南朝蕭梁，並占據了南豫州治所壽春，作爲據點，重新招兵買馬，培植勢力。進入梁朝之初，侯景即懷不軌，復與梁武帝理念不和，再次發動叛亂，直攻梁都城建康，引發梁朝宗室之自相殘殺，政權矛盾衝突。

第一節　侯景所統河南州郡的形勢

叛變必須具備土地、兵馬條件，侯景即擁有此一條件。東魏遷都於鄴後，高歡置重兵於河北，自居晉陽，全力對付西魏和北方的柔然，對與梁接境的河南一帶鞭長莫及，且與蕭梁朝間顧忌少，高歡遂全由侯景擔任此項重責。

河南，古稱「四戰之地」，〔註 1〕兵家必爭，尤以戰略地位極爲重要。本文所稱「河南地」，〔註 2〕蓋指函谷關以東，黃河以南之地區，包括今日河南

〔註 1〕清 顧祖禹，〈河南方輿紀要序〉收入《讀史方輿紀要》(北京：中華書局，2006年 8 月北京第 2 次印刷)，卷 45：「河南古所稱四戰之地。當取天下之日，河南在所必爭，及天下既定，而守在河南，則岌岌焉有必亡之勢矣。……曰：『河南者，四通五達之郊，兵法所稱衢地者是也。』往者吳濞之叛也，說者曰：『願王所過城不下，直去疾西據洛陽，雖無入關，天下固已定矣』。」頁 2083。

〔註 2〕《南齊書・州郡下》(北京：中華書局，2007)，志第七「司州」條曰：「宋景平初，失河南地」頁 278。

省黃河以南地區、山東省西北部、安徽北部部分地區，屬黃淮平原。由於河南屬戰略要衝，高歡遂矚意出身行伍、每戰屢屢獲勝，戰績斐然，高歡信賴的侯景來「經略河南」，〔註 3〕負責東魏南向門戶守衛，以穩定邊界。此一絕佳之機，侯景勤於河南經營。使其既有客觀條件，佈局河南，又有主觀藉口，擴展軍隊，培植勢力，鞏固河南地位。河南之重要性是由於其地理環境特殊，戰略性重要，加以幅員遼闊，物產豐富、又擁有龐大軍隊，及於政治歷史文化上的地位，侯景以所據河南州郡反叛，河南遂成東魏、西魏及南梁三國所爭焦點。而三國何以視河南如此，原因：以東魏而論，河南實爲鄴都重要屏障，占據著東魏的三分之一土地，西接西魏，南臨梁朝。河南的存在，鄴都即等於處在安全狀態。失去河南，鄴都既直接暴露於敵人之前，毫無屏障，敵人渡過黃河即可對鄴都造成威脅。易言之，一旦河南之地不保，東魏統治必將不保；再以南梁而言，河南地區之保有，意義重大，掌握河南，裨益克復中原；對西魏而言，據有河南地，等同掌控且併吞東魏及梁朝的軍事實力。正因爲河南有著如此的重要條件與價值，遂成爲兵家必爭之地。

侯景能坐鎮河南，專制達十四年之久（如表 6），非僅史書所言，「（高）歡壯其言」，〔註 4〕所謂自古英雄惜英雄，何況二人革命情誼；另高歡期藉侯景軍事才能，壯大東魏軍威，伺機殲滅西魏稱霸。永熙元年（532），高歡誅滅尒朱氏，侯景隨即歸順高歡，願爲其效鞍馬之勞，屢屢向高歡輸誠，以博信任。高歡居相後，不居洛陽，「初，神武自京師將北，以爲洛陽久經喪亂，王氣衰盡，雖有山河之固，土地褊狹，不如鄴，請遷都。」〔註 5〕仍坐鎮晉陽遙控朝廷，晉陽與河南相去甚遠，呂思勉認爲：「歡居晉陽，去河南較遠，勢不能不專有所任，此景之所以有大權也。」〔註 6〕因此無暇專注河南軍務，唯有委任侯景鎮守。

身懷韜略，長於謀計，肢體不全的侯景，在反抗高澄的行動中，何以能打破南北朝時期後三國（蕭梁、東魏北齊、西魏北周）僵局呢？主在侯景挾著「河南十三州」近百萬人口，十萬大軍，成爲三國之外的第四股力量。或稱其面積達東魏國境之半，嫌有誇大，旨在突顯其勢要。它雖比任何一國都

〔註 3〕《梁書・侯景傳》（北京：中華書局，2006），卷 56：「魏以爲司徒、（河）南道行臺，擁眾十萬，專制河南。」頁 834。
〔註 4〕唐李延壽撰，《南史・侯景傳》（北京：中華書局，1975），卷 80，頁 1994。
〔註 5〕唐李百藥撰，《北齊書・帝紀》（北京：中華書局，1972），卷 2，頁 16。
〔註 6〕呂思勉，《兩晉南北朝史》（上海：上海古籍出版社，2005 年 11 月），頁 556。

弱小，但去向勢必改變三國間均衡態勢。〔註 7〕就東魏而言，侯景不肯屈就高澄，已不可能歸順，又河南地乃鄴城屏障，欲保政權穩固，唯須確保河南地，並化解因其叛離所形成的政治、軍事危機；對西魏而言，接納侯景的複雜性與其所可能形成之後果，遠超當初高仲密來歸所引發「邙山」之戰，遠非關中所能承受，而且執侯景又不能殺之，必送長安，以其於北鎮的輩分、出眾的能力，戰功的彪炳，實無適當位置可茲安置，僅以穩紮穩打，靜觀其變；河南地的有無，如同於東魏和梁間插入一道楔子，將改變西魏外交困境；對梁朝而言，欲取得入主中原之鑰，就須控制河南地區，《隋書》載：

> 然洛邑自古之都，王畿之內，天地所合，陰陽之所合。控以三河，固以四塞，水陸通，貢賦等。故漢祖曰：「吾行天下多矣，唯見洛陽。」〔註 8〕

取得天地之中的洛陽，〔註 9〕形同繼承北魏孝文帝以來的正朔。接納侯景有助於突破北進僵局，在進圖中原上如虎添翼；就侯景而言，據河南地，處於三國之間，可引外力作爲奧援，進而挑戰高澄，退可入梁，處於捭闔縱橫的游離狀態，輕易挑撥高澄、宇文泰、蕭衍相互矛盾，任何一方處置不當即有衝突可能。〔註 10〕正因爲如此，侯景叛後，高澄擔心其與西魏、蕭梁間的「合從」關係。〔註 11〕

侯景足智多謀，馭軍嚴整，高歡使其爲河南大行臺，河南地既爲鄴城屏障，又是東魏門戶，如何使蕭梁、西魏無隙可乘，又可保證政治興革順利推行，高歡圖以厚利重爵，以確保侯景對其更爲效忠，其實亦是西魏無力以國土之半來招降；蕭梁朝亦不可能誘於長江以北之地。唯高歡對侯景仍存戒心，故授侯景予河南道大行臺，又任高昂（敖曹）爲軍司大都督，與侯景共治虎牢以分其勢。

〔註 7〕蒙永樂，〈試論侯景之亂〉（《文山師範高等專科學校學報》，1999 年 3 月第 1 期），頁 23～29。

〔註 8〕唐 魏徵等撰，《隋書・煬帝紀上》（北京：中華書局，1973.8），卷 3，頁 61。

〔註 9〕李吉甫，〈河南道一〉收入《元和郡縣圖志》（京都：中文出版社，1973），卷 5，河南府條下注曰：「《禹貢》豫州之域，在天地之中，故三代皆爲都邑。」頁 92。

〔註10〕中國歷代戰爭史編纂委員會，〈南北朝時代・侯景亂梁之諸戰役〉收入《中國歷代戰爭史》（臺北：黎明文化公司，1980），頁 421～422。

〔註11〕唐令孤德棻撰，《周書・文帝紀》（北京：中華書局，1971），卷 2：「齊神武薨。其子澄嗣，是爲文襄帝。與其河南大行台侯景有隙，景不自安，遣使請舉南六州來附。」，頁 30；《魏書・孝靜帝紀》卷 6：「景乃遣使降於寶炬，請師救援。」頁 309。

〔註 12〕東魏元象元年（538、梁武帝大同四年）高昂於邙山之戰戰歿於河陽，〔註 13〕東南道行臺任延敬亦卒，高歡又長期陷入西進泥沼，也因此尾大不掉，〔註 14〕使得侯景懷有裂土割據的野心。行事謹愼的侯景，〔註 15〕其時懷另起勢力之念。其之叛逆東魏，對東魏衝擊不小，侯景當意料高澄的反制，高澄無法容忍其反叛，但對其造成威脅不敢輕忽，更不可能輕易放棄河南半壁江山，勢必出兵襲擊，奪回河南。因此，侯景趁高澄尚未出兵逼迫前，控制更多州郡與軍隊，以求穩固河南原有勢力是爲首要，始有能力對抗東魏追擊。高澄鍥而不捨的對侯景攻擊，而侯景亦知東魏高歡雖崩，然原有勢力仍在，不能與之負隅頑抗，顯然侯景知其實力尚不足對抗東魏強大軍力。

表 6　侯景專治河南十三州一覽表

序號	州名	治　所	置年（以北魏始）	東魏、西魏所佔	現今地域
1	豫	治汝南	宋劉義隆置。	東魏孝靜帝元象元年（538）河橋之戰攻陷。	
2	廣	治魯陽	北魏永安中置。武定中陷，徙置襄城。	東魏孝靜帝元象元年（538）河橋之戰攻陷。	今汝州魯山縣。後入西魏，東魏以廣州改治襄城
3	潁	治長社		東魏孝靜帝元象元年（538）河橋之戰攻陷。	今河南長葛縣西一里故長社城是。
4	荊	治沘陽		東魏天平元年（534），高歡使景取荊州。	今河南南陽府唐縣也。亦曰東荊
5	襄	治葉	北魏孝昌中置。		今河南葉縣
6	兗	治瑕丘	宋劉義隆置，魏因之。		
7	南兗	治譙，即故譙郡	北魏正光中置。		
8	濟	治濟北碻磝城。（見宋河南四鎭）	北魏泰常八年置。		

〔註 12〕《北齊書・高乾附弟昂傳》卷 21，頁 295。

〔註 13〕宋司馬光，《通鑑・梁紀》（北京：中華書局，1997），卷 158，頁 4895。

〔註 14〕蘇小華，〈東魏北齊重北輕南的原因及其影響〉收入《社會科學評論》（2009 年第 4 期），頁 83。

〔註 15〕唐李延壽撰，《北史・齊本紀》（北京：中華書局，1974），卷 6：「侯景素輕世子，嘗謂司馬子如曰：『王在，吾不敢有異。王無，吾不能與鮮卑小兒共事。』子如掩其口。至是，世子爲神武書，召景。景先與神武約，得書，書背微點，乃來。書至，無點，景不至。又聞神武疾，遂擁兵自固。」頁 230。

序號	州名	治　所	置年（以北魏始）	東魏、西魏所佔	現今地域
9	東豫	治廣陵	北魏太和十九年晉置。		今河南息縣西南廣陵故城
10	洛	治洛陽	北魏太宗置，太和 17 年改爲司州，天平初復。		
11	陽	治宜陽	東魏天平初置，尋陷，武定初復。		今河南府宜陽縣
12	北荊	治伊陽	魏收志：（東魏）武定二年置北荊州，領伊陽、新城、汝北郡。		今河南嵩縣北有伏流城，即故伊陽郡治
13	北揚	治項城	東魏天平二年置		（見晉豫州治）

本表參考《魏書・地形志》、《讀史方輿紀要》繪製。

第二節　腹背受敵的侯景

侯景的叛離東魏，有其歷史與現實因素。溯源自與高歡同時投靠尒朱榮，尒朱榮爲高歡滅後，改投奔高歡，《魏書・後廢帝安定王紀》卷 11，中興二年（532）4 月載：「前廢帝驃騎大將軍、行濟州事侯景據城降，仍除儀同三司、兼尚書僕射、南道大行台、濟州刺史。」〔註 16〕時高歡已掌握北魏實權，故實際爲高歡授予。時侯景地位雖有所提高，其實乃高歡之懷柔手段，且侯景所據於河南外地，距晉陽較遠，不致影響東魏內政，因此侯景實際並非高歡心腹，受到應有重用。這應以侯景曾爲尒朱榮腹心，致高歡存戒心，直至侯景任河南道大行臺亦如此，可於高歡病篤際謂高澄之語見端倪。〔註 17〕高歡知侯景爲人，但自信足以駕馭，致對侯景之寵任，實乃欲換來爲其效力。因此兩者之關係不穩定，極易生波動變化。慕容紹宗於永熙二年（533）即降於高歡，然高歡始終未眞正重用，主因於慕容紹宗和尒朱氏爲親屬關係，

〔註 16〕《魏書・後廢帝安定王紀》卷 11，頁 280～281。

〔註 17〕《通鑑・梁紀》卷 159：「（梁武帝中大同元年（東魏武定四年）十一月）歡謂澄曰：我雖病，汝面更有餘憂，何也？澄未及對，歡曰，豈非憂侯景叛邪？對曰：然，歡曰：景專制河南，十四年矣，場有飛揚跋扈之志，顧我能畜養，非汝所能駕御也，今四方未定，勿遽發哀，……堪敵侯景者，唯有慕容紹宗，我故不貴之，留以遺汝。」頁 4945：參見《北史・神武紀》，卷 6，頁 230～231。

〔註 18〕高歡心存芥蒂，有所防範。當然，侯景亦知高氏並非眞正信賴他，其內心自亦對高氏有所質疑。《魏書》載：「慕容紹宗檄梁文言侯景，……仍自猜貳，禍心潛構，翻爲亂階。負恩背德，罔恤天討。」〔註 19〕《北齊書・神武下》載，侯景得知高歡重病，「遂擁兵自固」，〔註 20〕足證侯景亦對高氏有所疑。呂思勉先生謂：「神武猜忌性成，從未聞以將帥爲腹心，而自疏其子弟；況文襄在神武世，與政已久，神武與景有約，文襄安得不知？說殆不足信也。」〔註 21〕呂氏所言，以理應有可能，唯並無其他資料佐證高澄必知。時論資歷聲望，侯景較高澄爲高，對高澄權力構成威脅。依此局勢，東魏唯有收回侯景權力，高澄始有把握穩定政局，但侯景又不願交出權力，在權勢困窘下，侯景唯有選擇叛逆東魏。

侯景造反東魏後，隨即舉河南四城向西魏輸誠，在宇文泰尚未作出回應之前，侯景先誘使豫州刺史高元成、襄州刺史李密，廣州刺史懷朔暴顯等三人，以其所轄城池和軍隊歸降。旋踵間復派軍士二百人載仗暮入向西，欲趁夜襲擊西兗州，但爲西兗州刺史刑子才發覺，奮力抵抗，並向東方諸州發檄文，俾使諸州加強防備，侯景之謀始未得逞。侯景向西魏求援，乃別有所圖，自意以爲割讓少數州郡予西魏，可換來西魏軍援。其實侯景的叛逆東魏，東魏受衝擊。因此，侯景以能控制更多州郡與軍隊，以求穩固河南原有勢力是爲首要，唯有如此始能與東魏一爭長短。倘若計畫得逞，則可以河南爲根據地，自成勢力。此可理解侯景爲何於投降西魏之後，又誘使高元成、李密、暴顯等人歸順，並欲奪取西兗州及以東更多州郡的行爲。

侯景以其所經營的河南爲背離東魏籌碼，對東魏高澄而言，不啻是威脅。東魏孝靜帝武定五（547）年正月，高澄叛變後，高澄遣司空韓軌督諸軍討侯景，五月又遣武衛將軍元柱等將數萬眾晝夜兼行以襲侯景，遇侯景於潁川北，元柱等大敗。後韓軌圍堵侯景於潁川，對於高澄密集式的攻擊，震撼侯景，景懼，再度求援西魏，並割東荊州、北兗州、魯陽、長社等四城。西魏宇文泰派荊州刺史王思政、太尉李弼、儀同三司趙貴等率兵救援，逼走東魏韓軌之後，隨即發生侯景誘奪李弼與趙貴兵權，但引起趙貴之疑遭拒。〔註 22〕縱觀侯景本次所爲與武定五

〔註 18〕《北齊書・慕容紹宗傳》卷 20：「介朱榮爲紹宗從舅子」，頁 272。
〔註 19〕《魏書・蕭衍傳》卷 98，頁 2181。
〔註 20〕《北齊書・神武下》卷 2，頁 23。
〔註 21〕呂思勉，〈侯景亂梁〉收入《兩晉南北朝史》，頁 629。
〔註 22〕《通鑑・梁紀》卷 160：「侯景欲因會執弼與貴，奪其軍；貴疑之，不往。」頁 4954。

年（547）正月，誘奪西兗州及以東各州郡手法雷同。〔註 23〕可知侯景圖藉擁有西魏兵權，壯大自己軍事力量，強化河南立足，自立爲王。同年 12 月，東魏進逼行動未歇，慕容紹宗進圍潼州，郭鳳棄城走。侯景圍譙城，不下，退攻城父，攻克之。〔註 24〕侯景棄城父，退保渦陽，雙方相持數月，各有勝負。太清二年（548）正月，高澄遣慕容紹宗率鐵騎五千夾擊侯景，侯景軍士卒又不樂南渡，部將暴顯等紛降慕容紹宗，「景眾大潰，爭赴渦水，水追不流」，〔註 25〕侯景不得已退往淮南。〔註 26〕侯景因無法抵抗高澄優勢軍力進擊，依附西魏復不成，腹背受敵，雙重壓力逼迫，遂以所據河南十三州，於梁太清元年（547），歸順梁朝。侯景的叛變東魏，最後被平定，是否意味著尒朱氏殘餘勢力已被瓦解。

第三節　受降如受敵——宇文泰對侯景的不信任

面對侯景事件，相較蕭衍的躍躍欲試，宇文泰則顯得格外謹愼自制，但並不意味宇文泰對河南無占有之心。分析王思政的經營河南地，可看出西魏的動向。果然，侯景的向西魏求援，關中立刻分成兩派：一爲主動進取的王思政；一爲穩重觀望的重臣于謹，兩派雖各有本，然立場卻是一致，其出兵的目的，就是先奪地再說，而不在於侯景是否來歸。

侯景叛東魏，先降西魏，最後才降梁。對於侯景不入西魏，侯景狡詐，故西魏抱持謹愼。《通鑑》西魏大統十三年（547、太清元年）6 月，胡三省註曰：「西魏多智士，宇文泰能用善謀，侯景之奸詐不得逞，而其禍移於梁矣。」〔註 27〕侯景於高歡喪後，旋以河南四州爲籌碼，再度向宇文泰表示歸順，唯當時西魏敵國環伺，北有柔然，南有梁朝，西有吐谷渾，東有東魏。此時以西魏立場而言，當初（西魏大統九年）因接納東魏降將高愼（字仲密），〔註 28〕受東魏於

〔註 23〕《通鑑・梁紀》卷 160：「景誘執豫州刺史高元成、襄州刺史李密、廣州刺史懷朔暴顯等。遣軍士二百人載仗暮入西兗州，欲襲取之，刺史刑子才覺之，掩捕，盡獲之，因散檄東方諸州。」頁 4948。

〔註 24〕《通鑑・梁紀》卷 160，頁 4963～4969。

〔註 25〕《通鑑・梁紀》卷 161，頁 4968。

〔註 26〕《通鑑・梁紀》卷 160：「東魏使軍司杜弼作檄移梁朝曰：『侯景以鄙俚之夫，……會應遙望廷尉，不肯爲臣，自據淮南，亦欲稱帝。』」頁 4963～4966。

〔註 27〕《通鑑・梁紀》卷 160，頁 4954。

〔註 28〕《北齊書・高愼傳》卷 21：「出爲北豫州刺史，遂據武牢降西魏。」頁 293；《周書・文帝》卷 2：「九年春，東魏北豫州刺史高仲密舉州來附」，頁 27。

邙山大戰戰敗之教訓，此刻面對東魏的內鬨，事涉內外勢力分合，即易陷入「邙山大敗」泥淖，謹慎行事，不敢貿然出兵。西魏大統十三年（547、東魏武定五年）3 月，宇文泰僅形式遣開府儀李弼率軍援之，然此時侯景卻密圖附梁，宇文泰知其謀，〔註 29〕以虛職太傅、河南道行臺上谷郡公等官爵羈縻，靜待時變。」〔註 30〕宇文泰豈滿足於侯景四州郡，爲恐東魏的趁機收復侯景河南十三州，宇文泰即命迅分布諸軍佔領。迫在眉睫的侯景一面向梁武帝蕭衍求降，表示願意獻河南之地。梁武帝遣羊鴉仁等，〔註 31〕自義陽（今河南信陽）至懸瓠（今河南汝南），運糧接應侯景。因此可解讀西魏出兵的目的應是伺機奪地，而不在於是否能得到侯景，應是宇文泰最高指導戰略原則，因爲西魏朝中不乏優秀將領，與梁朝是截然不同的。所以當趙貴欲誘執侯景，卻遭到李弼的阻止。〔註 32〕胡三省註：「依李弼之計，以爲執侯景不能猝兼河南之地，徒爲東魏去疾，故止貴。」〔註 33〕其實不僅如此，按，李弼等人應反對侯景入西魏，假若侯景進入西魏，無論居於何種位置，對李弼、趙貴等人權力無疑是威脅，何況侯景是叛將，依其不願爲人臣個性，能否盡忠西魏是個疑慮，這些因素均在考量內，以致西魏對侯景的投降，反應顯得格外謹慎遲緩。呂思勉謂：西魏「爲之出師，原不過相機行事。而當時事機，並不甚順。必欲乘釁進取，勢非更出大兵不可。然此時西魏，亦甚疲敝，兼之景不易駕馭，又須抗拒東魏及梁，利害紛紜，應付非易，故西魏始終以謹慎出之。此自不失爲度德量力。」〔註 34〕

東魏方面，高澄自然無法坐視侯景獨據河南，遣韓軌爲統帥伐侯景。西魏大統十三年（547）5 月，高澄派遣元柱將兵襲擊侯景，遭侯景於穎川（治長社，今河南長葛）城北擊敗。韓軌聞元柱敗，率重兵增援，侯景兵少，梁羊鴉仁援軍又未至，只得先行退守穎川城固守，東魏韓軌遂轉圍穎川。侯景反叛東魏後，〔註 35〕先降於西魏，侯景原期望續擁兵權，以壯大軍勢，累積

〔註 29〕《周書・文帝下》卷 2，頁 31。

〔註 30〕杜志成，〈由分裂到統一——北朝末期東西魏戰爭之研究（531～577）〉博士論文，頁 176。

〔註 31〕《梁書・武帝下》卷 3：「甲辰，遣司州刺史羊鴉仁、兗州刺史桓和、仁州刺史湛海珍等應接北豫州（侯景）。」頁 92；參見《通鑑・梁紀十六》卷 160，頁 4951。

〔註 32〕《通鑑・梁紀》卷 160，頁 4954。

〔註 33〕《通鑑・梁紀》卷 160，頁 4954。

〔註 34〕呂思勉，《兩晉南北朝史》，頁 558。

〔註 35〕《魏書・孝靜紀》卷 12：「東魏武定五年正月辛亥，司徒侯景反，……遣司空韓軌，驃騎大將軍、儀同三司賀拔勝（應爲賀拔仁之誤）、可朱混道元，左衛

實力，宇文泰知景爲人，格外審慎評估，遲至 5 月出兵，6 月召侯景入朝，拖延侯景求援，無法如願的侯景，乃轉附梁。〔註 36〕

西魏大統十三年（547），侯景欲投附西魏計未成，圖收買西魏將帥韋法保，韋法保部下防長史裴寬以侯景深性狡猾，必不入關，勸其斬侯景立功，韋法保懼，未久亦率兵回防。王思政亦覺侯景言行有詐，遂密召賀蘭願德等還，命令部下據取侯景所屬的七州及十二鎮。〔註 37〕宇文泰聞大行臺左丞藍田王悅之語，〔註 38〕乃召侯景入關中朝廷，侯景不甘大權旁落，辭不入朝，與西魏聯繫因此中斷，無形中替關中解釋棘手問題。西魏軍僅任約投附侯景，〔註 39〕侯景奪軍密謀遂未能得逞。在侯景叛逆系列行動中，宇文泰爲贏家，兵不血刃，無端獲得河南七州、十二鎮，實可比擬梁武帝大同四（538）年 10 至 12 月時境況。〔註 40〕侯景陰圖西魏兵權計謀遭拆穿，惟得另闢蹊徑〔註 41〕，心生恐懼，馬首轉而向南。王仲犖先生《魏晉南北朝史》曰：

> 西魏丞相宇文泰接受了侯景投降，但知景奸詐多變，仍採取『受降如臨敵』的謹慎態度，分派大軍，絡繹接收侯景占有的土地有七州（應爲六州之誤）十二鎮之多，並示意侯景要把他指揮的軍隊交出來，並且希望他入朝長安。〔註 42〕

侯景機詐、狂傲不羈，豈止西魏，梁人亦知，侯景的不願爲人臣於《梁書・蕭介傳》載：

> 太清中，侯景於渦陽敗走，入壽陽，高祖敕防主韋黯納之，介聞而上表諫曰：……侯景獸心之種，鳴鏑之類。以凶狡之才，荷高歡翼

將軍劉豐等帥眾討。景乃遣使降於寶炬，請師救援。寶炬遣其將李景和（弼）、王思政帥騎赴之。思政等入據潁川，景乃出走豫州。……二月，侯景復背寶炬，歸於蕭衍。」頁 309。

〔註 36〕《魏書・孝靜紀》卷 12：「二月，侯景復背寶炬，歸於蕭衍。」頁 309。

〔註 37〕《通鑑・梁紀》卷 160，頁 4955。

〔註 38〕《通鑑・梁紀》卷 160：「大行臺左丞藍田王悅言於泰曰：『侯景之於高歡，始敦鄉黨之情，終定君臣之契，任居上將，位重台司；今歡死，景遽外叛，蓋所圖甚大，終不爲人下故也。且能背德於高氏，豈肯盡節於朝廷！今益之以勢，援之以兵，竊恐貽笑將來也。』」頁 4954。

〔註 39〕《通鑑・梁紀》卷 160：「魏將任約以所部千餘人降於景。」頁 4955。

〔註 40〕《通鑑・梁紀》卷 158，頁 4895～4901。

〔註 41〕《周書・文帝紀》：「秋七月，侯景密圖附梁。太祖知其謀，悉追回前後所配景將士。景懼，遂叛。」頁 31。

〔註 42〕王仲犖《魏晉南北朝史》上冊，頁 447。

長之遇，位忝台司，任居方伯，然而高歡墳土未乾，即還反噬。逆力不逮，乃復逃死關西；宇文不容，故復投身於我。……臣竊惟侯景必非歲暮之臣；棄鄉國如脫屣，背君親如遺芥，豈知遠慕聖德，爲江淮之純臣！事跡顯然，無可致惑。〔註43〕

《南史・謝弘微傳附謝舉傳》:「侯景來降，帝詢訪朝臣，舉及潮士皆請拒之。」〔註44〕蕭梁舉朝除武帝佞臣朱异外，咸以「納景非爲宜」，何敬容更語氣刻薄，直道「得景國家會有禍」嚴重性。〔註45〕但仍無法動搖決心，武帝以侯景來降，塞北可清，能助其實現統一。給予梁武帝重燃統一中原希望，迅速出兵援侯景，大舉北伐，使得侯景重現生機，遂其所願，此恐係侯景不入西魏原因之一。或曰「不可認爲蕭梁出兵助景，即以武帝不謹愼。派遣蕭淵明攻彭城，手段拙略，思慮不周」等語。愚意以，梁武帝顯然思慮不周，觀點：一不周是，梁武帝被欲「以夷制夷」策略沖昏頭，未蒙其利先受其害。二不周是，遣使不黯軍事之蕭淵明領軍，〔註46〕頓時潰不成軍，戰敗被俘，武帝的識人不明，致日後有「以侯景易淵明」事，演成侯景之亂啓動。

西魏宇文泰對是否接納侯景一事，則較蕭梁朝遲疑，必有其原因。李萬生表示，「侯景不入西魏，應與西魏的權力結構不能容納侯景有極大關係」，這就如梁朝光祿大夫蕭介謂，侯景降梁是「宇文不容，故復投身於我」；而東魏高澄亦謂，侯景「入秦（指西魏）則秦人不容，歸吳（指梁）則吳人不信。」〔註47〕此乃因西魏兵權分別由宇文泰、李虎、李弼、獨孤信、趙貴、于謹和侯莫陳崇等人所共同掌控。陳寅恪先生《隋唐制度淵源略論稿》以宇文泰是於魏廢帝二（553）年後，始掌握大權，在此以前宇文泰與李虎等人乃居平等地位。此六人乃宇文泰手下最重要的人物，對宇文泰的決策頗具影響力，西魏遇有重大事件，若無特殊情形，六人皆應與會共論。其中李弼初投宇文泰，

〔註43〕《梁書・蕭介傳》卷41，頁587～588。
〔註44〕《南史・謝弘微傳附謝舉傳》卷20，頁564。
〔註45〕《南史・何尚之傳附何敬容傳》卷：「初（侯）景于渦陽退敗，未得審實，傳者乃云其將暴顯反，景身與眾并沒。朝廷以爲憂。敬容尋見東宮，簡文（蕭綱）謂曰：『淮北始更有信，侯景定得身免。』（不如所傳）。敬容對曰：『得景遂死，深是朝庭之福。』簡文失色，問其故。敬容曰：『景翻覆叛臣，終當亂國。』」頁798。
〔註46〕《通鑑・梁紀》卷160：「諸將與淵明議軍事，淵明不能對，但云『臨時制宜』。」頁4961。
〔註47〕《北齊書・文襄帝紀》卷3，頁33。

太祖宇文泰謂弼曰：「公與吾同心，天下不足平也。」〔註48〕同書同卷《于謹傳》載：「謹有智謀，……朝廷凡有軍國之務，多與謹決之。謹亦竭盡其所能，弼諧帝室。故功臣之中，特見委信，始終若一，人無間言。」〔註49〕宇文護執政時，亦遵循宇文泰舊規，朝中大事，皆與于謹及李弼等參議，而這「等」字應亦括李虎、獨孤信、趙貴、侯莫陳崇四人在內。再則，侯景的投歸西魏，宇文泰所考量應非僅其軍事才能是否需要，更應權衡侯景進入西魏體制內，對現有六大柱國將軍的衝擊。畢竟李虎等六人係宇文泰最信任的西魏執政團隊，皆能隨機參贊國事，其對宇文泰的決策有其一定程度影響。以侯景的軍事才能與威望，甘願屈居六人之下？衡情論理，于謹等人的拒納侯景應可理解，擔心納侯景會與既有的權力結構衝突，是故，西魏遲遲對侯景的降附不表態，原因已可稽。從《周書・于謹傳》卷15記載：「侯景少習兵權，情實難測。且宜厚其禮秩，以觀其變。即欲遣兵，良用未可。」〔註50〕同傳卷33《王悅傳》：

> 侯景之於高歡，始則篤鄉黨之情，未乃定君臣之契，位居上將，職重台司，論其分義，有同魚水。今歡始死，景便離貳。豈不知君臣之道有汙，忠義之禮不足？蓋所圖既大，不恤小嫌。然尚能背德於高氏，豈肯盡節於朝廷。今若益之以勢，援之於兵，非唯侯景不爲池中之物，亦恐朝廷貽笑將來也。〔註51〕

于謹與王悅公開反對接納侯景，可知西魏統治集團仍存有不同意見。至於于謹以外5人，是否有不同意見，史書未見記載。本文以爲，西魏的抱持猶豫，應與之前的邙山之戰失敗教訓及納景對內部權力結構造成的變化和對侯景爲人的瞭解，就可知道西魏爲何對侯景的降附持受降如臨敵態度。

第四節　佛心不度桀紂

一、梁朝政權的潛在危機

個人早期遭遇，有可能影響其日後思想與行爲。中國古代帝王中，梁武帝蕭衍於歷史上，是位爭議性頗高的皇帝。根據史載，梁武帝長壽，早年受

〔註48〕《周書・李弼傳》卷15，頁239～240。
〔註49〕《周書・于謹傳》卷15，頁250。
〔註50〕《周書・于謹傳》卷15，頁247。
〔註51〕《周書・王悅傳》卷33，頁579。

儒、釋、道教影響，有著菩薩皇帝稱譽。好文學，又威武雄略，運籌帷幄，文武兼備，集榮耀於一身，親帥大軍勇奪蕭齊天下。其於威望樹立之初，善用兵，爲奪權不惜殘殺宗室，〔註 52〕以建立軍功，復藉勢篡蕭齊建梁朝。登基後蕭梁朝經其銳意改革，勵精圖治，確有著幾十年的小康局面。或因早期篡弒殺戮過多，後期，或以贖罪心理，篤信於宗教，疏於國事，致國內無論是經濟、軍事，或統治階級內部矛盾叢生，潛藏政治危機。時北魏分裂成東魏、西魏，二魏相互爭戰多年，無暇顧及江淮，蕭衍見邊境安寧，卻未能秣馬厲兵，卻囊弓戢矢。梁武帝渴望四海靖平，又期望北渡中原，心中縈繞一統江山之願，遂有著強烈接納侯景意識，然未能妥適處理君臣關係，迫使野心勃勃的侯景藉故叛變。

天監元年（502），即位之初，逢北魏政權日趨腐朽，官吏貪腐嚴重。時北魏雖與梁時有磨擦，但未影響政局，唯時有邊境紛擾。〔註 53〕梁武帝蕭衍遂於天監四年（505 年）大舉伐魏，〔註 54〕雙方會戰於淮南地區，最後梁將曹景宗、韋叡在鍾離之戰大敗魏軍。〔註 55〕梁武帝受此激勵，至此積極北伐，但範圍不出淮南地區。其中天監十五年（516）的壽陽之戰，雖已擊潰魏軍，但因國力耗損過大，不得不暫停北伐。唯當時武帝期藉發動對外戰爭來緩和國內階級矛盾，然徒勞無功，徒損國力。加以梁武帝之提倡佛教，百姓爲了逃避賦稅，爭相出家爲僧，更嚴重斲傷國家經濟命脈。時以梁朝國力，自保已屬不易，梁武帝於中大通元年，趁北魏內部紛爭擾攘，認爲正是添亡胡虜佳機，遣慶之率軍護送魏降臣元顥進入洛陽，期以控制魏國。〔註 56〕結果梁軍非魏援軍之敵，陳慶之隻身逃回，全軍覆滅。胡三省注《資治通鑑》嘆曰：

〔註 52〕《南史．梁本紀》卷 6：「（齊中興元年）十二月丙寅，兼衛尉張稷、北徐州刺史王珍國斬東昏……。帝（蕭衍）命呂僧珍、張彌勒兵封府庫及圖籍。帝乃入，收嬖妾潘妃誅之」，頁 176。

〔註 53〕《魏書．世宗紀》卷 8：「蠕蠕犯塞，詔左僕射源懷討之。」頁 198；《通鑑．梁紀》卷 145：「柔然侵魏之沃野及懷朔鎮。」頁 4544。

〔註 54〕《梁書．武帝中》卷 2：「（天監四年）冬十月丙午，北伐，以中軍將軍、揚州刺史臨川王宏都督北討諸軍事，尚書右僕射柳惔爲副。」頁 42；（同書）「天監七年，冬十月丙子。詔大舉北伐。以護軍將軍始興王憺爲平北將軍，率眾入清。」頁 48。

〔註 55〕《南史．梁本紀》卷 6：「癸巳，曹景宗、韋叡等破魏師於邵陽洲，斬獲萬計。」頁 190；《梁書．武帝中》卷 2，頁 45。

〔註 56〕《通鑑．梁紀》卷 153：「（529 年 4 月 22 日），顥與陳慶之乘虛自銍城進拔滎城，遂至梁國；顥登壇燔燎，即帝位於睢陽城南。」頁 4758。

「陳慶之非尒朱榮敵也；是時梁之諸將又皆出慶之下。使相與進至洛，與元顥互相猜阻，亦必同歸於陷沒。梁兵之不進，梁之幸也。武帝不務自治而務遠略，所以有侯景之禍。」〔註 57〕乃一針見血之論。武帝窮兵黷武遠征，不恤國力，適足以磨損國家元氣，爲敵人製造可乘之機。不過，蕭梁雖於鍾離之戰後，保有相對安定，但梁武帝在即位後，所採取的一系列內外政策，雖維持了內部一段時間的穩定，呈現相對的繁榮局面，但也埋下了內憂外患的隱憂。窮兵黷武，始終不放棄北伐的念頭，連年勞民傷財、無果而終的對魏戰爭，嚴重削弱了梁朝的國力，影響武帝統治威信，爲日後侯景之亂種下遠因。

而侯景之所以能亂梁，即是梁武帝對侯景的叛亂過於輕忽，武帝的佛法治國理念，無法度化善變狡詐的侯景，而缺乏必要的軍事防範。侯景於據壽春時，向武帝請求軍需物資補給，索取錦緞爲軍人製衣袍，又請人爲其軍隊打造武器，梁武帝皆欣然同意，絲毫未起疑。北魏宗室元貞曾上書武帝，指出侯景心懷異志，〔註 58〕亦未引起梁武帝警覺。武帝對宗室、權貴、門閥世族的優容放縱，使得原構成梁朝統治支柱的政治勢力日益衰弱腐朽。所謂佛心不度桀紂，身爲帝王如果不能嚴明法制，往往因不願對某些爲惡者嚴刑峻罰，反而造成成千上萬善良百姓的痛苦和死亡，究其因，主要是子弟不肖，無法頓悟開竅。大多數生活競相崇尚奢侈靡爛，貪贓枉法，彼等行爲猶如蛀蟲啃蝕國柱，動搖國本。但違法行爲，若無危及皇權之虞，梁武帝皆予縱容，充其量訓以家教，武帝講求和睦，爲避免骨肉相殘局面再現。如蕭衍六弟臨川王宏，無才德，曾派人行刺蕭衍，蕭衍竟泣而赦免之。蕭宏爲人怯懦貪鄙，奢侈無度，暴斂無厭，家中庫房百間，屬巧取豪奪敗類，武帝放縱未聞問，《南史》載：

> 縱恣不悛，奢侈過度，修第擬於帝宮，後庭數百千人，皆極天下之選。……宏性愛錢，百萬一聚，黃牓標之；千萬一庫，懸一紫標；如此三十餘間，帝與佗卿屈指計，見錢三億餘萬餘，屋貯布、絹、絲、綿、漆、蜜、紵、蠟、朱沙、黃屑雜貨，但見滿庫，不知多少。帝始知非仗，大悅，謂曰：阿六，汝生活大可。〔註 59〕

〔註 57〕《通鑑・梁紀》卷 153，頁 4763。
〔註 58〕《通鑑・梁紀》卷 161：「元貞知有異志，累啓還朝。」頁 4979。
〔註 59〕《南史・蕭宏傳》卷 51，頁 1277～1278。

由於蕭宏侵漁百姓，致使百姓失業非一。有舉發其備鎧仗企圖謀反，梁武帝遂親至蕭宏宅視查，見藏錢三億餘萬、布絹絲棉漆等，貪婪所得雜貨不計其數，蕭宏暗恐釀禍，內不自安，引起武帝生疑，後因查無杖械，似應無逆心，武帝始面露悅色，〔註 60〕與蕭宏乃更劇飲至夜，舉燭而還。這些都是自老百姓身上敲骨吸髓得來的貪污贓物，雖數量如此之多，梁武帝居然不以此爲蕭宏之罪，此無異公開讚揚王族貪污。蕭梁朝官吏貪污掠奪成風，又一例，史載：「其牧守在官，皆竟事聚斂，劫剝細民，以自封殖」，〔註 61〕魚弘曾三任郡守，所到之處，盡力搜刮，公言：「其爲郡，所謂四盡：『水中魚鱉盡，山中麞鹿盡，田中米穀盡，村里民庶盡。』」〔註 62〕所任州郡百姓，皆須受其徹底蹂躪，直至乾淨如洗始罷。又曰大丈夫當若是，如白駒過隙，應及時行樂。足見，官僚之貪污殘忍程度。又據《南史・梁宗室傳上》載：

> 正德志行無悛，常公行剝掠。……爲百姓巨蠹，多聚亡命，黃昏多殺人於道，謂之「打稽」。時勳豪子弟多縱恣，以淫盜屠殺爲業，父祖不能制……更於吳郡殺戮無辜，劫盜財物，雅然無畏。及還京師，專爲逋逃，乃至江乘要道，湖頭斷路，遂使京邑士女，早閉晏開。又奪人妻妾，略人子女，徐敖非直失其配匹，乃橫屍道路；王伯敖列卿之女，誘爲妾媵。我每加掩飾，冀汝自新，了無悛革，怨讟逾甚。〔註 63〕

上下相效的結果，對宗室違法行爲置若罔聞，形式削官，隨即復任，毫無是非曲直。百姓的生計愈加困窮，國家的生存基礎就益爲脆弱。武帝侄兒蕭正德之暴行即令人難容，劫擄百姓，令人髮指。對此十惡不赦的人，梁武帝並不加嚴懲，僅以免官削爵，「未至徙所，道追赦之。八年，復封爵，……中大通四年，特封臨賀郡王。後爲丹陽尹，坐所部多劫盜，復爲有司所奏，去職。出爲南兗州，在任苛刻，人不堪命，廣陵沃壤，遂爲之荒，至人相食噉。既累試無能，從是黜廢。」〔註 64〕如此苛刻無能的郡王，其罪罄竹難書，「先是，正德妹長樂主適陳郡謝禧，正德姦之，燒主第，縛一婢，加玉釧於手，以金寶附身，聲云主被燒死。檢取婢屍并金玉葬之。仍與主通，呼爲柳夫人，生

〔註 60〕《南史・蕭宏傳》卷 51，頁 1278；《通鑑・梁武帝紀》卷 148，頁 4638。
〔註 61〕《魏書・蕭衍傳》卷 98，頁 2187。
〔註 62〕《梁書・魚弘傳》卷 28，頁 422。
〔註 63〕《南史・蕭正德傳》卷 51，頁 1280。
〔註 64〕《南史・蕭正德傳》卷 51，頁 1281。

二子焉。」可謂人神共憤，不容於天地間。侯景叛亂，「正德潛運空舫，詐稱迎荻，以濟景焉。朝廷未知其謀，以正德爲平北將軍，屯朱雀航，……引賊入宣陽門。」〔註 65〕

梁武帝蕭衍對宗室的屈法伸恩，對勳臣的優禮包容，又以曹景宗和蕭穎達二人爲例。天監元年，景宗因功封竟陵縣侯。鬻貨聚斂，部曲殘橫，民頗厭之。「爲人嗜酒好樂，臘月於宅中，使作野虖逐除，遍往人家乞酒食。本以爲戲，而部下多剽輕，因弄人婦女，奪人財貨。高祖頗知之，景宗乃止。」；〔註 66〕蕭穎達，封吳昌縣侯，非法「啓乞魚軍稅」，爲御史中丞任昉奏劾，曰：「陛下弘惜勳良，每爲曲法；臣當官執憲，敢不直繩。臣等參議，請以見事免穎達所居官，以侯還第。」〔註 67〕上述所舉僅屬一端，武帝的對犯者寬縱，實則是對百姓殘忍。因而造成官吏的極端腐敗。清王鳴盛《十七史商榷》，指斥武帝於天監十四年（515），命康絢築堰堵塞淮河，士兵飢凍而死的不計其數，後來堤堰潰決，沖了夾淮幾百里見方的土地，軍民死者更是難以估計。〔註 68〕魏左僕射郭祚（天監十四年（515））表稱：「蕭衍狂悖，謀斷川瀆，役苦民勞，危亡已兆。」〔註 69〕

梁武帝即位初期，爲鞏固政權，極力調和統治階級內部矛盾。由於魏晉南北朝時期是士族力量削弱，庶族力量上升的交錯過渡期。梁武帝清楚此一現象，欲調和階級之內部矛盾，即需優先處理世族與寒門之間的歧見，使其共體時艱，同爲國家效力，以成爲支持蕭梁政權的支柱。天監八年（509）詔書：「雖復牛監羊肆，寒品後門，並隨才試吏，勿有遺隔。」〔註 70〕予寒門士族參政之權。然士族面對寒人勢力興起，既不甘心又無可奈何。因此，更加強調士庶界線，士庶壁壘分明現象更爲嚴重。從而加深統治階層內部分裂，且選出的人才多且雜，大多數皆尙貪殘，罕有廉白者，欺壓善良，魚肉鄉民。此事武帝已知，卻任發展，寧信百姓的呼聲是「空作漫語」，〔註 71〕上不管，下欺壓，百姓的生活淒慘無助。東晉時期，門閥世族專政，雖已立國百年而

〔註 65〕《南史・蕭正德傳》卷 51，頁 1280～1282。
〔註 66〕《梁書・曹景宗傳》卷 9，181。
〔註 67〕《梁書・蕭穎達傳》卷 10，頁 189。
〔註 68〕《通鑑・梁紀四》卷 148，頁 4615；參見《通鑑・梁紀三》卷 147，頁 4609。
〔註 69〕《通鑑・梁紀四》卷 148，頁 4614。
〔註 70〕《梁書・武帝紀》卷 2，頁 49。
〔註 71〕《梁書・賀琛傳》卷 38，頁 550。

皇權不振；宋、齊以來，雖極力擴張強化皇權，均因諸王、門閥世族、武將，寒人等政治勢力間之錯綜複雜、矛盾叢生，肇致政局動盪不安。梁武帝爲調和此一矛盾，平衡各勢力，鞏固權力，於不危及皇權前提下，極力滿足各種政治勢力需求。如，宗室諸王具有實權，或出任州郡刺史或位居臺輔，取消宋、齊以來爲防範諸王之典籤制，出鎮各地之諸王擁有實權。〔註 72〕諸王中也有勤於政務者，如梁武帝弟蕭憺，於荊州刺史期間「勵精爲治，廣闢屯田，減省力役，存問兵死之家，供其乏困，民甚安之。」〔註 73〕使荊州維持穩定局面，荊人大悅。

原爲梁朝廷政權支柱的門閥世族，鄙視吏事武職，〔註 74〕自甘墮落，生活奢靡腐化，尙清談不習武事，梁武帝又改變宋、齊對世族刻意壓抑作法，恢復宋、齊民尊崇地位。然門閥世族政治上的腐朽，不因受寵而自覺，或發奮相忍爲國，如徐勉之類賢臣已屬鳳毛麟角。〔註 75〕梁武帝統治南朝世紀，流寓於南朝境內的北方豪族豪將，逐漸成不善戰的民族。至梁末，其子孫亦與文化高門的士大夫相同，膚脆骨柔，喪失原有之戰鬥能力，將才乃不得不讓位於新來的北方降人。

東晉時號稱高等之南渡士族，地位凌駕於皇權之上，然而彼等文化士族缺乏將領與武力。中期以後，由南渡徐州淮域流民所組成之楚子集團地位逐漸提昇，楚子大多聚居京口晉陵，爲北人中之中層士族，主要特點表現於軍事上，可說是爲南朝百餘年武力之所出。東晉楚子之階級提升，肇端發揚於桓氏，較顯赫者爲劉裕，抵禦外侮幾全賴楚子集團的力量，既依其而生存，也因其而滅亡，劉裕乃典型的楚子集團代表。劉裕出身於楚子集團，依恃北

〔註 72〕《通鑑・梁紀》卷 147：「舊制：尚書五都令史皆用寒流。夏，四月，丁巳，詔曰：『尚書五都職參政要，非但總領眾局，亦乃方軌二丞；可革用士流，秉此羣目。』」頁 4596。

〔註 73〕《南史・蕭憺列傳》卷 13，頁 354。

〔註 74〕田餘慶，《東晉門閥政治》（北京：北京大學出版社，1989 年），自序云：「所謂門閥政治，是指士族與皇權的共治，是一種在特定條件下出現的皇權政治的變態。它存在是暫時的；它來自皇權政治，又逐步回歸於皇權政治。」「嚴格意義的門閥政治只存在於江左的東晉時期。」，頁 2；同書〈後論〉，頁 355。

〔註 75〕《梁書・徐勉傳》卷 25：「天監六年，……遷吏部尚書。勉居選官，彝倫有序，……雖文案塡積，坐客充滿，應對如流，手不停筆。又該綜百氏，皆爲避諱。常與門人夜集，客有虞暠求詹事五官，勉正色答云：『今夕止可談風月，不宜及公事。』故時人咸服其無私。」頁 378。

府兵的軍隊力量，藉此力量消滅南燕後秦，隨之代晉建宋。蕭道成為晉陵人，劉宋北伐失利，失去青州之地，蕭道成出鎮淮陰之機，廣招青徐流民，獲得三齊精兵與淮西楚子支持，進而建立蕭齊。然自此楚子集團漸走下坡。蕭衍為晉陵人，為楚子集團的最後代表人物，蕭衍鎮襄陽取得雍秦流民，成為其集團與軍勢的主要骨幹，即位後雖然號稱天監之治，然而楚子集團經過長時間的磨損與溺逸，至此已經失去戰鬥力，彼等居住於都市享受繁華，腐敗不堪，逐漸成為不善戰的民族。侯景之亂後，江南地區城市潰敗，楚子集團亦歸於消滅。蕭梁僅能以北來降將與侯景餘黨為將領，然而因結構不穩定，屬過渡時期，替長期受到壓抑的吳地土著與其他下層民族興起開創條件，蕭梁終究為門第遠低於南朝諸姓的陳霸先所代，南渡北人的優勢到此完全潰滅。

劉宋不但北伐無成，反招北魏反擊，北魏進至江北的瓜步，沿途大肆屠戮，所過殘破。經此沉重打擊，南朝元氣大傷，實力更削減。劉宋雖重振皇權，然矯枉過正，宗室諸王雖於襁褓之中，亦被分封出鎮，無異於建立了地方割據勢力，威脅中央。其後，蕭齊更變本加厲。結果，宋齊於宗王內訌中走向衰亂，「北強南弱」局面乃告形成。如錢穆所言：「宋齊兩代諸帝之荒蕩不經，其事幾乎令人難信。」〔註 76〕梁武帝在位 48 年，號「天監之治」，然安逸過久，宗室腐化，吏治敗壞。更值北魏連年混戰，本乃北伐良機，卻因蕭梁錯誤收降侯景，反招來「侯景之亂」。最後，陳朝之時，江北之地盡失，再無北伐之力。南朝士族大受打擊，經濟元氣大傷。《文獻通考・兵考三》記載:「江南白丁輕進易退，卒以敗師。」〔註 77〕這例子說明南朝兵力不及北朝。至於北府楚子集團（原居淮南、江西的土著，善射善戰；如劉裕、蕭衍、蕭道成等，有異於南渡士族，亦不同江東士族），到南朝已逐漸腐化。致北方人得於江左統治數百年，迄今能夠確立的重要原因，蕭梁時的豪家、文化高門，一齊腐朽，致侯景之亂時，只得依賴北來降將去抵禦與反擊。

梁武帝蕭衍因出身戎伍，以邊將武力取得天下，因此對宿將功臣優寵備至。武將若出身寒門，則委以高官，封賜顯爵方式，使彼等成為新權貴，時「草澤底下，悉化為貴人」。〔註 78〕如呂僧珍，雖出身微賤，因於禪代之際立有殊勳，遂封侯，官至領軍將軍、散騎常侍。蕭衍任為心膂，「恩遇隆密，莫

〔註 76〕錢穆，《國史大綱》（臺北：臺灣商務印書館，1996），頁 269。

〔註 77〕（元）馬端臨，《文獻通考・兵考三》（台北：臺灣商務印書館，1987），卷 151，頁 1317。

〔註 78〕《梁書・陳伯之傳》卷 20，頁 312。

與爲比。」；〔註 79〕張弘策、曹景宗、陳慶之等人，亦因蕭衍稱帝而驟富暴貴，或享受甲族權益，或權傾朝野。梁武帝蕭衍儘力滿足昔日功臣名將所需，藉以攏絡成爲施政支柱。不僅如此，梁武帝於天監十年詔：「上敦睦九族，優借朝士，有犯罪者，皆屈法申之。百姓有罪，則案之如法，其緣坐則老幼不免。一人逃亡，舉家質作。民既窮困。姦宄益深。」〔註 80〕由是王侯作威作福，有恃無恐，或者：「白晝殺人越貨，或暮夜公行剽劫。有罪亡命者，匿於王家，有司不敢搜捕，上（武帝）深知其弊，溺於慈愛，不能禁也。」〔註 81〕所謂親親及所愛愆犯多有縱舍，故政刑弛紊，勢將危及國祚。孫吳時代，佛教由北向南傳播，東晉大盛，宋、齊兩朝君主至爲虔誠，及梁武帝尤信，也產生了正面的影響，且也有因受梁武帝以佛法理念，受菩薩齋戒感化成功例子。如普通五年（524）《梁書・蕭昱傳》載：

> 蕭昱，普通五年（524），坐於宅内鑄錢，爲有司所奏，下廷尉，得免死，徙臨海郡。行至上虞，有敕追還，且令受菩薩戒。昱既至，恂恂盡禮，改意蹈道，持戒又精潔，高祖甚嘉之，以爲招遠將軍、晉陵太守。下車勵名迹，除煩苛，明法憲，嚴於姦吏，優養百姓，旬日之間，郡中大化。俄而暴疾卒，百姓行坐號哭，市里爲之諠沸，設祭奠於郡庭者四百餘人。田舍有女人夏氏，年百餘歲，扶曾孫出郡，悲泣不自勝。其惠化所感如此。百姓相率爲立廟建碑，以紀其德。又詣京師求贈謚。詔贈湘州刺史，謚曰恭。〔註 82〕

蕭昱因盜鑄私錢，被判處徒刑放逐途中，梁武帝下敕追還，並令受菩薩戒。蕭昱受菩薩戒後，判若兩人，不但持戒精潔，而且改意修道。梁武帝嘉許蕭昱受菩薩戒之後，品德行爲皆能改過遷善，於是任命其爲晉陵太守。一個「輕脫無威望」、非法鑄錢的人，蕭昱由囚犯蛻變成晉陵太守之後，勵名跡，明法憲，優養百姓，郡中大治。蕭昱卒後，百姓感其恩惠，爲其立廟建碑。蕭昱本以罪人之身，因受菩薩戒，持菩薩戒，不但本人盡禮修道，而且恩加百姓，吏治清明。此案，說明梁武帝規勸王侯子弟、朝臣普受菩薩戒之目的，在希望透過菩薩戒行的修持，達到人人遷過向善，教化大行，正法治世的境地。蕭昱固由於主上寬大，以佛法感化，但蕭昱善學，對奸吏嚴懲重罰，於民則

〔註 79〕《梁書・呂僧珍傳》卷 11，頁 213。
〔註 80〕《通鑑・梁紀三》卷 147，頁 4601。
〔註 81〕《通鑑・梁紀十五》卷 159，頁 4935～4936。
〔註 82〕《梁書・蕭昱傳》卷 24，頁 372。

持菩薩心腸。

為此梁武帝乃大力提倡菩薩戒，勸令王侯、妃嬪、朝臣、大僧正乃至一切僧尼、庶民受菩薩戒。〔註83〕《續高僧傳・慧約傳》謂「皇儲以下，爰至王姬，道俗庶士，咸希度脫。弟子著籍者，凡四萬八千人。」〔註84〕梁朝受菩薩戒的人數之眾。《魏書・蕭衍傳》記載：「蕭衍令其王侯子弟皆受佛戒，有事佛精苦者，輒加以菩薩之號，其臣下奏表上書，亦稱衍為皇帝菩薩。」〔註85〕梁武帝如此大力的建立「皇帝菩薩」的理念與地位，不會僅止於消極地神化自己而已，應該於整體南北朝的政教發展脈絡中，有更積極的作用存在。《魏書・蕭衍傳》記載梁武帝奉行菩薩戒，禮佛時，按佛律規定，而脫棄皇袍改穿袈裟；另一方面詔令王侯子弟受菩薩戒，如果事奉佛教、守戒精嚴苦切者，則親自授與某某菩薩的稱號。武帝長齋事佛，自奉仁慈，對王侯官吏多有寬縱，地方官貪瀆橫行，殘民以逞，直至搜括淨盡，方肯罷休，但對庶民則嚴刑峻罰，賞罰不分明。〔註86〕當時梁全國編戶不過五百萬口，百姓每年因犯罪被判二年以上徒刑者，多達五千人。如此寬於上，苛於下刑措，人心惶恐。所謂「道之以政，齊之以刑，民免而無恥。」〔註87〕梁武帝疏簡刑法，未能視民如傷，天壤之別的處遇，肇致百姓因生活窮困被迫犯罪，法禁愈嚴，為患益深。而梁朝王族及貴戚，皆被任為大州刺史，所轄數郡，藉機敲詐勒索，魚肉鄉民而聚資鉅額者，比比皆是，自公卿大臣，招權弄法，貨賂成市，咸不以鞫獄為意，梁武帝竟不為之罪。又如邵陵王綸生性殘暴，《梁書》載：

> 普通五年（524），以西中郎將權攝南衍州坐事免官奪爵。七年（526），拜侍中。大通元年（527），復封爵，尋加信威將軍，置佐史。中大通四年（532）為侍中、宣惠將軍、揚州刺史。以侵漁細民，少府丞何智通以事啓聞，綸知之，令客戴子高於都巷刺殺之。智通子訴于闕下，高祖令圍綸第，捕子高，綸匿之，竟不出，坐免為庶人。頃之，復封爵。〔註88〕

〔註83〕《梁書・丁貴嬪傳》卷7：「（謂丁貴嬪）受戒日，甘露降於殿前，方一丈五尺。」頁161。

〔註84〕《續高僧傳》卷6〈慧約傳〉，頁469。

〔註85〕《魏書・蕭衍傳》卷98，頁2187。

〔註86〕《魏書・蕭衍傳》卷98，頁2187。

〔註87〕謝冰瑩等編譯，《新譯四書讀本》（臺北：三民書局，1988年），頁73。

〔註88〕《梁書・邵陵王蕭綸傳》卷29，頁431～432。

邵陵王綸魚肉鄉民，誅忠臣，坐殺人罪，武帝也僅形式上給予免官奪爵，然實際旋即復官封爵。以上列舉不同案例，旨在突出梁武帝護短與優容皇族子弟的嚴重，武帝雖知其弊端，但已無法禁止，彼等有恃無恐，動搖國本，造成國力衰弱，均在挑戰佛法治國功能，嚴重威脅梁武帝統治。在蕭衍的支持下，梁代佛教達到了南朝佛教的最盛期，蕭衍對於佛教，可以說是佞佛了，歷年來事例印證，勤政不一定就是良君。梁武帝的早年威武雄略，叱吒風雲，馳騁沙場氣勢已不復見，所見乃識人不明、無大局觀，謂其爲亡國之君應非冤枉。一個勤快但又無能者總是要比一般勤快的人做出更多難以收拾的事；一個自以爲是，剛愎自用的專制君主，帶給這個千瘡百孔的國家所造成的傷害，遠遠大過一個平庸、怠惰、無所事事的皇帝。秦始皇、王莽、明朝崇禎帝朱由檢，哪一個不是勤政的皇帝？此時的梁朝無論在政治、經濟、文化思想風貌等各方面，已出現裂痕，且裂縫逐漸擴大，有累卵之危，岌岌可危，有崩塌之虞，其危害程度不亞於夏桀商紂之殘虐無道，所造成的後果。

二、昏庸轉化

侯景來降的太清元年，是梁武帝在位第 45 年，時梁武帝已進入耆耄之年，不能明辨事理，不願聽逆耳忠言，唯己是從。自東晉偏安江南至梁王朝建立爲止，期間近二百年，權臣方鎮擁兵向闕，宗室王公圖謀弑逆，屢屢興兵發難，卻無成功先例。而蕭衍譜寫出以邊鎮之力推翻皇權，實現改朝換代的紀錄。後世史家無不稱揚有加。唐代魏徵、姚思廉、李延壽分別於《梁書》、《南史》帝紀之後加以評論，給予充分褒獎，其中又以魏徵之論最具代表性：

> 屬昏凶肆虐，天倫及禍，糾合義旅，將雪家冤。曰紂可伐，不期而會，龍躍樊、漢，電擊湘、郢。剪離德如振槁，取獨夫如拾遺。其雄才大略。固無得而稱矣！〔註 89〕

魏徵褒蕭衍代齊而立，是壯舉，是奇跡，是值得充分肯定。建梁之後，勵精圖治，局勢穩定，氣象一新。尤其在天監初期，梁武帝在處理封建地主階級各階層人物的關係上、如何善待佐命功臣、如何對待宿儒舊胤等方面，有不同於東晉、宋齊各朝的顯著特點。梁武帝的文治武功，使梁朝經濟繁榮，文化發展，使梁朝得以維持近五十年，穩定政治局面

〔註 89〕《南史·梁本紀》卷 8，頁 251。

天監元年（502）10月，時任雍州刺史的蕭衍以方鎮起義，推翻南齊末代君王東昏侯，建立南朝蕭梁朝。隨著立國初期天監之治的過往及梁武帝的日漸老邁，內憂外患，危機四伏，而作爲一家之主與一國之君的梁武帝，其家庭的不和足以使其心力交瘁，從而加速其衰老以及在國政處理上的昏庸。不可諱言，若從個人生活習性觀之，勤儉耐勞，宵衣旰食，是爲其優點。《梁書》載：

> 身衣布衣，木綿皁帳，一冠三載，一被二年。不好酒色，自五十外便斷房室；提倡後宮節儉，不衣錦綺。率身以正，嚴以律己。武帝重視服裝儀表整潔，即使是在盛夏暑月，亦是衣冠楚楚，決不袒胸露臂；服裝不整不與人相見，對內豎小臣，如遇大賓，正冠整衣。〔註90〕

然這些優點並無法掩蓋其墮落，亦無救於政治頽廢。反之，梁武帝越步入晚年，顢頇愈發嚴重。國學大師錢穆曾讚許云：「獨有一蕭衍老翁，儉過漢文，勤如王莽，可謂南朝一令主」。〔註91〕然而梁武帝的清廉自許、佛法治國，以身作則，自我簡約，並未爲蕭梁朝蔚成儉樸風氣，裨益國勢發展。南朝時期，佛教鼎盛，信佛之風瀰漫全國，由於戰爭頻仍，災禍、死亡隨時有降臨之可能，人們惶惶不可終日。而佛教的因果報應之說，使人們得到慰藉，於是迅速傳播開來。梁武帝蕭衍初於襄陽起兵時，曾默許部下毀銅佛以鑄錢。但稱帝之後，卻崇佛不移了。於是，大造寺廟、誦經許願之風席捲大江南北，佛教的傳播出現了空前盛況。梁武帝原來信奉道教，但稱帝三年後，便下詔宣佈自己捨道事佛，並要求王公貴族，文武百官等一起信奉佛教。從此，梁武帝遵照在家居士的戒律修行，禮佛頌經，吃齋念佛，廣建佛寺，優待僧人，敕僧譯編佛教典籍。在其大力倡導之下，南朝佛教短期即達極盛，僅京城建康一處，寺院就多達五百餘所，僧尼十萬餘人。武帝親自敕建的寺院即有大愛敬、智度、光宅、解脫、開善、同泰等等。唐朝詩人杜牧於〈江南春絕句〉中描述：「千里鶯啼綠映紅。水村山郭酒旗風。南朝四百八十寺。多少樓臺煙雨中。」〔註92〕形象地描繪出迷人的江南，景物的繁麗，南朝金碧輝煌、屋宇重重的佛寺。看出佛教的盛況，梁武帝本人也因大力弘揚佛法，「以佛化治

〔註90〕《梁書・武帝紀下》卷3，頁97。

〔註91〕錢穆，《國史大綱》（臺北：臺灣商務印書館，1996年），頁272。

〔註92〕清 彭定求編，《全唐詩》（北京：中華書局，2003重印），卷522，頁5964。

國」，而被稱爲：「皇帝菩薩」。

梁武帝蕭衍的宗教信仰由儒道而佛道，中雖捨道教，治國之術則儒、佛交相爲用。其捨道教信佛教，始於天監三（504）年，及居帝位「即於（建康）鍾山造大愛敬寺，青溪邊造智度寺，又於台內（皇宮）內立至敬等殿。又立七廟堂，月中再過，設淨饌。」〔註 93〕武帝命令釋法雲組織朝貴計 62 人，〔註 94〕參與對宣揚「神滅論」之范縝進行圍逼，並藉口范縝與王亮相通謀而將其流徙廣州。斯時武帝並未達篤信的程度。但隨著梁朝統治危機加深，佛教遂成爲痲痺武帝的催化劑、矇騙之鴉片。武帝不僅篤信佛經，有著深厚佛學造詣，「尤擅長釋典，製《涅盤》、《大品》、《淨名》、《三慧》諸經義記復數百卷。聽覽餘閑，即於重雲殿和同泰寺向萬餘人講說。」〔註 95〕梁武帝創立三教同源說，孔子、老子係佛的學生；佛教是日，儒道是眾星，即三教之中，佛教最高，儒道是佛的輔助。武帝也以苦行僧自居，早晚皆前往佛寺禮拜，屢次設救苦齋，四部無遮會、無礙會，宣稱做功德事，替百姓求福，晚年，武帝日止一食，膳無鮮腴，惟豆羹糲食而已，及「日倘過中，便漱口以過」。

同泰寺建於大通元年（527），梁武帝幾乎每日早晚均去該寺禮佛誦經，言爲全民消災祝福。某日武帝至同泰寺後卻未回宮，他對隨從說，他已決定捨身爲僧。可是國不可一日無主，群臣只好至寺裏懇求武帝回宮。結果梁武帝僅在寺院住了四天，便在大臣們的哀求下，回駕皇宮。二年後，梁武帝第

〔註 93〕《梁書・武帝本紀》卷 3，頁 96。

〔註 94〕柏俊才，〈梁武帝佞佛事跡考〉收入著氏《梁武帝蕭衍考略》（上海：上海古籍出版社，2008 年）：「據《弘明集》卷十 10 載這 62 人分別是：臨川王、建安王、長沙王、尚書令沈約、光祿領太子又率范岫、丹陽尹王瑩、中書令王志、右僕射袁昂、衛尉卿蕭禺、吏部尚書徐勉、太子中庶陸杲、散騎常侍蕭琛、二王常侍彬緘、太子中舍陸煦、黃門郎徐緄、侍中王暕、侍中柳惲、常侍柳憕、太子詹事王茂、太常卿庾咏、豫章王行事蕭昂、太中大夫庾雲隆、太子洗馬蕭靡、御史中丞王僧孺、黃門侍郎王揖、吏部郎王泰、侍中蔡樽、建康令王仲欣、建安王外兵參軍沈績、祠部郎司馬筠、豫章王功曹參軍沈緄、建安王功曹王緝、右衛將軍韋叡、廷衛卿謝綽、司徒祭酒范孝才、常侍王琳、庫部郎何炟、豫章王主簿王筠、倉部郎孫挹、丹陽丞蕭眕素、中書郎伏□、五經博士賀瑒、太子中舍人劉洽、五經博士嚴植之、東宮舍人曹思文、秘書丞謝舉、司農卿馬元和、公論郎王靖、散騎侍郎陸任太子中舍陸倕、領軍司馬王僧恕、五經博士明山賓、通直郎庾黔婁、太子家令殷鈞、祕書郎張緬、五經博士陸璉、揚州別駕張翻、太子左率王珍國、領軍將軍曹景宗、光祿勛顏繕、五經博士沈宏、建康平司馬褧、左承（丞）丘仲孚。」頁 63。

〔註 95〕《梁書・武帝本紀》卷 3，頁 96。

二次往同泰寺捨身事佛。依習俗，唯有以金錢方能贖身。大臣們無奈遂集資一億錢，替武帝贖身。第三次於西元 546 年，八十三歲的梁武帝再一次捨身。此次武帝連自己、宮人、國土全予佈施，大臣們再聚資兩億錢始贖回武帝。西元 547 年，梁武帝第四次，亦為最後一次捨身同泰寺。唯此次武帝出家時間最長，共 37 天，文武大臣依例又以一億錢為其贖身。

《高僧傳・神异下》卷 10 載云：梁武帝於天監十三年（514），高僧保志死後，梁武帝以錢 20 萬枚銅錢買下寶林寺前的獨龍阜埋葬他，於墓所立開精舍。天監十四年（515）建造開善寺，〔註 96〕墓上建有座五層寶塔，塔頂嵌有從國外進口的無價琉璃珠寶，故又名「玩珠塔」。527 年，梁武帝於雞籠山創建同泰寺，並將寺的南門正對準宮城的北門，以利進出。寺裏共有六座大殿，十餘座小殿和佛堂，還有七層的大佛閣和九層的寶塔，供奉著非常壯麗的十方金像和十方銀像等。據記載，僅京城建康周圍地區就有寺廟七百多所，可考者有 226 座之多，僧尼多達 10 萬。全國人口中，寺廟僧尼幾乎過半。彼等不輸租、不納稅。此外，還有一大批因此獲利之寺院地主和皇族世家，國家財稅收入短缺，造成百姓的負擔沈重。

梁武帝每次捨身均勞師動眾，以龐大的人力、物力，進行各種繁瑣的儀式。從捨身活動的各種過程中，例如：講經，群臣奉贖「皇帝菩薩」與行即位禮復位的過程等方面，經由繁雜儀式，一再使梁武帝更神化。由捨身的時間看出，武帝愈是到晚年捨身的日數也愈行增多。四次捨身都在六十歲以後的晚年時期進行，而且越是到後期在寺院的日期越長，顯示應用捨身以達到預期的政治性、宗教性效果之需要越迫切，或許這與政治敗壞每況愈下的情勢有關。武帝四次捨身，一次造塔，既為自己博得美名，亦為佛寺取得大量錢財和人力，百姓怨聲載道，苦不堪言。

梁武帝之溺情內教，朝政縱弛，社會弊端層出不窮。郭祖深指斥佛教禍國殃民、紊亂綱紀。〔註 97〕郭祖深所言非虛。就以武帝之佛經講解來說，就

〔註 96〕《高僧傳・神异下》卷 10：「及今上龍興，甚見崇禮。……（保）志嘗為其現眞形，光相如菩薩像焉。志知名顯奇四十餘載，士女恭事者數不可稱。至天堅十三年冬，於台後堂謂人曰：菩薩將去，未及旬日，無疾而終。尸骸香軟，形貌熙悅。……。上嘆曰：『大師不復留矣，燭者將以後事屬我乎？』因厚加殯送，葬於鍾山獨龍之阜，仍於墓所立開善精舍。敕陸倕制銘辭於冢內，王筠勒碑文於寺門。傳其遺像，處處存焉。」頁 397。

〔註 97〕《南史・循吏郭祖深列傳》卷 70：「時帝大弘釋典，將以易俗，故祖深尤言其事，條以為：『都下佛寺五百餘所，窮極宏麗。僧女十餘萬，資產豐沃。所在

耗費了大量物力與財力「皇帝舍財，遍施錢、絹、銀、錫杖等物二百一種，值一千九十六萬。皇太子奉親玉經格七寶經函等，仍供養經，又施僧錢、絹值三百四十三萬。六宮所舍二百七十萬、上親臨億兆，躬自菲薄。司服所職，饔人所掌，若非朝廷典章，止是奉身之費，則大宮一日，將十萬生衣，歲出千金。」〔註 98〕此係蕭子顯所記中大通五年（533），梁武帝於同泰寺開講時的情景。梁武帝崇尚佛教個人苦行，卻爲國家與人民帶來重大災難，後人亦以佞佛爲梁喪亂之階。〔註 99〕爲求取功德，造福來生，大事營造寺院佛塔，施捨僧尼，人民徵賦加劇，民不聊生。周一良教授評曰：「蕭衍由於迷信佛教而引起的政治、經濟等各方面的惡果，和南朝許多皇帝之荒淫奢侈帶來的後果，沒有什麼不同。」〔註 100〕

周一良教授所評屬中肯之言，要知梁武帝蕭衍晚年，老態畢露，厭於萬機，沉溺佛教，每斷重罪，則終日不懌，難下決斷。時臨賀王蕭正德父子欲謀反逆事洩，武帝卻對其聲淚俱下訓誡後宥赦之。梁武帝蕭衍忌諱臣下揭短，史稱「衍好人佞己，末年尤甚。」〔註 101〕或有披露眞情，武帝即暴跳如雷，臣下唯有噤聲，整朝欺上瞞下，聽不到眞話；粉飾太平之言，則面露悅色，自恃甚高。沈約曾評價謂：「此公護前，不讓即羞死。」〔註 102〕

梁武帝大同十一年（545），散騎常侍賀琛向梁武帝啓奏四件事，未嘗無理。然梁武帝的護短矜長，頒敕責賀琛，武帝昏耄情形，已概可見。客觀而論，梁武帝蕭衍非唐太宗李世民，故賀琛亦不可能有魏徵之運氣。賀琛所揭舉的弊病，從東晉偏安以至齊朝已積重難返，梁武帝蕭衍雖盡力改革，使國

郡縣，不可勝言。道人又有白徒，尼則皆畜養女，皆不貫人籍，天下户口幾亡其半。而僧尼多非法，養女多服羅紈，其蠹俗傷法，抑由於此。請精加檢括，若無道行，四十以下，皆使還俗附農業。罷白徒養女，聽畜奴婢。婢唯著青布衣，僧女皆令蔬食。如此，則法興俗盛，國富人殷。不然，恐方來處處成寺，家家剃落，尺土一人，非復國有。』」頁 1722。

〔註 98〕嚴可均編，《全上古三代秦漢三國六朝文》（臺北：世界書局，2012 年），頁 3260。

〔註 99〕後晉 劉昫，《舊唐書・蕭瑀傳》卷 13，太宗詔：「至若梁武窮心於釋氏，簡文銳意於法門，……子孫覆亡而不暇，社稷俄頃而爲墟，報施之徵，何其繆也！」頁 660。

〔註 100〕周一良，〈論梁武帝及其時代〉，收入著氏《周一良集》（瀋陽：遼寧教育出版社，1998 年），頁 423。

〔註 101〕《魏書・島夷蕭衍傳》卷 98，頁 2184。

〔註 102〕《梁書・沈約傳》卷 12，頁 243。

家承平甚久，但由於對宗室勳舊太過寬縱，使得百姓受害、社會不安，國家元氣因而大傷。司馬光曰：

> 梁高祖之不終也，宜哉！夫人主聽納之失，在於叢脞；人臣獻替之病，在於煩碎。是以明主守要道以御萬機之本，忠臣陳大體以格君心之非，故身不勞而收功遠，言至約而爲益大也。觀夫賀琛之諫未至於切直，而高祖已赫然震怒，護其所短，矜其所長；詰貪暴之主名，問勞費之條目，困以難對之狀，責以必窮之辭。自以蔬食之儉爲盛德，日昃之勤爲至治，君道已備，無復可加，羣臣箴規，舉不足聽。如此，則自餘切直之過於琛者，誰敢進哉！由是姦佞居前而不見，大謀顛錯而不知，名辱身危，覆邦絕祀，爲千古所閔笑，豈不哀哉！〔註 103〕

梁武帝於〈敕責賀琛〉文中，引用古語「專聽生奸，獨任成亂」〔註 104〕，以表明其治國理政，未嘗涉有此嫌。然而當局者迷，梁武帝不幸言中，他正因此致國亡身死的悲劇。梁武帝的自我感覺良好，個性的剛愎自用，不敢面對問題，如此作爲，諍言必絕，眞話已然不見。因此「賀琛奉敕，但謝過而已，不敢復有指斥。」〔註 105〕異議之聲。唐姚思廉《梁書》史臣曰：

> 梁武帝「及乎耄年，委事群幸。然朱异之徒，作威作福，挾朋樹黨，政以賄成，服冕乘軒，由其掌握，是以朝經混亂，賞罰無章。『小人道長』，抑此之謂也。賈誼有云『可謂痛哭者矣』。遂使滔天羯寇，承間掩襲，……塗炭黎元，黍離宮室。」〔註 106〕

梁武帝的從曾叱吒風雲的戰將，墮落昏聵，晚年尤之，無視國家興衰，委事奸佞小人，造成朝政混亂，釀成速亡之禍。更不以自己的謀略及管理有根本性的問題，竟栽於侯景手中，徒呼奈何！顏之推謂曰：「國之用才，大較不過六事：一則朝廷之臣，取其鑒達治體，經綸博雅；二則文史之臣，取其著述憲章，不忘前古；三則軍旅之臣，取其決斷有謀，強干習事；四則藩屏之臣，取其明練風俗，清白愛民；五則使命之臣，取其識變從宜，不辱君命；六則興造之臣，取其程功節費，開略有術，此者皆勤學守行者所能辨也。」〔註 107〕

〔註 103〕《通鑑・梁紀》卷 159，頁 4929～4935。
〔註 104〕《通鑑・梁紀》卷 159，頁 4933。
〔註 105〕《梁書・賀琛傳》卷 38，頁 543～550。
〔註 106〕《梁書・武帝下》卷 3，頁 97～98。
〔註 107〕《顏氏家訓・涉務》（北京：中華書局，2008 年），卷 4，頁 74～76。

顏之推所指原指各個崗位上之眾臣，能勤奮學習、認眞工作，善盡職守即能辦到的事，但梁朝上下願效忠於國家、能眞正盡責者有幾。再說梁武帝若能有如此識人之能，適才適所的人事安排，梁或能轉危爲安。身爲領導人，如能得到一個眞正肯爲國家賣力、善謀能斷的人，是國家及人民之福，反之是禍，顏氏所論正是反映蕭梁朝眞實寫照，武帝的昏庸轉化而不自知。詩曰：「靡不有初，鮮克有終。」〔註 108〕武帝即屬之。其創業有成，在位日久，有過雄才大略，贏得了境內表面繁華安寧的太平之治；然而他無法保持清醒認識，不願意承認潛在的社會危機，好大喜功，盲目樂觀，拙於自謀，終於不自覺地走入死胡同。唐太宗李世民曰：「（帝王）豈得以一日萬機，獨斷一人之慮也；以日繼月，乃至累年，乖謬既多，不亡何待？」〔註 109〕貞觀二年，太宗問魏徵曰：「何謂爲明君暗君？」徵曰：『君之所以明者，兼聽也；其所以暗者，偏信也。《詩》云：『先民有言，……。梁武帝偏信朱异，而侯景舉兵向闕，竟不得知也。……。是故人君兼聽納下，則貴臣不得壅蔽，而下情必得上通也。』」〔註 110〕

因此封建帝制下，政治的腐敗無法克服，社會的危機不能制止，無論皇帝有多大權威，均無濟於事。貪圖享受的誘惑，偏信奸臣的諛辭，是有作爲皇帝的陷阱。梁武帝成功抗拒有初，卻無法堅守有終，剛愎自用，不能察納雅言，是其昏瞶關鍵。

第五節　侯景圍攻臺城的自我毀滅

一、侯景攻城後作爲

一位獲有重大成就者，驕傲自負心態勢必油然而生。貴爲皇帝之蕭衍亦不例外。傲視群倫，以爲無人可比擬，安於現狀。晚期統治期間，不僅

〔註 108〕王雲五編、馬盈持譯，《詩經今註今譯・大雅・蕩》（臺北：臺灣商務印書館股份有限公司，1987 年 4 月），頁 500。

〔註 109〕吳兢撰、裴汝誠等譯注，《貞觀政要譯注・政體第二》（上海：上海古籍出版社，2007.2），卷 1，頁 12～13。

〔註 110〕《貞觀政要譯注・君道第一》卷 1：「貞觀二年，太宗問魏徵曰：『何謂爲明君暗君？』徵曰：『君之所以明者，兼聽也；其所以暗者，偏信也。《詩》云：『先民有言，……。梁武帝偏信朱异，而侯景舉兵向闕，竟不得知也。……。是故人君兼聽納下，則貴臣不得壅蔽，而下情必得上通也。』」頁 2。

成為虔誠佛教徒，所屬王公貴族亦得信佛，疏於國事。造成朝政腐敗頹廢，復以外敵歷經休養生息，國力大增，然梁朝適得其反，國力不增反減，政權充滿內憂外患。東魏武定四年（546、梁中大同元年、西魏大統十二年）12 月，執掌東魏大權的高歡病篤。東魏武定五年（547、梁武帝太清元年、西魏大統十三年）正月，高歡崩於晉陽，東魏深恐「狡猾多計，反覆難知」的河南道行臺侯景藉機作亂，徵召侯景入朝。唯久懷叛志的侯景「慮禍於己」，遂於潁川（今河南許昌）起兵反叛。高澄隨即反制，以鋪天蓋地式，追擊逼迫，侯景倉促難敵，急以河南四州降西魏請援。西魏因不信任侯景，一面遣派荊州刺史王思政亦於同年（547 年）5 月，趁機調集軍隊，佔據侯景擁有的七州十二鎮，一面欲其入朝暗解兵權。侯景受東魏及西魏雙重壓力下投奔南梁。

梁武帝太清元年（547）9 月，梁武帝派侄兒貞陽侯蕭淵明率大軍五萬人，北上進攻彭城，以接應侯景，期牽制東魏以解侯景之困，途中遭東魏慕容紹宗所率軍隊的進攻。由於蕭淵明不諳軍事，〔註 111〕因而喪失多次戰機，另一將軍趙伯超坐視不救，結果梁兵潰不成軍，蕭淵明和胡貴孫、趙伯超等重要將領遭東魏俘虜，梁軍死亡數萬人，主力盡損，此戰給予梁武帝打擊甚大。梁軍戰敗後，東魏軍趁勝進擊侯景，侯景退至渦陽（安徽蒙城）北，因無法抵擋東魏追兵，侯影軍幾全覆滅。僅與腹心數騎進襲南梁壽陽，將監州事韋黯驅逐。由於東魏此刻無意與蕭梁朝再生戰事，遂遣使以願歸還俘虜蕭淵明，企圖離間蕭梁朝與侯景，坐收漁利。梁武帝意偃旗息鼓，遂圖以送還侯景求和。侯景得知後，認已無法立足梁朝，舉兵叛變，並暗結早覬覦皇位多時的臨賀王蕭正德，密約事成後擁正德為帝。準備就緒後，梁太清二年（548）8 月 10 日，侯景以誅長期沆瀣一氣、奸佞驕貪、蔽主弄權，而為時人所疾的中領軍朱异、少府卿徐驎、太子右衛率陸驗等「三蠹」〔註 112〕為名，在壽陽起兵反梁，南攻建康，造成梁末一場空前大內亂，史稱此次動亂為「侯景之亂」。

侯景控制梁政權後，若能採取溫和的統治，在上扶植傀儡，在下與民為善，循序漸進，是極有可能站穩腳跟的。但是長期軍旅生涯養成殘忍性格，

〔註 111〕《通鑑・梁紀》卷 160：「諸將與淵明議軍事，淵明不能對，但云『臨時制宜。』」頁 4961。

〔註 112〕《通鑑・梁紀》卷 161：「驎、驗迭為少府丞，以苛刻為務，百賈怨之，异尤與之暱，世人謂之三蠹。」頁 4981。

卻使其採取了截然不同的統治策略，最終加速了滅亡。侯景從壽陽舉兵，到最後如願以償登上皇位，氣勢達巔峰，但此時的侯景，所作所爲令人髮指，其倒行逆施，促成失敗早日到來，隨著蕭梁殘留勢力的反擊，侯景如同大廈傾倒。當侯景起兵警報傳抵建康，梁武帝聞之，笑曰：「是何能爲，吾折箠笞之。」〔註 113〕自認對侯景瞭若指掌，其所率乃烏合之眾，他不可能反叛，也沒能力搗亂，不足爲憂，以輕視態度視之。佞臣朱异更認爲侯景數百叛虜，何能爲之，是一個絕無反叛實力的人，因此未加防備。梁武帝在其鎮壓過程中，舉棋不定，優柔寡斷。武帝僅於表面上「詔合州刺史鄱陽王（蕭）範爲南道都督，北徐州刺史封山侯（蕭）正表爲北道都督，司州刺史柳仲禮爲西道都督，通直散騎常侍裴之高爲東道都督，以侍中開府儀同三司邵陵王（蕭）綸持節董度都眾軍同討侯景。」〔註 114〕濟自歷陽，出戰之前，武帝蕭衍說要避免短期決戰，要有長期作戰的準備〔註 115〕，並敕：「斬景者不問南北人同賞封二千戶兼一州刺史；其人主帥欲還北不須州者，賞以絹布二萬，以禮發遣。」〔註 116〕太清二年 9 月，侯景得知梁廷已派兵討伐，恐寡不敵眾，遂接受謀士王偉之策，決心爭取主動，放棄淮南，採取「避實就虛」戰略。〔註 117〕叛軍一開始攻陷壽春西方的馬頭戍及東方的木柵，暫停並略加打探，依謀臣王偉之獻策，命侯景外弟王顯貴留守壽春，出其不意，舉兵向東急攻，帥輕騎直掩揚都（建康）。太清二年 10 月庚寅（3 日），侯景攻擊面向合肥外觀的譙州（今安徽滁州），丁未（20 日），侯景利用梁朝皇室內部相互傾軋，起兵攻佔江北重鎮歷陽（今安徽和縣），引兵直驅長江北岸的橫江（今安徽和縣東南橫江浦，與采石隔江相望）；此地有蕭正德安排的數十艘大船待機接應，侯景將要渡江，恐遭梁阻擊，便使諜視之，是時，梁臨川太守陳昕向梁武帝建議，采石急需重兵鎮守，而王質水軍較弱，要求增加戍軍，梁武帝遂臨時命王質與陳昕換防。諜將此情報告知侯景，爲確認事實，乃遣諜偵察無誤，侯景趁

〔註 113〕《南史·賊臣侯景傳》卷 80，頁 1997。

〔註 114〕《通鑑·梁紀》卷 161，頁 4982；參見《南史·賊臣侯景傳》卷 80，頁 1997～1998。

〔註 115〕《梁書·蕭綸傳》卷 29：高祖誡曰：「侯景小豎，頗習行陣，未可一戰即殄，當以歲月圖之。」頁 432。

〔註 116〕《南史·賊臣侯景傳》卷 80，頁 1997。

〔註 117〕《南史·賊臣侯景傳》卷 80：「景聞之，謀以王偉。偉曰：『莫若直掩揚都，臨賀反其內，大王攻其外，天下不足定也。兵聞拙速，不聞工遲，今今便須進路，不然邵陵及人。』」頁 1998。

兩人換防空檔，〔註 118〕率軍八千自横江（今安徽和縣西南），攻佔采石，俘獲陳昕。繼又分兵襲姑孰城（今安徽當塗），俘太守蕭寧，主力進到慈湖（今安徽當塗西北），建康震動。戊申（21 日），侯景連下譙州（今安徽滁縣）、歷陽（今安徽和縣），長驅直入，兵臨長江。梁都官尚書羊侃建議據采石，襲壽春，迫使侯景進退失據，自然瓦解。但蕭衍閉目塞聽，盲信天險長江；麻痹輕敵，拒絕這一正確建議，放棄了主動攻擊、消滅侯景的最佳戰機。蕭衍殊不知前太子臨賀王蕭正德已被約為內應，裡應外合，竟委任正德負責建康防務。〔註 119〕梁軍佈防混亂，又疏於戒備，給侯景造成可趁之機。太清二年 10 月下旬，蕭正德派船數十艘，假借運荻草，自横江偷渡侯景及所部兵八千，馬數百匹至采石（今安徽馬鞍山市西南采石）。侯景輕越天險，直掩建康。李延壽於《南史》論曰：「正德穢行早顯，逆心夙構，比齊襄而迹可匹，似吳濞而勢不侔，徒為賊景之階梯，竟取國敗而身滅。」〔註 120〕江南承平日久，罕見兵甲。侯景軍的猝然出現，公私駭震，一片慌亂。兩天後，侯軍抵建康朱雀桁南，〔註 121〕建康守將庾信、王質、蕭大春、謝禧等均不戰棄陣而逃。〔註 122〕侯景未遇激戰，連下東府城、石頭城，屯軍皇宮所在地臺城之下。自此，水火兼用，在三十餘萬陸續集結的梁援軍環視下，連續攻城一百二十餘日。10 月壬子（25 日），侯景軍列陣包圍臺城，旛旗皆黑，射啓於城中曰：「朱异等蔑弄朝權，輕作威福，臣為所陷，欲加屠戮。陛下若誅朱异等，臣則斂轡北歸。」〔註 123〕因城內並無任何回應，侯景遂對臺城發動攻擊。首先從南面正門大司馬起，至東、西華門全縱火燒，梁臺城守將羊侃派軍在門上鑽孔灌水，壓制火勢；侯景軍復以長柯斧斫東掖門，羊侃遣人鑿扇為孔，以長矛刺殺數人，斫者乃退。緊鄰臺城的東宮已為侯景大將宋子仙所據，遂登牆往城內射，箭如雨下。經一日鏖戰，至夜，侯景於東宮置酒奏樂慶功，太子蕭綱怒不可遏：「簡文募人出燒東宮臺殿遂盡，所聚圖

〔註 118〕《通鑑・梁紀》卷 161：「景將濟，慮王質為梗，使諜視之。會臨川大守陳昕啓稱：『采石急需重鎮，王質水軍輕弱，恐不能濟。上以昕為雲旗將軍，代質戍采石，徵質為丹楊尹事。質去采石，而昕猶未下渚。』」頁 4984。

〔註 119〕《南史・梁本紀》卷 80，頁 220。

〔註 120〕《南史・梁宗室下》卷 52，頁 1304。

〔註 121〕《通鑑・梁紀》卷 161：「（蕭）正德帥眾於張侯橋迎景，馬上交揖，既入宣陽門，望闕而敗，歔欷流涕，隨景渡淮。」頁 4986。

〔註 122〕《通鑑・梁紀》卷 161，頁 4986～4987。

〔註 123〕《通鑑・梁紀》卷 161，頁 4987。

籍數百廚，一皆灰燼。」〔註 124〕此舉激怒了侯景，侯景一不作二不休，「又燒城西馬廄、士林館、太府寺。」〔註 125〕歷經一夜的鋒火洗禮，侯景再度進攻，製尖頂木驢攻城，矢石所不能制。羊侃則作雉尾炬，施鐵鏃，以油灌之，擲驢上焚之俄盡。賊又東西起二土山以臨城，城中震駭。侃命鑿地道，潛引其土山，不能立。賊又作登城樓車，高十餘丈，欲臨射城中。侃曰：『車高塹虛，彼來必倒，可臥而觀之。』及車動果倒，眾皆服焉。」〔註 126〕由於羊侃的率眾力守，侯景頻攻不捷，士卒死傷甚多，乃作長圍圍臺城以隔絕內外，要求斬朱异的火把信射進城內，城內亦不甘示弱，射賞格出外曰：「有能斬景首，授以景位，并錢一億萬，布絹各萬疋，女樂二部。」〔註 127〕互爲心戰喊話。臺城之外，全建康僅東府城（今江蘇南京東南角）未陷，侯景趕盡殺絕，再率二千人進攻東府城，「設百尺樓車，鉤城堞盡落。」〔註 128〕城內守軍南浦侯蕭推、中軍司馬楊暾雖奮戰不懈仍不敵。〔註 129〕「（侯）景使其儀同盧暉略率數千人，持長刀夾城門，悉驅城內文武倮身而出，使交兵殺之，死者三千餘人，南浦侯（蕭）推是日遇害。」〔註 130〕其中有不少人死於非命。由於臺城被圍，無法對外聯繫，羊侃只得以風箏傳達音訊。

侯景急攻臺城，太子蕭綱與羊侃軍誓死抵抗，多次擊退侯景的進攻，侯景隨後一面脅迫民眾爲兵，一方面展開攻心戰，並集中火力進擊臺城，於城東西各起土山以臨城，城內的對抗勢力，亦作兩山以應之，「簡文以下皆親畚鍤」。〔註 131〕侯景軍攻擊不停歇，但士卒已顯焦慮狀，因「（侯）景食石頭常平倉既盡」，〔註 132〕恐生饑荒，影響士氣，乃縱「士卒掠奪民米及金帛子女。」城民恨之入骨。侯景起兵，及時準確的抓住梁朝社會矛盾尖銳的重要癥結。他傳佈檄文，直斥梁朝「割剝齊民，以供嗜欲」，疾呼「今日國傢池苑、王公第宅、僧

〔註 124〕《南史・賊臣侯景傳》卷 80，頁 1999；參見《通鑑・梁紀》卷 161，頁 4987。
〔註 125〕《南史・賊臣侯景傳》卷 80，頁 1998；《通鑑・梁紀》卷 161，頁 4987。
〔註 126〕《南史・羊侃傳》卷 63，頁 1546；《梁書・羊侃傳》卷 39，頁 560。
〔註 127〕《南史・賊臣侯景傳》卷 80，頁 2000。
〔註 128〕《南史・賊臣侯景傳》卷 80，頁 2000。
〔註 129〕《梁書・太祖五王蕭推傳》卷 22：「侯景之亂，守東府城，賊設樓車，盡銳攻之，推隨方抗拒，頻擊挫之。至夕，東北樓主許鬱華啓關延賊，城遂陷，推握節死之。」頁 346。
〔註 130〕《南史・侯景傳》卷 80，頁 2000；《通鑑・梁紀》卷 161，頁 4989。
〔註 131〕《南史・賊臣侯景傳》卷 80，頁 2000。
〔註 132〕《南史・賊臣侯景傳》卷 80，頁 2001。

尼寺塔，及在位庶僚，姬姜百室，僕從數千，不耕不織，錦衣玉食；不奪百姓，從何得之？」〔註 133〕陳詞慷慨激昂，頗具煽動性。且起兵之初約束軍紀，不使擾民，故而獲得北兗州等地城人響應。侯景欲於江南另建立起統治政權，一方面將自南梁所俘虜之北朝鮮卑族人釋放，待以高官厚祿。同時又封逃亡南朝之北魏元氏宗室十餘人爲王，並重用北人，以共同統治南朝人。一方面爲了鎮壓南朝人民的反抗起見，禁止人民二人以上交談，犯者刑及外族。於石頭立大樁碓，把反抗的南朝人民投入碓中「拉殺之」。〔註 134〕尤其當朱异的奴僕自城內逃出時，即刻賜以「儀同三司，异家貲產悉與之。奴乘良馬，衣錦袍。」並向城內喊話：「汝五十年仕宦，方得中領軍；我始事侯王，已爲儀同矣！」〔註 135〕等優渥待遇。侯景心戰策略成功，三日之中，羣奴出就侯景者數以千計，盡皆得志，人人感恩，願爲效力致死。奴隸魚貫偷出，趨降侯景，感激私恩，願爲效死。因此之故，這些寒困階級奴隸遂成爲侯景兵力，對抗梁朝。故胡三省以爲：「凡爲奴者，皆群不逞也；一但免之爲良，固已踴躍，況又資之以金帛，安得不爲賊致死乎！士大夫承平之時，虐用奴婢，豈特誤其身，誤其家，亦以誤國事，可不戒哉！」〔註 136〕蕭梁虐奴，咎由自取。顯然，侯景誘募和撫納奴隸，巧妙地分化和動搖了臺城的抵抗力，有效地壯大了自己的力量。

初，梁武帝等人被圍於臺城，時臺城內僅餘軍糧四十萬斛，貯存於德陽堂，不利持久戰。是故，急待方鎮外援，梁荊州刺史蕭繹聯絡湘州刺史蕭譽、雍州刺史蕭詧一起增援建康。邵陵王蕭綸率步騎三萬自京口西上，迂迴出現於建康城東北之蔣山（今南京鍾山）紮營。此時侯景正送所掠婦女、珍貨於石頭津，一面備舟欲逃走，但天公不作美，蔣山山巔雨雪紛飛，一面兵分三路進攻蕭綸，蕭綸先敗侯景，乃引軍下鍾山愛敬寺，迫其退向覆舟山（今南京市九華山）北，後在玄武湖畔一戰。梁武帝太清二（548）年 11 月 28 日，邵陵王蕭綸率武州刺史蕭弄璋、前譙州刺史趙伯超等入援京師，抵鍾離時，侯景已渡采石。蕭綸晝夜兼行南下。率步騎三萬發自京口，旋軍入援，渡長江時風大起，人馬溺者什一二，蕭綸聽從將軍趙伯超進言，〔註 137〕從小道直

〔註 133〕《通鑑・梁紀》卷 161，頁 4991。

〔註 134〕《通鑑・梁紀》卷 161：「俄而桃棒爲部下所告，景拉殺之。」頁 4993。

〔註 135〕《南史・賊臣侯景傳》卷 80，頁 2001；《通鑑・梁紀十七》卷 161，頁 4991。

〔註 136〕《通鑑・梁紀》卷 161，頁 4991。

〔註 137〕《梁書・侯景傳》卷 56：「將軍趙伯超曰：若從黃城大道，必與賊遇，不如逕路直指鍾山，出其不意。」頁 844。

指鍾山，出其不意擊敗侯景軍。「眾軍奄至，賊徒大駭，分爲三道攻綸，綸與戰，大破之，斬首千餘級。」〔註 138〕翌日，與侯景兩軍對峙，相持日晚，侯景軍稍退，梁朝南安侯蕭駿率領數十騎馳之。侯景軍回軍擊敗蕭駿，逼近蕭綸大軍，蕭綸軍大敗潰散。蕭綸後退鍾山，部下剩千人，受到侯景軍包圍，再戰又敗，乃奔還京口。蕭綸兵敗逃朱方（今江蘇丹徒東南），「賊（侯景）盡獲輜重器甲，斬首數百級，生俘千餘人，獲西豐公大春、綸司馬莊丘慧達、直閤將軍胡子約、廣陵令霍儁等。」〔註 139〕侯景悉驅南岸居民於水北（秦淮水），焚其廬舍，大街以西，掃地俱盡。此役按理，蕭綸援軍皆訓練有素，侯景軍屬烏合之眾，理應探囊取物，但蕭綸軍卻不堪一擊，其是否全力救援，可想而知。侯景繼續圍攻臺城，是日晚，鄱陽王蕭範與西豫州刺史裴之高、建安太守趙風舉率軍救援建康，屯兵於豫州（今江蘇）等待長江上游諸軍。北徐州刺史蕭正表則投降侯景，並率萬人於歐陽（今江蘇儀征）江中立柵，以斷江陵援軍，又襲廣陵（今江蘇揚州西北），敗後還鍾離（今安徽鳳陽東北），以北徐州降東魏。〔註 140〕12 月，侯景採取火攻及水攻，〔註 141〕仍未能下。此時，蕭梁西豫州刺史裴之高率眾入援，頓於張公洲。司州刺史柳仲禮至橫江，裴之高遣船舸二百餘艘迎致仲禮，與衡州刺史韋粲等會青塘立營，據建興苑。〔註 142〕宣猛將軍李孝欽、前司州刺史羊鴉仁、南寧太守陳文徹等援軍於新林王遊苑（今江蘇江寧西南），援軍大集，合兵十餘萬。沿秦淮河豎樹柵，侯景亦於秦淮河北岸樹柵相拒。

梁太清三年（549）（東魏武定七年，西魏大統十五年）正月，梁軍推舉柳仲禮爲大都督，協調諸軍行動。侯景則派步騎萬人挑戰，柳仲禮因諸軍新至，堅壁不出。後聞蕭繹已率銳卒三萬，自江陵東下，部署諸軍進擊侯景。韋粲率兵進攻時，途遇大霧迷路延誤，深夜始抵青塘（玄武湖水南下注入秦淮河處，在建康城東南），紮營尚未成，即已遭侯景軍突襲戰敗而死。〔註 143〕

〔註 138〕《梁書・蕭綸傳》卷 29，頁 432。

〔註 139〕《梁書・侯景傳》卷 56，頁 844。

〔註 140〕《通鑑・梁紀》卷 161：「北徐州刺史封山侯正表，鎮鍾離，上召之入援，正表託以船糧未集，不進。景以正表爲南兗州刺史，封南郡王。正表乃於歐陽立柵以斷援軍，帥眾一萬，聲言入援，實欲襲廣陵。」頁 4995。

〔註 141〕《通鑑・梁紀》卷 161：「壬寅，侯景以火車焚臺城東南樓………。材官將軍宋嶷降於景，教之引玄武湖水以灌臺城，闕前皆爲洪流。」頁 4996～4997。

〔註 142〕《通鑑・梁紀》卷 161，頁 4997。

〔註 143〕《通鑑・梁紀》：「韋粲軍迷失道，比及清塘，夜已過半，立柵未合，侯景望柳仲禮馳往青塘救援，稍挫侯景軍，雙方遂隔秦淮河對峙。蕭綸收殘部與東路援軍蕭大連等同柳仲禮會合，江陵援軍蕭方及王僧辯軍亦至。同年正月二十七日，蕭綸所屬蕭嗣、永安侯蕭確、莊鐵、羊鴉仁、李遷仕、樊文皎等部渡過秦淮河，攻破東府前柵逼迫侯景軍往後撤。李遷仕、樊文皎率精銳兵卒五千攻進敵軍營地，初戰勝，後被侯景部將宋子仙以伏兵擊破，樊子皎戰死。由於柳仲禮態度傲慢，凌辱來援諸將，援軍內部又互相猜疑，致無心作戰，各自思歸。〔註 144〕太清三年二月末，侯景再施誑詐，又獲成功。他利用蕭衍久困疲怠，急欲偃兵的心理，投其所好，提出停戰爲盟。誘使梁軍撤援弛備，再急抓緊儲糧籌輜。然後驟然變計，勁卒精甲驀然猛攻，晝夜不停。三月，侯景再引玄武湖水以灌建康臺城，全面猛攻，梁軍蕭堅之帳內董勛華、白曇朗，〔註 145〕於丁卯（十二日）晨接應侯景軍由城西北角樓處攻入臺城（今江蘇南京玄武湖南）。侯景遂挾梁武帝及太子蕭綱，並矯詔命蕭大款遣散援軍，〔註 146〕城外援軍一鬨而散，解除眼前的軍事危機，〔註 147〕立收挾天子以令諸侯的益處，此時的梁武帝僅以「悲慘」一語告終。侯景攻克臺城，而那些平日受到梁武帝嬌縱的王公貴族，儘管擁麾下有幾十萬兵馬，卻皆袖手旁觀。直至此時，梁武帝如夢初醒，責罵子孫的不忠不孝，可惜悔之晚矣。武帝連維持 86 歲老朽之軀的飲膳，尚且無法獲得，形同禁閉之身橫臥淨居殿床上。日本學者吉川忠夫說這時：

> 武帝只剩一樁堪稱告慰之事，就是耽於回想將近五十年的統治，或者就那樣使自己迷迷糊糊進入夢鄉，可與輝煌過往的影像連接才是快樂之事，但是甜美的夢境卻隨時、隨處夾雜著兵士的喧囂，乃至爲兵革之聲所劃破；……被稱爲宮城的地方，如今變得難以形容的冷清，不如稱爲戰場反倒比較相應。昔日衣冠朝臣，如今換成全副武裝的將士，臉上露出徬徨而唯我獨尊的神情，馬匹不客氣地揚起塵沙飛馳而過。……武帝不假思索地叫道：「索蜜來！」回應請求的

見之，亟帥鋭卒攻粲。……粲不動，叱子弟力戰，遂與子尼及三弟助、警、構、從弟昂皆戰死。」頁 5000。

〔註 144〕《通鑑・梁紀》卷 162，頁 5002。

〔註 145〕《南史・侯景傳》卷 80，頁 2006。

〔註 146〕《南史・侯景傳》卷 80：「景又矯詔征鎮牧守各復本位，於是諸軍並散。」頁 2007。

〔註 147〕《通鑑・梁紀》卷 162，頁 5011。

正是空無一人。〔註148〕

86 歲的蕭衍欲吃蜜，侯景拒絕供給，最終發出微弱的咳聲，一切復歸寂靜。時間是太清三（549）年 5 月丙辰（二日）。武帝被圍困臺城後，由於缺吃少穿，加之年事高，竟不得善終，可謂搬石頭砸自己的腳。而武帝的「菩薩皇帝」尊稱，亦成爲歷史中的千年諷喻笑柄。武帝之死，顏之推在〈觀我生賦〉中道：「武皇忽以厭世，白日黯無光。」〔註149〕不唯顏之推一人，此乃生於梁武帝時代，所有士大夫之共通感情，以此皇帝之死，象徵一個時代的告終。在臺城的侯景軍，仍繼續縱兵掠「乘輿服玩、後宮嬪妾，收王侯朝士送永福省，撤二宮侍衛。」〔註150〕部分衣冠士族，因恐懼而四處奔散，〔註151〕開始逃亡的生涯。各路援軍退還，柳仲禮等出降，侯景占據建康城，控制梁朝軍政大權。

侯景企圖仿效東魏高洋建立北齊模式，遂於武帝死後「密不發喪」，〔註152〕扶植蕭綱登位後，旋刻遣部將于子悅、侯子鑒、宋子仙等人，率兵直撲江南最富庶的三吳地區。三吳，即建康東南的吳郡（今江蘇蘇州）、吳興（今浙江湖州）和會稽三個郡，是南朝農業最爲發達的地區。南朝宋、齊、梁之統治面積雖廣大，但因宥限於交通、技術等方面，南部山區尙屬蠻荒未開發，經濟重心因之集中於（今之湖北、蘇南、浙北）之長江中下游地區，尤以三吳爲最，該地區因有如此優越經濟條件，吸引不乏豪門貴族定居。初，梁武帝太清三年（549）3 月癸未，侯景遣于子悅等將羸兵數百東略吳郡。〔註153〕時吳郡太守袁君正約有精兵五千，新城（今浙江富陽西南）戍主戴僧遏向太守袁君正曰：「賊今乏食，臺中所得，不支一旬，若閉關拒守，立可餓死。」〔註154〕袁君正不僅未抵抗，更載米及牛酒出迎。于子悅軍入吳郡後，不分青紅皀白，一概逮捕「執君正，掠奪財物、子女。」〔註155〕吳郡一夜之間成了強盜天堂。叛軍「破掠吳中，多自調發，逼掠子女，毒虐百姓，吳人莫不怨憤，於是各

〔註148〕吉川忠夫，《侯景之亂始末記》（中央公論社，1972 年（昭和 42）），頁 2。
〔註149〕《北齊書・文苑・顏之推傳》卷 45，頁 619。
〔註150〕《南史・侯景傳》卷 80，頁 2007。
〔註151〕《陳書・蕭允傳》卷 21，頁 287。
〔註152〕《梁書・侯景傳》卷 50，頁 852。
〔註153〕《通鑑・梁紀》卷 162，頁 5014。
〔註154〕《通鑑・梁紀》卷 162，頁 5014。
〔註155〕《通鑑・梁紀》卷 162，頁 5014。

立城柵拒守。」〔註 156〕臺城外居民，於侯景暴力統治下，情況更爲悽慘。侯景圍攻臺城時，城外居民無論疲羸男女老少，強迫築土山，胡亂鞭笞，號哭之聲動天地；且縱放軍人掠奪民米及金帛子女，致使米價上漲至一升七八萬錢，餓死者不計其數。

侯景軍於攻克吳郡後，於太清三年 8 月，又南下攻吳興。〔註 157〕吳興太守張嵊以袁君正不足取，決定固守，惟吳興兵力寡弱，張嵊一介書生，不閑軍旅，或勸張嵊以郡迎侯子鑒，嵊嘆：「袁氏世濟忠貞，不意君正一旦隳之。吾豈不知吳郡既沒，吳興勢難久全；但以身許國，有死無貳耳！」〔註 158〕以明忠誠。未幾，張嵊戰敗被執，張嵊視死如歸，拒絕歸順，觸怒侯景，遭抄家滅族。侯景遣宋子仙自吳郡趣錢塘。「宋子仙急攻錢塘，戴僧逷降之。」〔註 159〕叛軍連下錢塘、富陽，宋子仙乘勝迅速渡過浙江，圍攻會稽，會稽爲梁朝東揚州治所，「南郡王蕭大連爲東揚州刺史，時會稽豐沃，勝兵數萬」〔註 160〕，草糧武器充足，百姓目睹了吳郡、吳興慘狀，對叛軍恨之入骨，同讎敵愾，咸樂爲用，願與侯景軍拚死活。而「蕭大連朝夕飲酒，不恤軍事。」〔註 161〕；太清三年 12 月，叛軍兵臨城下，蕭大連卻把軍政要事託付司馬東陽留異，〔註 162〕留異自始毫無誓守之意，侯景部將宋子仙來攻，留異攜部眾逃往東陽老家，回頭又向宋子仙投降，蕭大連欲奔鄱陽，留異並引宋子仙追俘蕭大連。「於是三吳盡沒於景。」〔註 163〕占領了長江下游南岸地區，其聲勢達到頂峰。臺城淪喪後，侯景對江南地區人民，施以如狼似虎最殘暴統治，其告誡諸將，破城之後盡殺之，使天下知其威名。因此，其部下將領專以焚掠爲事，以殺人爲戲笑。「城中積屍不暇埋瘞，又有已死未斂，或將死未絕，景悉令聚而焚之，臭氣聞十餘里。」〔註 164〕城破後，建康士民，四

〔註 156〕《梁書・侯景傳》卷 56，頁 851。
〔註 157〕《通鑑・梁紀》卷 162：「八月甲申朔，遣其中軍都督侯子鑒等擊吳興。」頁 5025。
〔註 158〕《通鑑・梁紀》卷 162，頁 5028。
〔註 159〕《通鑑・梁紀》卷 162，頁 5031。
〔註 160〕《通鑑・梁紀》卷 162，頁 5032。
〔註 161〕《通鑑・梁紀》卷 162，頁 5032。
〔註 162〕《通鑑・梁紀》卷 162：「司馬東陽留異，兇狡殘暴，爲眾所患，大連悉以軍事委之。」頁 5032。
〔註 163〕《通鑑・梁紀》卷 162，頁 5032。
〔註 164〕《南史・侯景傳》卷 80，頁 2007。

處逃難，民不聊生。〔註 165〕諸物破壞殆盡，宛如死城，然猶望援軍速到解危。情況之悽慘可見一般，見者莫不掬淚。由於侯景軍隊對東土江南地區的破壞，造成大寶元年（550）的江南大饑荒。史稱：

> 時江南連年旱蝗，江、揚尤甚，旱蝗相係，年穀不登，百姓流亡，死者塗地。父子攜手共入江湖，或弟兄相要俱緣山岳。芰實荇花，所在皆罄，草根木葉，為之凋殘。雖假命須臾，亦終死山澤。其絕粒久者，鳥面鵠形，俯伏牀帷，不出戶牖者，莫不羅綺，懷金玉，交相枕藉，待命聽終。於是千里絕煙，人蹟罕見，白骨成聚如丘隴焉。〔註 166〕

但是無論侯景施展殘暴統治政策，江南「百姓雖死，終不附之。」〔註 167〕寧死不屈，喁喁盼望援軍速至。侯景出身行伍，志大識短，自壽陽起兵，奇襲建康至攻陷臺城，歷時僅七個月。他以不善水戰的北軍，越過長江，長驅直入，一舉摧毀梁朝，憾動南北朝。侯景的成功與蕭衍的昏庸愚蠢密不可分，但也顯示出，侯景戰術的靈活，敵情研判準確與工於心計的指揮才能。侯景之敢以寡擊眾，關鍵在於善於用奇，料敵正確，能充分利用敵人的弱點，抓住宗室偽飾勤王、頓兵不戰和援軍將帥懼戰自保、互相猜忌心理，梁軍士氣低迷，侯景軍化弱為強，未戰氣勢已站上風。但侯景在久膺疆寄的戎伍生涯中，養成了反覆猜忍，酷虐兇狡的性格。他有野心而無政治才幹，生性暴戾嗜殺，不能收攬民心，獲至認同，難於在南方站穩腳跟，故軍雖銳勇，不能持久。

二、侯景的覆滅

侯景軍於建康與浙東地區肆虐，長江中上游，蕭梁荊、郢、雍、湘、益諸方鎮，卻烽火猛烈。湘東王蕭繹不先討賊，而是勾結西魏翦除兄弟子侄。掀起骨肉相殘，無異是代侯景清路障。侯景雖據有建康，然仍未能征服整個

〔註 165〕《魏書·島夷蕭衍傳》卷 98：「自（侯）景圍建業，城中多有腫病，死者相繼，無復板木，乃剉柱為棺。自雲龍、神虎門外，橫屍重沓，血汁漂流，無復行路。及景入城，悉聚屍焚之，煙氣張天，臭聞數十里。初，城中男女十餘萬人，及陷，存者纔二三千人，又皆帶疾病，蓋天亡之也。」頁 2186～2187。

〔註 166〕《南史·侯景傳》卷 80，頁 2009。

〔註 167〕《通鑑·梁紀十九》卷 163，頁 5040。

江南。尤以向外地擴張過程中，遭遇梁軍和各地地主武裝之強烈頑抗，挫傷銳氣。大寶二年（551）閏 3 月，侯景攻陷江州、郢州後，乘勝西進，「自石頭至新林，舳艫相接」，〔註 168〕水軍號稱 20 萬，旌旗千里，聲勢之盛爲南朝所未見。然而侯景犯戰術上，以己之短攻敵之長的嚴重錯誤。荊、郢雖交通便利，但多爲水路，侯景軍不善水戰。且侯景民心已盡失，脫離建康根本，驟然難於立足。他本應水、步兩道，鼓行西上，直指江陵；或是身頓長沙、徇地零、桂，積聚兵糧，如此，荊、郢則皆可入其掌。但侯景自恃兵多將廣，屢戰屢盛，輕忽梁荊州精銳。兵分五千由丁和守夏首，再分一萬由宋子仙趨巴陵，另一路由任約指叩江陵，侯景帥大兵水步繼進。〔註 169〕侯景兵分勢散，各路又未能協同默契。當前鋒任約軍與梁徐文盛軍相接後，蕭繹抽兵馳救，任約窘急。侯景率兵援任約，在西陽遭擅長水戰之徐文盛軍擊敗，梁軍氣勢轉盛，原一味逃竄懼戰的頹勢開始扭轉。此時侯景急遣宋子仙、任約率輕騎四百襲陷郢州，擒刺史蕭方諸。徐文盛等軍心大亂，奔歸江陵。〔註 170〕蕭繹另遣王僧辯受命抗拒侯景，於巴陵（今湖南嶽陽）「偃旗息鼓，安若無人」，〔註 171〕僞裝將遁。侯景中計，晝夜猛攻巴陵、數旬不克。銳士盡於堅城，士卒饑於米菽，軍中疾疫蔓延，死傷大半，食盡兵疲，侯軍戰鬥力大損。〔註 172〕6 月，赤亭大戰中，蕭繹啓用於獄中之胡僧祐，〔註 173〕會陸法和敗擒任約，〔註 174〕斷侯景一臂。侯景只得放棄經略江漢，退走建康。梁豫州刺史荀朗自巢湖出濡須邀擊侯景，破其後軍，侯景得力猛將宋子仙等被殺。梁軍士氣又大振，轉入戰略反攻。因利乘便，沿流進討。侯景喪師失將奔逃，船隻前後不接，侯景從此一蹶不振。7 月辛丑，王僧辯乘勝克湓城（今江西九江西），陳霸先率三萬人屯巴丘（今江西峽江北），欲與王僧辯會合。王僧辯前鋒襲于慶於郭默城（今江西九江

〔註 168〕《通鑑・梁紀二十》卷 164，頁 5063。

〔註 169〕《通鑑・梁紀二十》卷 164，頁 5065。

〔註 170〕《通鑑・梁紀二十》卷 164：「丁未，入江夏。文盛眾懼而潰，與長沙王韶等逃歸江陵。」頁 5064。

〔註 171〕《通鑑・梁紀二十》卷 164，頁 5065。

〔註 172〕《通鑑・梁紀二十》卷 164：「侯景晝夜攻巴陵，不克，軍中食盡，疾疫死傷太半。」頁 5066。

〔註 173〕《通鑑・梁紀二十》卷 164：「僧祐時坐謀議忤旨繫獄，繹即出之，拜武猛將軍，令赴援」，頁 5066。

〔註 174〕《通鑑・梁紀二十》卷 164，頁 5067。

東北），于慶與潯陽（今江西九江）守將范希榮棄城東走。蕭繹命王僧辯屯兵潯陽，以待上游援軍。侯景自巴陵敗還建康，見猛將多數戰死，恐不能久存，遂廢梁簡文帝爲晉安王，迎豫章王蕭棟爲帝，旋殺簡文帝，11 月己丑，逼蕭棟禪位於己，自稱漢帝，「其黨數萬，皆吹唇呼譟而上」。〔註 175〕但是侯景勢力僅及於江東一帶，湖廣、四川一帶依舊由梁室掌控，唯各軍仍互相牽制，不願討伐。

梁元帝承聖元年（552）2 月，元帝續攻侯景，命王僧辯率諸軍自潯陽出發。陳霸先率甲士三萬、舟艦二千由南江（今江西贛江）北上，與王僧辯會師白茅灣（今安徽懷寧東）。王僧辯軍襲破南陵（今安徽繁昌西）、鵲頭（今安徽銅陵）二地，進至大雷（今安徽望江）。侯景急命侯子鑒率水師回擊，侯子鑒於戰鳥（今安徽繁昌北）與王僧辯陳霸先戰，敗奔還淮南（今安徽當塗）。癸酉，王僧辯和陳霸先抵蕪湖，侯景守將張黑棄城而走。侯子鑒據姑孰、南洲（今當塗江中）抵抗，侯景派兵二千助守。侯子鑒先閉營不出，後挑戰輕進，誤以爲王僧辯懼戰。丁丑，王僧辯軍進至姑孰，侯子鑒帥步騎萬餘人渡洲，於岸邊挑戰，又以小船千艘載戰士，王僧辯以大艦斷其歸路，擊敗侯子鑒，佔領姑孰，繼克歷陽（今安徽和縣），入秦淮河。侯景命人將大小船隻裝滿石頭沉入江裡，堵塞秦淮河口，沿淮築壘，從石頭城（今江蘇南京西）至朱雀街十餘里。陳霸先搶渡秦淮河北岸，駐軍在石頭城之西落星山築柵，其他軍隊依次連修城堡八座，沼伸至石頭城西北，形成包圍之勢。王僧辯進軍招提寺北（石頭城北）。侯景恐西州（侯景以西州爲府，在今南京西南秦淮河東側）道路被切斷，自率侯子鑒於石頭城東北築五城，控制道路，以王偉等守臺城，自率萬餘人、鐵騎八百餘匹列陣於西州之西。陳霸先佯退誘敵，遣弩手二千橫擊其後，侯景軍敗退。王僧辯大兵繼進，侯景部將儀同三司盧暉略開北門迎降，王僧辯攻入石頭城。侯景兵敗不敢入臺城，收殘部百餘騎東走奔吳（今江蘇蘇州）。王僧辯入臺城，並命侯瑱率精甲五千追擊，承聖元年 4 月，侯景逃至胡豆洲（今江蘇南通一帶）爲部將羊鵾所殺，侯景之亂平。

爲時三年零八個月之侯景起兵作亂，造成極大的破壞，他縱兵搶掠、姦淫婦女、無惡不作。虐於用刑，酷忍無道，尤以殘殺之際，逼迫城民觀賞，恫嚇人民。如大寶元年（550），東陽人李瞻起兵，爲侯景所敗被俘，

〔註 175〕《通鑑・梁紀》卷 164，頁 5075。

送往建康，「景先出之市中，斷其手足，刻析心腹，破出肝腸。」〔註 176〕大寶二年（551），梁朝大將劉神茂降敵後「景爲大剉碓，先進其腳，寸寸斬之，至頭方止。使眾觀之以示威。」〔註 177〕侯景暴行，激起江南人民公憤，寧死不附，俟侯景敗，爲部下所殺，屍首送至建康，曝示街道，百姓爭食其屍骨，足見百姓對侯景之怨極。當圍臺城時，侯景軍食盡了石頭倉、常平倉的儲糧，即改掠人而食，米一斗貴到七、八萬錢，臺城中糧盡，軍士煮弩、煮鼠、捕雀而食，殿堂上棲息鴿子亦殘遭食盡，屠馬以雜人肉，疾疫而死者大半。司馬光《通鑑》載：「自晉氏渡江，三吳最爲富庶，貢賦商旅，皆出其地。及侯景之亂，掠金帛既盡，乃掠人而食之，或賣於北境，遺民殆盡矣。」〔註 178〕建築物遭破壞，東宮台殿所藏圖書數百櫥，全遭祝融。尤甚者，梁將王僧辯攻克臺城之際，亦縱兵士大肆搶掠，百姓哀號之聲，響徹於石頭。故當時僉以王師之酷，甚於侯景。多行不義必自斃，自作虐不可違，玩火自焚的侯景之滅亡亦是必然。侯景之亂雖平，但梁國祚大限也已到。不久，陳霸先以攻北齊爲藉口，襲殺平定侯景的主帥王僧辯，獨攬大權，不久，代梁稱帝，建立陳。

透過侯景事件的分析得出，梁武帝接納侯景的目的，是期利用侯景在河南已掌握的地盤和已創造的局勢繼續北進，蕩平東魏，克復中原。但梁武帝對當時東、西魏國情不甚瞭解，亦不明瞭梁朝自身國力可否足與東西魏抗衡。冒然接受侯景，結果非但未達目的，反帶來無窮後患。所謂知己知彼，百戰不殆。梁武帝既無知人之明，亦無自知之明，尤其對於侯景這樣既有才能，又有野心之人，未能洞悉明察，知人善任。亦不藉前車之鑑，對侯景有所防範。梁武帝昏庸老朽，言路閉塞，偏聽佞臣，未思慮弊，執意與東魏議和，而未考量侯景處境與感受，乃爲引爆侯景之亂根源，（參戰人員如表）。

〔註 176〕《南史・侯景傳》卷 80，頁 2009。
〔註 177〕《南史・侯景傳》卷 80，頁 2013。
〔註 178〕《通鑑・梁紀》卷 163，頁 5045。

表 7　侯景之亂（547）參戰人員表

區分時間	兵力對比	姓　名	事　　　蹟	備　考
東魏武定五年		高澄	景自念已與高氏有隙，……歸於魏，潁州刺史司馬世雲以城應之。景誘執豫州刺史高元成、襄州刺史李密、廣州刺史懷朔暴顯等。……刺史邢子才覺之，掩捕，盡獲之。……諸將皆以爲景之叛由崔暹，澄不得已，欲殺暹以謝景。陳元康諫曰：「……豈直上負天神，何以下安黎庶！晁錯前事，願公愼之。」澄乃止，遣司空韓軌督諸軍討景。……戎戌，澄遣武衛將軍元柱等將數萬眾晝夜兼行以襲侯景，遇景於潁川北，柱等大敗。景以羊鴉仁等軍猶未至，乃退保潁川。……澄使大都督高岳救彭城，……東魏徐州刺史太原王則嬰城固守……乙酉，以紹宗爲東南道行臺……澄以廷尉卿杜弼爲軍司。……慕容紹宗引軍擊侯景，……儀同三司劉豐生被傷，顯州刺史張遵業爲景所擒。……裨將斛律光、張恃顯尤之，……開府儀同三司段韶夾渦而軍，潛於上風縱火，景帥騎入水，出而卻走，草濕，火不復燃。	《通鑑》160
		邢子才		
		元柱		
		韓軌		
		幕容紹宗		
		劉豐生		
		張遵業		
		張恃顯		
		段韶		
		王則		
		杜弼		
		高岳		
		潘樂		
		崔暹		
		陳元康		
		斛律金	侯景據穎川降於西魏，詔遣金帥潘樂、薛孤延等同固守河陽以備。	《北齊書》卷 17
		薛孤延		
		薛家族	後從慕容紹宗討侯景，以功別封膚施縣男。	《北齊書》卷 20
		高季氏	爲都督，從清河公岳破蕭明於寒山，敗侯景於渦陽。	《北齊書》卷 21
		高永樂	武定中，隨儀同劉豐討侯景，爲景所殺。	
		張纂	侯景作亂穎川，招引西魏。以纂爲西道行台。	《北齊書》卷 25
		敬顯儁	敗侯景，平壽春，定淮南。	《北齊書》卷 26
		辛術	與高岳等破侯景，擒蕭明。	《北齊書》卷 38
		庫狄干	齊文襄遣其將軌、庫狄干等圍景於穎川。	《周書》卷 2

區分 時間	兵力 對比	姓　名	事　　　蹟	備　考
		宇文泰 王思政 李弼 趙貴 韋法保 賀蘭願德 趙士憲 裴寬 于謹 王悅	韓軌圍侯景於穎川。景懼，哥東荊、北兗州、魯陽、長社四城賂魏以求救。尙書左僕射于謹曰：「景少習兵，奸詐難測，不如厚其爵位以觀其變，未可遣兵也。」荊州刺史王思政以爲：「若不因機進取，後悔無及。」即以荊州步騎萬餘從魯陽關向陽翟。……遣太尉李弼、儀同三司趙貴將兵一萬赴穎。……景復乞兵於魏，丞相泰使同軌防主韋法保及都督賀蘭願德等將兵資助。大行台左丞藍田王悅言於泰曰：「……且彼能背德於高氏，豈能盡節於朝廷！今亦之以勢，援之以兵，竊恐貽笑將來也。」……景陰謀叛魏，事計未成，厚撫韋法保等，冀爲己用，……長史裴寬謂法保曰：「侯景狡詐，必不肯入關，欲托款於公，恐未可信。若伏兵斬之，此亦一時之功也。如其不爾，即應深爲之防，不得信其誑誘，自貽後悔。」……泰乃遣行台郎中趙士憲悉召前後所遣諸軍援景者。	《通鑑》卷160
		宇文導	會侯景舉河南來附，遣使請援，朝議將應之，乃徵爲隴右大都督。	《周書》卷10
		若干寶	西魏使其大都督李景和、若干寶領馬步數萬，欲從新城赴援侯景。	《北齊書》卷17
		元慶	西魏遣其五城王元慶等率兵救之，紹宗乃退。	《梁書》卷56
		鄭偉	侯景歸款，周文命偉率所部應接。及景叛，偉亦權軍而還。	《北史》卷20
梁中大統二年		蕭衍 羊鴉仁 湛海珍 蕭範 鄧鴻 周宏正 謝舉 朱异 桓和 羊思達 蕭淵明 蕭理會 羊侃	上召群臣廷議。尙書僕射謝舉等皆曰：「頃歲與魏通和，邊境無事，今納其叛臣，竊謂非宜。」上曰：「雖然，得景則塞北可清；機會難得，豈宜膠柱！」……，見中書舍人朱异，告之，……上乃定議納侯景。……平西咨議參軍周弘正，善占候，前此謂人曰：「國家數年後當有兵起。」及聞納景，曰；「亂階在此矣！」甲辰，遣司州刺史羊鴉仁督兗州刺史桓和、仁州刺史湛海珍等，將兵三萬趣懸瓠，……下詔大舉發東魏，遣南豫州刺史貞陽侯蕭淵明、南兗州刺史南康王會理分督諸將。……追會理還，遂以淵明爲都督。……侍中羊侃監作堰，再旬而成。……侃乃所領出屯堰上。	《通鑑》卷160

<table>
<tr><th>區分
時間</th><th>兵力
對比</th><th>姓　名</th><th>事　　　蹟</th><th>備　考</th></tr>
<tr><td rowspan="7"></td><td rowspan="7"></td><td>郭鳳</td><td rowspan="6"></td><td rowspan="6"></td></tr>
<tr><td>胡貴孫</td></tr>
<tr><td>趙伯超</td></tr>
<tr><td>元貞</td></tr>
<tr><td>田遷</td></tr>
<tr><td>韋黯</td></tr>
<tr><td>何敬榮</td><td>景於渦陽退敗，未得審實，傳者乃云其將暴顯反，景身與眾並沒，……問其故。敬容曰：「景翻覆叛臣，終當亂國。」</td><td>《梁書》卷37</td></tr>
<tr><td rowspan="20">侯景</td><td rowspan="20"></td><td>侯景</td><td rowspan="12">侯景據河南叛，歸於魏，穎州刺史司馬世雲以城應之。景誘執豫州刺史高元成、襄州刺史李密、廣州刺史懷朔暴顯等。遣軍士二百人載仗，暮入西兗州，欲襲取之。庚辰，景又遣其行台郎中丁和來，上表言：「……等十三州內附，惟青、徐數州，僅須折簡。且黃河以南，皆臣所職，易同反掌。若齊、送宋一平，徐事燕、趙。」……景恐上責之，遣中兵參軍柳昕奉啓於上。……景遂決意來降。魏將任約以所部千餘人降於景。……或告東魏大將澄云：「侯景有北歸之志。」會景將蔡道遵北歸，言「景頗知悔。……侯景圍譙城，不下。退攻城父，拔之。壬申，遣其行台左丞王偉等詣建康說上曰：「……河北物情，俱念其主，請立元氏一人以從人望，如此，……」上以爲然，乙亥，下詔以太子舍人元貞爲咸陽王，……光無以應。景使其徒田遷射光馬，洞胸：光易馬隱樹，又中之，退入於軍。景擒恃顯，既而捨之。侯景既敗，不知所適，……馬頭戍主劉神茂，……聞景至，故往候之，景執其手曰：「天教也！」神茂請帥步騎百人先爲嚮導。……乃遣壽陽徐思玉入見黯曰：「河南王爲朝廷所重，君所知也。今失利來投，額得不受？」</td><td rowspan="12">《通鑑》卷160</td></tr>
<tr><td>高元成</td></tr>
<tr><td>李密</td></tr>
<tr><td>暴顯</td></tr>
<tr><td>司馬世雲</td></tr>
<tr><td>任約</td></tr>
<tr><td>柳昕</td></tr>
<tr><td>丁和</td></tr>
<tr><td>蔡遵道</td></tr>
<tr><td>王偉</td></tr>
<tr><td>劉神茂</td></tr>
<tr><td>徐思玉</td></tr>
<tr><td>郎椿</td><td rowspan="8">景之之，慮及於禍，……乃遣其行臺郎中丁和來上表請降曰：「……乃與豫州刺史高成、廣州刺史暴顯、蠅州刺史司馬世雲、荊州刺史郎椿。……南兗州刺史石長宜、齊州刺史許季良、東豫州刺史丘元征、洛州刺史可朱渾願、揚州刺史樂恂、北荊州刺史梅季昌、北揚州刺史元神和等，皆河南牧伯，大州帥長，各陰結私圖，剋相影會，秣馬潛戈，待時即發……。」</td><td rowspan="8">《梁書》卷56</td></tr>
<tr><td>石長宜</td></tr>
<tr><td>許季良</td></tr>
<tr><td>丘元征</td></tr>
<tr><td>可朱渾願</td></tr>
<tr><td>樂恂</td></tr>
<tr><td>梅季昌</td></tr>
<tr><td>元神和</td></tr>
</table>

本表引自杜志成〈由分裂到統一——北朝末期東、西戰爭（531～577）之研究〉博士論文，頁208～210。

三、影響

侯景之亂，帶給南朝致命性的打擊，尤以圍攻臺城期間的屠殺，毀損當地文化、政治傳統，殘害高門世族等殘暴作爲，使長期佔據南朝政治資源的高門世族蒙受嚴重傷害，繁榮數百年的建康付之一炬。這次內亂不僅改變南朝疆域，也讓南北政局出現統一契機。南朝由盛而衰，「百年僑姓巨室爲之一頹」，〔註179〕最後爲北朝所滅。依梁的局勢在天監元年（502、北魏景明三年）至太清二年（548、東魏武定六年、西魏大統十四年）間，猶如蕭衍所言「我國家猶若金甌，無一傷缺」，〔註180〕其豐饒盛狀，庾信描述：

> 于是朝野歡娛，池臺鐘鼓。……五十年中，江表無事。王歙爲和親之後，班超爲定遠之使。馬武無預於甲兵，馮唐不論於將帥。豈知山嶽闇然，江湖潛佛，天子方刪詩書，定禮樂。……臥刁斗於行滎陽，絆龍媒於平樂。宰衡以干戈爲兒戲，晉紳以清談爲廟略。〔註181〕

一副昇平世界，然戰火所及，莫不使江南殘破，是南朝仕族、人民的人間大浩劫。引發這宗悲劇的主角，是史稱文武兼備的梁武帝蕭衍。執此之故，侯景之亂，不僅南朝政治爲之鉅變，並在江東社會，亦爲一劃分時期之大事。巖穴村之豪長乃乘此役興起，造成南朝民族及社會之變動。戰火所及之江南：

> 連年旱蝗，江、揚尤甚，百姓流亡，相與入山谷，、江湖，采草根、木葉、菱芡而食之，所在皆盡，死者蔽野。富室無食，皆鳥面鵠形，以羅綺，懷珠玉，俯伏牀帷，待命聽終。千里絕烟，人跡罕見，白骨成聚，如丘隴焉。〔註182〕

始作俑者是侯景。陳寅恪指，梁末之亂，爲永嘉南渡後的一大結局。南朝士族在經過數百年腐化之後，於梁末消滅殆盡。此言雖有誇大之嫌，然反映了士族門閥，尤其是佔統治地位之僑姓士族，於侯景亂中，遭到無情的打擊的

〔註179〕《北齊書・文苑・顏之推傳》，卷45，載：「疇百家之或在，絛下，顏之推自注：『中原冠帶隨晉渡江者百家，故江東有《百譜》，至是在都者覆滅略盡。』」頁621。

〔註180〕《南史・朱异傳》，卷62：「嘗夙興至武德閤口，獨言：『我國家猶若金甌，無一傷缺』」，頁1517。

〔註181〕《周書・庾信傳》卷41，頁736～737；另參見（清）倪璠注，〈哀江南賦〉收入《庾子山集注》（臺北：臺灣中華書局，1968），卷2，頁72～90。

〔註182〕《通鑑・梁紀十九》卷163，頁5039。

事實。具體而言之，侯景之亂對南朝的影響，可依政治、經濟文化、軍事等三部分加以說明分析。

1. 政治上

侯景之亂直接影響，造成南朝由盛而衰，〔註 183〕百年僑姓巨室爲之一頹，〔註 184〕最後爲北朝所滅，政權隨之更迭。而原號稱「如金甌一片，無一傷缺」的蕭梁土崩瓦解，呈現碎片化局面。縱使亂事弭平，梁朝已名存實亡。蕭紀的割據蜀地而稱帝，〔註 185〕荊襄的蕭詧依附西魏，〔註 186〕湘州刺史王琳依附北齊，〔註 187〕蕭勃固守嶺南，各地盤踞自保的土豪更是不計其數。在侯景之亂中崛起的陳霸先脫穎而出，趁機消滅了競爭對手王僧辯，並於太平二年（557），迫使梁敬帝蕭方智禪讓，開創了陳朝。接著在陳蒨、陳頊的努力經營下，終於統一了長江以南地區，重建南朝的統治秩序。因此可以說侯景之亂引發了梁、陳易代，換言之即南朝政治版圖的移動。

侯景之亂爲時三年又八個月，南梁經此大亂衝擊，內部已四分五裂，爲社會帶來混亂，亦予人民水深。南朝以建康爲中心的僑、吳高門士族遭遇前所未有的沉重打擊，行將沒落的門閥統治秩序亦遭破壞，南方社會造成嚴重摧毀，導致南朝族群結構變異。自東晉以來，南朝一直是北來僑姓士族占統治地位，吳姓士族與南方土著僅屬點綴或陪襯，鮮少預聞機務。554 年，西魏攻陷江陵，聚居於江陵的荊、揚士族又全被擄北遷，〔註 188〕西魏將江陵

〔註 183〕鄧亦琦，〈試論侯景之亂〉收入《北京師範大學學報》（1989 年第 6 期）：「侯景之亂不過是以外敵侵入方式，把蕭梁傾覆的內在因素提前誘發出來，叢而加速了梁的滅亡。」頁 94。

〔註 184〕《北齊書．文苑．顏之推傳》卷 45：「「疇百家之或在」條下，顏之推自注：『中原冠帶隨晉渡江者百家，故江東有《百譜》；至是在都者覆滅略盡。』」頁 621。

〔註 185〕《梁書．蕭紀傳》卷 55：「及太清中，侯景亂，紀不赴援。高祖崩後，紀乃潛號於蜀。改年曰天正。」頁 826。

〔註 186〕《周書．蕭詧傳》卷 48：「詧既與江陵構隙，恐不能自固，大統十五年，乃遣使稱藩，請爲附庸。」，頁 858。

〔註 187〕《北齊書．王琳傳》卷 32：「侯平雖不能渡江，頻破梁軍，又以琳兵威不接，翻更不受指揮。琳遣將討之，不克，又師老兵疲不能進，乃遣使奉表詣齊。」頁 433。

〔註 188〕《南史．梁本紀下》卷 8：「武陵之平，議者欲因其舟艦遷都建鄴，宗懍、黃羅漢皆楚人，不願移，帝及胡僧祐亦俱未移動。僕射王褒、左户尚書周弘正驟言即楚非便。宗懍及御史中丞劉懿以爲建業王，……，及魏軍逼」頁 244。

城中十餘萬人口，悉趕入關中爲奴隸，〔註 189〕其中含部分士族。「江陵即平，衣冠士伍，並沒爲奴隸」。〔註 190〕「自荒亂以來，諸見俘虜，雖百世小人，知讀《論語》、《孝經》者，尚爲人師；雖千載冠冕，不曉書記者，莫不耕田養馬」。〔註 191〕諺語：「積財千萬，不如薄技在身。」膚脆骨柔的士族，無一技之長者，即使是千載冠冕，最終淪爲奴隸耕田養馬。而於建康廢墟上重新建立政權的陳王朝，幸免被擄的高門士族如琅琊王沖、王通及其子弟，以及陳郡謝哲、謝嘏雖仍居高位，不過是作爲門閥士族於政治上之標誌而已，此作法由來已久，此乃由於士族日益加深的自我墮落所致；也因於高門士族的傳統文化、政治與經濟地位，以及社會上的根深柢固的門閥觀念作遂。士族固需附庸於皇權，而皇帝亦需利用他們，諸如擢才取士，贊禮導傳，乃至禪代之際的奉策授璽，逋還離不開士族們，甚至出於寒門的皇室亦樂於同士族聯姻。這種情況不獨陳朝而然，宋、齊、梁朝也有如似情況。《顏氏家訓・涉務》載：

> 見世中文學之士，品藻古今，若指諸掌，及有試用，多無所堪。居承平之世，不知有之禍，處廟堂之下，不知有戰陳之急；保俸祿之資，不知有耕稼之苦；肆吏民之上，不知有勞役之勤，故難可以應世經務也。晉朝南渡，優借士族；故江南冠帶，有才幹者，擢爲令僕已下尚書郎中書舍已上，典掌機要。其餘文義之士，多迂誕浮華，不涉世務。〔註 192〕

此一局勢的演變，導因皇帝與高門士族的矛盾，皇帝爲提升君權，必須適度削弱與限制其權力。而氣勢逐漸擴大的寒人，試圖打破高門士族的政治壟斷框架。因此，皇權的提升則須仰賴次等士族和寒人勢力，限制乃至剝奪高門士族的權力。然而更重要的，還在於高門士族自身的腐朽墮落，導致無法勝任統治核心的職責。主因於門閥士族中，不乏沉浸於玄學清談盛行的氛圍中者，以「身在廊廟心在林」自居，但求放達，不嬰事務，於是望白署空，以

〔註 189〕《通鑑・梁紀二十一》卷 165：「于謹收府庫珍寶及宋渾天儀、梁銅晷表、大玉徑四尺及諸法物：盡俘王公以下及選百姓男女數萬口爲奴婢，分賞三軍，驅歸長安」，頁 5123。

〔註 190〕《周書・蕭詧傳》卷 48：「初，江陵平………今魏虜貪惏，罔顧吊民伐罪之義，必欲肆其殘忍，多所誅夷，俘囚士庶，並爲軍實。……既而闔城長幼，被虜入關。」頁 860。

〔註 191〕《顏氏家訓・勉學篇》卷 3，頁 44。

〔註 192〕《顏氏家訓・涉務篇》卷 4，頁 76。

躬親吏事爲恥；其次，士族憑藉高貴血統，可以平流進取，坐至公卿，勿須有應事經務之才，可扶搖直上。

易言之，南朝士族的趨於沒落，非朝夕使然。從中原南渡之高門大族，多數已缺大志，只圖能於南方苟且。中原南渡人士們的種種行爲，有些看似輕視禮法，實則反映彼等心靈空虛。南渡人士雖對中原淪陷不無傷感，然「新亭對泣」的事例，〔註 193〕卻也說明他們的無力感。《世說新語・識鑒》記載：「周伯仁母親冬至舉酒賜三子說：『吾本謂渡江託足無所，爾家有相，爾等並羅列，吳復何憂？』」周母尚屬有見識婦女，其他人可想而知。時南北朝士族中具有政事才能者甚寡。〈規箴〉又注引的陸玩別傳載，王導、庾亮等人死後，晉朝以陸玩爲司空，陸玩對友人笑說，我要把你美好的告誡記在心裡（以我爲三公，是天下無人矣！）。〔註 194〕上例雖稗官野史之言，唯横諸實際，時人或以爲知言，說出實際情況，而造成人才荒主因乃士族的養尊處優。東晉末年，由於高門士族的鄙薄武事，不肯屈就戎旅，逐漸喪失了軍事指揮權。至齊、梁之際，更是「熏衣剃面，傅粉施朱」，〔註 195〕出則車輿，入則服侍，未嘗乘騎，騎則果下馬，射則弱弓長箭，博射而已。不知有戰陣之急，遑論馳騁疆場，統兵臨陣。「離亂後，朝市遷革，銓衡選舉非復曩者之親，……求諸身而無所得，施之世而無所用。」〔註 196〕飽食醉酒，忽忽終日，日復一日，遂於顛沛流離際，轉死溝壑。南朝後期，門閥士族統治開始走向衰落。對於任何政治風暴的衝擊，缺乏基本應變能力。侯景勢如破竹，進入建康後，「悉驅城市文武，倮身而出」，「交兵殺之，死者三千人」，又「縱兵殺掠，交屍塞路」，〔註 197〕一片狼藉，宛若死城。長期的腐朽奢靡生活，造成士族的極端脆弱和無能。他們「膚脆骨柔，不堪行步，體羸氣弱，不耐寒暑，坐死倉猝者，往往而然」。〔註 198〕侯景又陸續派軍在三吳地區大肆燒殺虜掠，直到梁簡文帝

〔註 193〕南宋・劉義慶，《世說新語全譯・言語第二》（貴州：貴州人民出版社，1996.10）：「過江諸人，每至美日，輒相邀新亭，藉卉飲宴。周侯中坐而歎曰：『風景不殊，正自有山河之異。』皆相視流淚。」頁 64。

〔註 194〕《世說新語全譯・規箴第十》：「陸玩拜司空，有人詣之，索美酒，得，便自起瀉著梁柱間地，祝曰：『當今乏才，以爾爲柱石之用，莫傾人棟樑。』玩笑曰：『戢卿良箴。』」頁 467。

〔註 195〕《顏氏家訓・勉學》卷 3，頁 42。

〔註 196〕《顏氏家訓・勉學》卷 3，頁 42。

〔註 197〕《南史・侯景傳》卷 80，頁 200。1

〔註 198〕《顏氏家訓・涉務篇》卷 4，頁 76。

大寶二年（552），始爲陳霸先、王僧辯所擊敗。在此期間，國勢大衰的南梁，又相繼遭到西魏和北齊的進攻，最終被南陳取代。隋朝開皇九年（589）滅陳，又一次將隨陳朝貴族官僚北遷關中，所謂文物衣冠盡入秦，六朝繁盛忽塵埃。從此江南高門士族，特別是脫離了宗族鄉里根基，以王謝爲代表的僑姓高門，倏然從江南消失

2. 軍事上

侯景反叛初期，僅有「馬數百匹，兵八千人」，〔註 199〕此時蕭梁若能集中優勢火力，弭平侯景內亂非難事，然援軍雖眾，卻無勤王之心，忙於權力爭奪，嚴重內鬥。更甚，宗室成員爲達個人利益，投敵賣國。東魏（北齊）、西魏（北周）趁虛而入，占領州郡，〔註 200〕南梁疆域逐漸萎縮，生產力銳減。侯景即利用與梁武帝有矛盾的侄子蕭正德爲內應，〔註 201〕許其事成，推正德爲王。蕭正德聞之雀躍曰：「侯景之意，暗與人同，天贊我也。」〔註 202〕當梁武帝得知侯景反叛，尚以不屑口吻，指長江乃一天塹，防守良好，以侯景之力必無法渡江，此爲梁武帝錯估形勢之一；又任命與侯景勾結的蕭正德爲平北將軍，都督京師軍隊，防守長江，護衛建康，是其識人不明之一。致侯景得在蕭正德內應下，以寡兵輕易渡過長江包圍臺城。城外援軍，在邵陵王蕭綸（蕭衍六子），東陽州刺史蕭大連（皇太子蕭綱之子）及南兗州刺史蕭會理（蕭衍四子績之子），司州刺史柳仲禮等率領下，集結於建康城外週遭。時四方徵鎮入援軍號稱三十餘萬。共推柳仲禮爲大都督，〔註 203〕指揮全局，然蕭梁宗室子孫，雖有行動，唯僅列營而立，無統一指揮，均持觀望態度，莫有鬥志。蕭綸及柳仲禮所率援軍頓於城外，梁武帝被圍城中，彼等卻屯兵不戰，唯城中眾心猶望外援，但柳仲禮「唯聚妓妾，置酒作樂。」〔註 204〕柳津憤然對蕭衍曰：「陛下有邵陵，臣有仲禮，不忠不孝，賊何由平！」〔註 205〕道盡憂心。

〔註 199〕《南史・侯景傳》卷 80，頁 1998。

〔註 200〕《南史・梁本紀》卷 8：「自侯景之難，州郡太半入魏，自八陵以下至建康，緣以長江爲限。荊州界北盡武寧，西拒峽口；自嶺南以南，復爲蕭勃所據。」頁 244。

〔註 201〕《梁書・蕭正德傳》卷 55：「初，高祖未有男，養之爲子，及高祖踐極，便希儲二，後立昭明太子，封德爲西豐侯。」頁 828。

〔註 202〕《南史・梁宗室上》卷 51，頁 1281。

〔註 203〕《通鑑・梁紀》卷 162，頁 5001。

〔註 204〕《通鑑・梁紀》卷 162，頁 5008。

〔註 205〕《通鑑・梁紀》卷 162，頁 5008。

侯景之亂前擁有二十八萬戶的首都建康，亂後存者百無一二，成爲廢墟。東晉以來經營數百年的三大經濟體，均遭毀壞。在這場戰亂中，東魏取得了淮南和廣陵，西魏掠奪成都、漢中和襄陽等地，從而使南朝版圖大爲縮小，加劇了北強南弱的局面的形勢。尤其士族門閥在此次戰亂中不僅暴露了腐朽無能，且受創嚴重，加速了南朝士族的衰亡過程。

梁紹泰元年（555）10 月，侯景亂後，江北諸郡已遭北齊所占，西魏併有梁州及益州，江陵成爲西魏附庸，此時西魏勢力已擴及南方，北齊亦不甘示弱，威逼利誘王僧辯迎回蕭淵明爲帝。基此，南梁政權實際已由北齊操持，王僧辯的屈事北齊，引發江南人民不滿。同年（555）8 月，陳霸先伺機自京口伏襲石頭城，王僧辯被殺，僧辯死後，其殘餘勢力杜龕占據吳興，〔註 206〕王僧智占據吳郡，南豫州刺史任約和譙、秦二州刺史徐嗣徽兄弟據建康附近，與陳霸先唱反調。〔註 207〕而北齊亦自長江北岸出兵，於任約與徐嗣徽接應下，由采石渡江，占有建康石頭城，頓時戰況亂起。於江南人民支援下，陳霸先肅清王僧辯殘餘勢力，進擊北齊使之退回江北。557 年陳霸先廢梁自立爲帝，建立陳朝。唯疆界僅及長江中下游以南地區及淮南江北一狹小之區爲限，其地削勢弱可知。較之三國時期孫吳所屬之地小，南朝依恃爲屏障的長江天塹，頓失大半，俟北方建立起隋朝一舉滅陳，強將毫無作用，陳無反擊之力。乘侯景之亂競起之江南土著豪強，自屬爲州郡牧守，卻不奉陳朝法度，「於斯時也，疆者自投於鋒刃，弱者坐視其刀鈇，而天下之亂極矣。」〔註 208〕陳因內戰不斷局勢岌岌可危，已無力控制土著豪強。此刻北周併北齊，北方統一，陳又敗於北周，自此北強南弱之勢形成。

侯景之亂，蕭衍子孫雖擁兵，然卻僅作壁上觀，毫無勤王實際作爲，諸王以自保實力，並期藉侯景之手消滅蕭衍及太子蕭綱，掃除稱王路障。宗室子孫自相殘殺中，爲自身利益不惜賣國，以南朝主權、領土，博取東魏（北齊）、西魏（北周）援助，結果南梁引狼入室，疆域遭瓜分，國土日蹙。

〔註 206〕《通鑑・梁紀》卷 166，頁 5134。

〔註 207〕《通鑑・梁紀》卷 166：「杜龕恃王僧辯之勢，素不禮於陳霸先。在吳興，每以法繩其宗族，霸先深怨之。……。龕據吳興拒霸先，義興太守韋載以郡應之。吳郡太守王僧智，僧辯之弟也，亦據城拒守。」頁 5134。

〔註 208〕王夫之撰，舒士彥整理，《讀通鑑論・梁敬帝》（臺北：中華書局，1975.7），卷 17，頁 515。

3. 經濟上

侯景之亂是南朝歷史的一個轉捩點。戰亂後，南朝於長江下游以北之地，盡爲東魏、北齊所佔；漢中及長江中游以北之地，則歸西魏所有。侯景掌握建康政權，占有揚州、越州後，對其統治區人民，進行殘酷掠奪和燒殺，「京邑大饑，餓死者十之八九。」〔註209〕使得人口銳減，生產遭受破壞，加速其自身敗亡。世族大地主如徐孝克，因無食養母，乃逼其妻臧氏，嫁於侯景部將孔景行，用以換取谷帛，悉以供養，徐孝克亦剃髮爲沙門，乞食以充給。侯景亂中，士族門閥，死於非命者不知凡幾。梁朝士族及離亂後，「朝市遷革，銓衡選舉，非復曩者之親，當路秉權，不見昔時之覺，……兀若枯木，泊若窮流，鹿獨戎馬之間，轉死溝壑之際。」〔註210〕而之所以如此，咎由自取也，徒乎耐何？。

「建康」〔註211〕自東晉後，即視爲政治、經濟、文化中心，商業及手工業甚爲發達。據《太平寰宇記》卷 90 引〈金陵記〉云：「梁都之時，城中二十八萬餘戶。西至石頭城，東至倪塘，南至石子崗，北過蔣山，東西南北各四十里。」〔註212〕建康城內有市場四處，商店櫛比鱗次；秦淮河沿岸大小市場十餘處，儼然市集，侯景之亂，建康城夷爲平地。臺城被圍時，侯景肆意破壞，〔註213〕在屢攻不克，景恐人心離異，又恐援軍至，眾必潰散，於是縱兵殺掠，富室豪家，恣意掠奪，旬日間，屍首遍野，臭氣沖天。尤以亂初，「城被圍之日，男女十餘萬人，貫甲者三萬」，〔註214〕米四十萬斛，被圍既久，戰死餓死者十之七八。唯自梁武帝統治，建康城民，奢華享盡，服食器用，爭尚豪華，糧無半年之儲，賴四方委輸。侯景圍城一百多天，遂使城內斷糧，米一斛賣八十萬，軍士賴捕

〔註209〕《陳書・徐陵傳弟孝克附傳》卷 26，頁 337。

〔註210〕《顏氏家訓・勉學篇》卷 3，頁 42。

〔註211〕樂史撰，王文楚等點校，《太平寰宇記・江南東道二》(北京：中華書局，2007.11)，卷 90：「昇州，古揚州之域。爾雅云：『江南曰揚州。』春秋時爲吳地。戰國時越滅吳，爲越地；後楚滅越，其地又屬楚，初置金陵邑。金陵圖經經云：『昔楚威王見此有王氣，因埋金以鎮之，故曰金陵。』……至建安十六年，吳大帝自京口徙此，因改爲建業。……按建康圖經云：『西晉太康年平吳，分地爲二邑，自淮水南文秣陵，淮水北爲建業，後因愍帝即位，避諱改爲建康。』」頁 1772～1773。

〔註212〕《太平寰宇記・江南東道二》卷 90，頁 1774。

〔註213〕《南史・侯景傳》卷 80：「景遣百道攻城，縱火燒大司馬、東西華諸門。城中倉促未有備，乃鑿門樓，下水沃火，久之方滅。……景又燒城西馬廄、士林館、太府寺。」頁 1999～2000。

〔註214〕《南史・侯景傳》卷 80，頁 2006。

食鼠雀。侯景破城時，守埤者二三千人，非老即病，屍骸無人埋瘞，爛汁滿溝，城破後，建康士民，四處逃難。侯景之亂，江南人口銳減情況嚴重，史書記載「時兵荒饑饉，京都及上川餓死者十之八九。」〔註215〕始景渡江至陷城之後：

> 江南之民及衍王侯妃主、世冑子弟爲景軍人所掠，或自相賣鬻，漂流入國者蓋以數十萬口，加以饑饉死亡，所在塗地，江左遂爲丘墟矣。〔註216〕

簡文帝蕭綱更爲殘酷，縱火焚燒侯景所佔據宮殿，宮中文物幾悉數付之一炬，昔日繁華的建康，已成廢墟。太清四（550）年，由於侯景軍的破壞，江南滋生罕見廣大饑荒，「會籍尤甚，死者十七八。」〔註217〕連最爲富庶三吳地區，亦千里絕煙，人跡罕見。侯景又破廣陵，城中之人遭殺，頓成空城。蕭詧乃勾結西魏攻破江陵，西魏軍遂收府中寶物，經此一洗劫，江陵形同廢墟。江南經濟文化遭空前浩劫的巨大損失。梁都建康所在地三吳原最富庶，爲南朝財政金庫，經侯景軍洗劫已殘破不堪。及西魏破江陵，盡俘王公以下及百姓男女數萬爲奴婢，分賞三軍，驅歸長安，羸弱者殺之，得免者僅三百餘家，全城滿目瘡痍，殘如荒郊。大寶元年（550），江南連年蝗旱、大饑荒。百姓流入山谷，以草根木實果腹，餓殍遍野。富豪有錢無處買食物，乃坐懷金玉坐以待斃。江南千里絕煙，人跡罕見，白骨成堆，元氣難復。蕭梁時期文人學士傷亡不計其數，藏書亦燬於侯景亂中。南朝文化受到空前浩劫。江南士族大量聚居於建康和揚州，亦被屠戮殆盡。皇室蕭氏更是難逃滅頂之災。僥倖身免的士族逃往江陵投靠蕭繹，喘息未定，又逢梁元帝蕭繹被宇文泰的西魏軍擊敗，大批被擄入關，淪爲僕隸，〔註218〕南朝士族自此一蹶不振。南方土豪酋帥起兵崛起，憑借私人武裝，參與爭奪最高統治權鬥爭，卻成平定侯景的主力，登上南朝政治舞台。東西魏並未坐失良機，東魏（北齊）不費一兵一卒，獲至州郡。〔註219〕西魏也不甘示弱，先奪襄樊，再據益梁，長江

〔註215〕《陳書·魯悉達傳》卷13：「侯景之亂，悉達糾合鄉人，保新蔡，力田蓄穀。時兵荒饑饉，京都及上川餓死者十之八九，有得存者，皆攜老幼以歸焉。悉達分給糧廩，其所濟活者甚眾，仍於新蔡置頓以居之。」頁198～199。

〔註216〕《魏書·蕭衍傳》卷98，頁2178。

〔註217〕《南史·陳寶應傳》卷80，頁2023。

〔註218〕《周書·文帝下》卷2：「(554) 謹至江陵，列營圍守，……擒梁元帝，殺之，并虜其百官及士民以歸。沒爲奴婢者十餘萬，其免者二百餘家。」頁36。

〔註219〕《通鑑·梁紀》卷163：「於是河南自洛陽，河北自平陽以東，皆入于齊。」頁5056。

上游盡入掌握，〔註 220〕擴張軍事、經濟實力，使西魏（北周）成爲後三國中最強大的國家，爲北周滅北齊和隋統一南北奠堅基。

〔註 220〕《通鑑・梁紀》卷 164：「侯景之亂，州郡大半入魏，自巴陵以下至建康，以長江爲限，荊州界北盡武寧，西拒硤口」，頁 5094。

第五章　侯景之亂後梁朝的崩潰

侯景之亂何以重創蕭梁朝，而被重創最主要原因之一，竟由於梁朝宗室子孫的正忙於內鬥，以致侯景大亂一起梁境遍地皆亂。因之若無侯景之亂的衝擊，梁朝遲早亦將自我毀滅。梁宗室諸王見武帝已年邁、朝多秕政，不免隱生雄心。又見武帝捨嫡立庶，更激起諸王覬覦帝位，侯景的南下，正好提供他們藉勤王之機，勒兵觀變的機會。

第一節　梁武帝無法及時平叛

侯景叛梁時間近四年，而以強國之尊的梁朝，軍力與侯景有著明顯眾寡落差，但卻無法憑藉強大軍力，殲滅敵軍於須臾，使原勢力單薄的侯景軍，能於極短時間直攻京都，且能引進無數參與者，反映出梁朝諸侯的不和，朝政混亂矛盾，國力之薄弱，百姓的向心力降低，窺其因何以至此。

一、宗室不和分散軍力

侯景之亂引發梁氏禍起蕭薔，臺城陷落後，武帝子孫之爭鬥白熱化。侯景圍城期間曾立為皇帝之蕭正德被處死，於長江中上游地區，湘東王蕭繹據有荊州，勢力最強；蕭紀占有益州；蕭譽據湘州；蕭詧據雍州（今湖北襄陽）；蕭綸自臺城陷後奔據郢州（今湖北武漢）欲稱帝。彼等未能團結一致對敵，卻因帝位爭奪陷混戰。如，蕭範於「臺城不守，範乃棄合肥，出守東關，請兵于魏，遣二子為質。魏人據合肥，竟不助範。」〔註1〕其捨近求遠，寧向敵

〔註1〕《南史・梁宗室上》〈北京：中華書局，2003〉，卷52，頁1297。

國乞兵；蕭綸投賴北齊、蕭詧歸附西魏，蕭繹既附北齊又附西魏，蕭氏兄弟間的四分五裂，嚴重折損力量。且蕭梁宗室中，除蕭正德自甘爲侯景內應外，蕭正立子賁常爲賊（侯景）耳目，〔註2〕使侯景得以順利掌握蕭梁。

太清二年（549）蕭衍崩後次月，蕭繹發兵進攻湘州；同年九月，蕭詧自襄陽進攻江陵，後爲蕭繹擊退；侯景軍在建康和浙東地區肆虐，長江中上游蕭梁荊、郢、雍、湘、益諸方鎮卻火並正盛。湘東王蕭繹「不急莽、卓之誅，先行昆弟之戮」，〔註3〕勾結西魏翦除兄弟子侄，爲自立清道。宗室自相魚肉，無異是代侯景行師。大寶元年（550）4 月，蕭繹將領王僧辯攻破湘州，殺蕭譽。蕭繹與蕭譽之不和有跡可尋「時元帝軍于武城，新除雍州刺史張纘密報元帝曰：『河東起兵，岳陽聚米，將來襲江陵。』元帝甚懼，沉米斷纜而歸。因遣諮議周弘直至譽所督其糧眾。譽曰：『各自軍府，何忽隸人。』使三反，譽並不從。」；〔註4〕8 月，又進攻郢州，蕭綸敗走汝南，次年二月被西魏攻滅。蕭繹掃除了蕭譽和蕭綸後，才命王僧辯率軍東下。承聖元年（552）2 月，王僧辯與自嶺南的陳霸先會合，3 月大捷於姑孰（今安徽當涂），進抵建康，侯景東逃，4 月，爲其部下羊鯤所殺，持續約四年之久的叛亂終告平定。但戰亂並未結束，蕭繹、蕭紀、蕭詧仍在爲爭奪帝位進行最後的戰鬥，相互廝殺。4 月，蕭紀稱帝，8 月舉兵東下。11 月蕭繹亦稱帝於江陵（梁元帝），一面請求西魏襲取益州，一面遣軍截堵蕭紀。承聖二年（553）7 月，蕭紀兵敗身死，益州全境爲西魏占領。次年（554），蕭詧勾結西魏攻下江陵，殺蕭繹但卻失了襄陽，淪爲西魏附庸。

梁朝的宗室內訌，不僅借侯景渡江之事表現出來，尤其臺城被圍時，援軍已至北岸，眾號百萬，百姓喜出望外，扶老攜幼，以候王師。依此，侯景之叛軍，必無法擋，因爲梁武帝曾問侯景圍臺城有多少人，侯景答曰十萬。援軍就算號稱百萬不一定屬實，但應不會少於叛軍人數。當時援軍在卲陵王綸、東揚州刺史蕭大連、南兗州刺史蕭會理、司州刺史柳仲禮、西豫州刺史裴之高、衡州刺史韋粲、商州刺史李遷仕等率領下，集結於建康城周圍，共推柳仲禮爲大都督。除韋粲戰死外，餘均按兵不動，以期保存實力。導致侯景看穿實情，大肆侵掠。看來，梁軍的內訌，便宜了侯景。當然，侯景亂梁能成功原因不僅再於此，倘若把原因擴大到東、西魏、梁三朝，則因高度高、

〔註 2〕《南史．梁宗室上》卷 51：「賁出投之，專監造攻具，以攻臺城，常爲賊（侯景）耳目。南康嗣王會理謀襲景，賁與中世子子邕告之。」頁 1283。

〔註 3〕《南史．梁本紀下》卷 8，頁 252。

〔註 4〕《南史．梁武帝諸子》卷 53，頁 1314。

視野廣，看得較透徹，更容易把握整個事件。從而在當時南北局勢背景下，探索出侯景何以能亂梁成功的原因。

清王夫之對梁宗室鬩牆論曰：「然而遷延坐視，內自相圖，骨肉相吞，置帝之困餓幽辱而不相顧也。」〔註5〕侯景亂發，梁武帝年已屆耄年，宗室子弟，暗自較勁，爭奪統治權，無心禦敵。武帝晚期又篤信佛教，沉迷佛事，無法專心國事，社風頹靡，導致群臣棄武崇清談，「忠心」二字拋諸腦後者比比皆是。雖亦有少數忠義者，期望中興王朝，然因地位低或孤掌難鳴或已戰死沙場。故謂梁朝之亡，武帝子孫自毀長城亦係因素之一，侯景之亂僅屬催化劑，加速破滅；另一原因，則是肇因梁武帝不惜破壞禮制法規，造成皇親國戚集團，嚴重生活腐化與政治昏庸，武帝又識人不明，未能適才適所，毫無是非，嚴重影響政府統治力。清王夫之又評曰：「慈而無節，寵而無等，尙婦寺之仁，失禽犢之愛，望恩無已，則挾怨益深，諸子之惡，非武帝陷之，而豈其不仁至此矣？」〔註6〕宋齊兩代均因皇室猜疑，導致內自相圖，骨肉相殘，梁武帝記取教訓，唯因過度寬縱，對以蕭正德爲代表的宗室子弟等的不法行徑無原則寬容，使得皇室猜疑悲劇重演。

二、武帝剛愎自負心態

梁武帝蕭衍初登天子位，民望所歸，敢革時政，頗得人心，初期國家興旺繁盛，爲一明君。由於梁武帝武帝在學識文才等方面是自負甚高的，自以爲「聰明博達，惡人勝己。」〔註7〕加以稱帝初期政治等方面的成就更助長其自負。晚年時期在個人方面不能克服自己自負、護短、忌才的個性缺點，客觀環境方面又無能力抑制王侯子弟的橫行非法、官吏的貪殘暴虐，以「皇帝菩薩」的理念來推動的政教改革，也就成爲一種形式、象徵而已。〔註8〕「沈約嘗侍讌，值豫州獻栗，徑半寸，帝奇之，問曰：『栗事多少？』與約各疏所憶，少帝三事。出謂人曰：『此公護前，不讓即羞死。』帝以其言不遜，欲抵其罪，徐勉固諫乃止。」〔註9〕

〔註 5〕《讀通鑑論・梁武帝》〈台北：中華書局，1975 年〉，卷 17，頁 505。

〔註 6〕《讀通鑑論・梁武帝》卷 17，頁 505。

〔註 7〕唐　魏徵等撰，《隋書・五行下》（北京：中華書局，1973），卷 23，頁 659。

〔註 8〕顏尚文，〈梁武帝「皇帝菩薩」理念的形成及政策的推展〉（臺北：國立臺灣師範大學歷史系博士論文，1988），頁 233～253。

〔註 9〕《梁書・沈約傳》〈北京：中華書局，2006 年〉，卷 13，頁 243。

梁武帝出身蕭齊宗室，從小就得到良好的教育與出仕參政的優越機會。武帝不但青年時期就兼習玄、儒、文、史等士大夫的基本教養，且遊於竟陵王門下，結交天下才學之士與僧道等高人。家世將門，擁有軍隊，且擅長軍事、政治等文武才幹，又因緣際會而開國稱帝。這些優越的個人環境與豐富經歷，再加上處於統治主體的帝王至尊地位，使梁武帝在個性方面具有自負、傲慢、自以爲是，因而惡人勝已，無法接納別人意見的缺點。從上例看出，武帝統治初期，已有護短而凌駕天下一切人的氣勢，無法容忍他人在己之上，似乎呈現著專制君主獨裁、自負、自傲、盛氣凌人的特質。後期虔誠信仰宗教，四次捨身同泰寺，勞師動眾的結果，只能達到梁武帝「皇帝菩薩」神化的效果，而對於「皇帝菩薩」政策的推展，其效果或許相當有限吧！但是，透過四次捨身同泰寺與群臣的奉贖，也許能加強臣民、僧俗等對這位「皇帝菩薩」政治。但愚意以他過度慈悲，不力法治，導致無法禁止官吏貪污，無節制的四處搜刮。不能知人善任，任用如唐朝李林甫之朱异，長期把持朝政，玩法弄權，很明顯的識人不明，引爆侯景之亂，使繁華江南，一蹶不振。

所言雖非絕對，清王夫之於《讀通鑑論》:「梁氏享國五十年，天下且小康焉。」梁武帝的走向滅亡，應起於過分自信迷失自我。」〔註 10〕屬正面與中肯的評論；但唐李延壽評曰:「自古撥亂之君，其或樹置失所，而以後嗣失之，未有自己而得，自己而喪。」〔註 11〕屬歷史少見，這亦是其時代與經歷造成。南朝初年政壇上，尚有較多人才，如宋武帝劉裕、劉毅與諸葛長民的合作，後來成爲爭位對手，劉裕逐一消滅，始能登上王位。蕭道成代宋亦有劉秉、袁粲、沈攸之等人與之爲敵。彼等取得天下乃艱辛的，但梁武帝以七品官，歷時九年輕易登上九五之尊，促使其內心深處潛意識地滋生自負心理。登基之際逢北魏衰微，六鎮之亂對南朝不構成威脅，梁武帝遂以爲天下無人能及，舉世無雙，其自負心態不因晚期篤信佛教而有所改變。侯景亂時，武帝原初接納侯景的目的，是希望利用侯景在河南已掌握的地盤和他自己所創的局勢繼續北進，掃平東魏，克復中原。但武帝對當時東、西魏、梁三分天下的局勢不甚瞭解，錯估形勢，高估梁朝實力，冒然接受侯景，結果非但未

〔註 10〕《南史·朱异傳》卷 62:「及侯景降，敕召集群眾臣廷議，尚書僕射謝舉等以爲不可。武帝欲納之，未決，嘗夙興至武德閤口，獨言：我國家猶若金甌，無一傷缺，承平若此，今便受地，詎是事宜？脫至紛紜，悔無所及。」頁 1517。

〔註 11〕《南史·梁本紀中》卷 7，頁 226。

達目的，反而帶來無窮後患。所謂知己知彼，百戰百勝，武帝既無知人之智，也無知人之明，不能洞悉明察，知人善任，竟將緊要關頭防禦重任，委由與侯景早已暗中勾結之蕭正德，明顯的識人不明。復以梁朝軍政廢弛日久，諸軍與侯景對壘的不堪一擊；時對嚴重貪婪的蕭宏時梁武帝嘗言：「我人才勝汝百倍。」〔註 12〕但蜂蠆有毒，對不如己者，疏未防患，蕭正德才能或不如武帝，但卻是侯景亂時，絆倒梁朝的最後一根稻草。

蕭衍文武兼資，又有豐富的帶兵和從政經驗，以仁心仁術而行仁政，夙夜匪懈，卻由於屈法申恩，用人不當，致子孫被屠、百姓傷亡大半、僧眾遭戮、戰爭連年、江南飢饉，不數年而改朝換代，口誦佛經，心存慈悲，身行仁道，卻落得如此下場，學儒學佛兩俱失矣！其〈立晉安王爲皇太子詔〉曾說：「非至公無以王天下，非博愛無以臨四海。」他雖慈愛百姓，卻不以至公的態度執法，小惠未遍，大難已來，梁朝終於難逃覆亡的厄運，令人不勝噓唏！

三、統領大將的缺乏

《南史》載，北魏王肅、劉昶爲蕭衍擊敗後，得孝文帝敕書曰：「聞蕭衍善用兵，勿與爭鋒，待吾至。」〔註 13〕魏帝評價蕭衍「善用兵」，足見蕭衍軍事才能不低。但梁武帝統治後期，醉心於佛事，無意北征，東魏與梁通和，南北基本處於無戰爭狀態。而梁朝社會武人尚文，仿傚士大夫的生活，顏之推說，「梁士大夫，皆尚褒衣博帶，大冠高履，出則車輿，入則扶侍，郊郭之內，無乘馬者。」〔註 14〕朝中更缺乏能征善戰的軍事大將。梁已無屬不善戰的民族，當時統治集團乃不得不重用新來之北方降將，而何以淪落至此，梁武帝責無旁貸。

梁武帝統治南朝近半世紀，流寓於南朝境內之北人豪族將種，逐漸成爲不善戰的民族。侯景之亂都邑楚人遭到摧殘。爲抵抗並平定侯景，北來降將遂爲主力。太清二（548）年 10 月 24 日，梁臺城被圍至太清三（549）年 3 月 12 日城陷，前後被圍 130 多天。此時的梁武帝已老耄，已屆 86 歲高齡，城中防務由太子蕭綱指揮，守軍在名將羊侃的指揮下盡力抵抗。《南史・羊侃

〔註 12〕《南史・梁本紀中》卷 7，頁 226。
〔註 13〕《南史・梁本紀上》卷 6，頁 170。
〔註 14〕《顏氏家訓・涉務篇第十一》〈台北：明文書局，1984 年〉，卷 4，頁 76。

傳》載：

> 羊侃，泰山梁父人。……魏帝常謂曰：「郎官謂卿爲虎，豈羊質虎皮乎？試作虎狀。」侃因伏，以手抉殿沒指。魏帝壯之，賜以珠劍。……侃以大通三年至建業。…車駕幸樂游苑，侃預宴。時少府奏新造兩刀矟成，長二丈四尺，圍一尺三寸。帝因賜侃河南國紫騮令試之。侃執矟上馬，左右擊刺，特盡其妙。觀者登樹。帝曰，「此樹必爲侍中折矣。」俄而果折，因號此矟爲折樹矟。北人降者，唯侃是衣冠餘緒，帝寵之踰（逾）於他者，謂曰：「朕少時捉矟，形勢似卿，今失其舊體，殊覺不奇。上又製武宴詩三十韻示侃，侃即席上應詔。〔註 15〕

羊侃北來仕梁且備極依仗，反映了梁末原所依恃武人的變化。太清元（547）年羊侃爲侍中，會大舉北侵，羊侃力勸元帥貞陽侯蕭淵明，採水攻，不爲所採，復援兵至，羊侃頻勸趁其遠來攻之可破，亦不納。〔註 16〕翌（548）年，羊侃復爲都官尚書，梁武帝徵詢羊侃討景之策，羊侃道，侯景反叛的跡象早已顯現，必會南攻建康。羊侃求二千兵迅即佔據采石，再命邵陵王綸攻壽春（治今安徽壽縣），如此侯景烏合之眾軍必潰散，進退失據，自會瓦解。但是朝臣議爲侯景無能力，也不敢進逼京師，梁武帝遂寢其議，僅命羊侃率千餘騎兵駐紮於望國門，侃心知必敗。〔註 17〕後侯景兵至新林，朝廷復遣羊侃入京，使其協助宣城蕭大器總督建康兵馬。侯景軍突然趣迫臺城，梁境因已昇平 47 年，〔註 18〕境內無事，公卿在位，及閭里士大夫莫見兵甲，侯景軍的突至，公私駭震，百姓竟爭相逃入內，秩序一片混亂。《南史》：「時宿將已盡，後進少年並出在外，城中唯有侃及柳津、韋黯。津年

〔註 15〕《南史・羊侃傳》卷 63 頁 1543～1544。

〔註 16〕《南史・羊侃傳》卷 63：「會大舉北侵，以侃爲冠軍將軍，監作寒山堰事。堰立，侃勸元帥貞陽侯明乘水攻彭城，不見納。既而魏援大至，侃頻言乘其遠來可擊，旦日又勸其出戰，並不從。侃乃率所領頓堰上。及眾軍敗，侃結陣徐還。」頁 1545。

〔註 17〕《南史・羊侃傳》卷 63：「太清二（548）年，（羊侃）復爲官都尚書。侯景反，攻陷歷陽，梁武帝問羊侃討景之策。侃建議以二千人急據采石，並令邵陵王綸襲取壽春，使景不得前，退失巢窟，烏合之眾，自然瓦解。未料，朱异卻以景未敢便逼都，遂寢其策。令王質往。侃曰：『今茲敗矣。』乃令侃率千餘騎頓望國門。」頁 1545。

〔註 18〕《通鑑・梁紀十七》卷 161，胡注：「天鑑十八，普通七，大通二，中大通六，大同十一，中大同一，至是年太清二年，通四十七年。」頁 4986。

老且疾，黯懦而無謀，軍旅指撝，一決於侃，膽力俱壯，簡文深仗之。」〔註19〕此時，羊侃已布置分配防衛力量，並以宗室人員參與期間。可知，侯景軍圍師建康時，梁城中將領皆屬年衰體弱，而韋黯又懦弱無謀，無有指揮將才，唯賴羊侃統領。未久，侯景軍攻擊建康，城中人心慌恐。羊侃則詐稱得到一封射書，並言道邵陵王蕭綸、西昌侯蕭淵藻的援軍已至附近，方使城內軍心稍安。此時，侯景軍縱火攻東掖門，火勢甚盛，羊侃親自領兵抵抗，於門上鑿孔，往下澆水，水始得滅。又射殺數人，擊退侯景軍。梁武帝加封羊侃為侍中、軍師將軍，賞黃金五千兩、白銀萬兩、絹帛萬匹，以使賞士卒。羊侃推辭不受，卻拿出自己的家財犒賞部曲。城中就此憑藉羊侃一人安定了局面。《周書・庾信傳》卷41〈哀江南賦〉云：「尚書多算，守備是長。雲梯可拒，地道能防。有齊將之閉壁，無燕師之臥墻，大事去矣，人之云亡。」〔註20〕顏、庾氏之話，足證梁末將領不足之嚴重。也對梁宗室成員的爭權奪利，已到不顧國家興亡感嘆，並對羊侃的效力梁朝的肯定。羊侃雖是北來降將，但忠於梁室，樂於為梁效力，其效忠之心不亞於梁諸將。《南史・羊侃傳》載：「初，侃長子鷟為景所獲，執來城下示砍。侃謂曰：「我傾宗報主，猶恨不足，豈復計此一子。幸早殺之。」數日復持來，侃謂鷟曰：「久以汝為死，猶在邪？吾以身許國，誓死行陣，終不以爾而生進退。」因引弓射之。賊以其忠義，亦弗之害。」〔註21〕可資佐證羊侃之忠耿，盡忠梁朝之心不動搖。時侯景進圍建康臺城，頻攻不捷，乃築長圍。朱异、張綰主張刻即再襲擊，梁武帝乃詢羊侃，侃曰：「不可，賊多日攻城，既不能下，故立長圍，欲引城中降者耳。今擊之，出人若少，不足破賊，若多，則一旦失利，門隘橋小，必大致挫衄。」〔註22〕

梁武帝並未採納羊侃之議，遂遣使千餘人出戰，未及交鋒，望風退走，兵卒相爭橋而跌落水，死者太半。此時，城內百姓命不如蟻，士大夫王公等毫無戰鬥力，儼然坐以待斃，由於梁武帝的多次戰略判斷錯誤，又毫無積極作為。守將江子一見狀，感慨拜謝武帝曰：「臣以身許國，常恐不得其死，今所部皆棄臣去，臣以一夫安能擊賊！」〔註23〕遂與兄弟子四、子五率兵百餘人開承明

〔註19〕《南史・羊侃傳》卷63，頁1545。
〔註20〕《周書・庾信傳》〈哀江南賦〉，卷41，頁738。
〔註21〕《南史・羊侃傳》卷63，頁1546。
〔註22〕《南史・羊侃傳》卷63，頁1546。
〔註23〕《通鑑・梁紀》卷161，頁4989～4990。

門復迎戰，兄弟併肩死於闕下。城中已無能同江子一兄弟一門如此忠勇者。梁太清二年（548）10 月，侯景軍士作尖頂木驢車攻城，因上蒙濕牛皮，木石鐵火都難破壞，羊侃派人用鐵箭做雉尾炬，浸滿麻油，於城上投於木驢之上，木驢全被燒毀。侯景軍又製造登城樓車，十多丈高，欲於車上對城內射箭，羊侃謂樓車太高而壕溝虛軟，來時必然傾倒，我們不必防禦，後來果然應驗，眾皆佩服羊侃的預見。後來下起大雨，建康城內土山崩壞，侯景軍乘虛而入，城中守軍難以阻擋，無法擊退敵人，羊侃下令多擲火把，使建康城成為火城以斷敵路。此時，乃於城裡再築城，致侯景軍無法前進。太清二年（548）12 月癸巳，羊侃積勞成疾，病逝於建康臺城中，時年五十四歲。羊侃卒後材官吳景能築樓，接替守城。隨著羊侃的去世，城內已無指揮人才，頓時群龍無首，城民恐懼更甚。李延壽對彼等北來降將持正面肯定，評論曰：

> 王神念、洋侃、羊鴉仁等，自北徂南，咸受寵任。……侃則臨危不撓，鴉仁則守義以殞。僧辯風格秀華，有文武奇才，而逢茲酷濫，幾至隕覆。〔註 24〕

相對南梁士大夫貴族，形同蒸發於人間，可悲復可嘆。顏之推《顏氏家訓》曰：

> 侯景初入建業，台門雖閉，公私草擾，各不自全。太子左衛率羊侃坐東掖門，部分經略，一宿皆辦，遂得百餘日抗拒凶逆。於時，城內四萬許人，王公朝士，不下一百，便是恃侃一人安之，其相去如此。〔註 25〕

據上可知梁朝用來抵抗侯景亂兵、保衛臺城、擊退侯景的將領均是北來降將，國內將領何在，均在在說明梁末的缺乏指揮人才之嚴重性。

第二節　梁諸王意在大位無心勤王

一、掩留不進，坐觀成敗

一幕幕令人驚心動魄的權力鬥爭，塡滿了梁朝，激烈的宮闈權力鬥爭，使得皇室成員個個無法置身事外。侯景於亂前已知蕭衍無法駕馭宗室諸王，先勾結以反對皇室最為激烈的蕭正德作為內應，旋以清君側為名，大舉入梁。

〔註 24〕《南史・羊侃傳》卷 63，頁 1549～1550。
〔註 25〕《顏氏家訓・慕賢第七》卷 2，頁 38。

侯景的入梁境，並未引起梁朝騷動而提高警覺，朝中諸王、佞臣一付事不關己，貪婪依舊，毫無願爲梁朝效忠動力。所謂「文官不貪，武將不怕死」，正是梁朝所缺。梁武帝的優容貴族，對作姦犯科者，不僅毫無制約力，更是放縱姑息，致上行下效，爲所欲爲，終不能制，動搖國本。此時的梁朝可謂上有昏君，下有佞臣，宗室諸王圖握實力，各立山頭，或爭登王位，互爲擊殺，日以繼夜沖刷著因政治殺戮而染血的建康，內耗國力。

太清二年（548），侯景以誅除奸佞朱异等人爲號召，梁滿朝文武等人均以侯景毫無叛變實力，因而失去戒心，未能防患於未然。武帝更甚誇張，而以輕佻態度認定侯景不可能叛逆。聰明伶俐的侯景洞穿此狀，見有機可乘。梁武帝太清三年（549）正月，當建康城被圍後，城外援軍在邵陵王綸、東揚洲刺史蕭大連、南兗州刺史蕭會理、司州刺史柳仲禮、西豫州刺史裴之高、衡州刺史韋粲、高州刺史李遷仕等率領下，各路援軍總計約二三十萬，集結於建康周圍。援軍內部亦矛盾重重，人心離散。柳仲禮神情傲慢，陵蔑諸將，邵陵王綸每日執鞭（凡部將見主帥，執鞭以爲禮）至門，亦移時弗見，「由是與綸及臨城公大連深相仇怨。大連又與永安侯確有隙，諸軍互相猜阻，莫有戰心。」〔註26〕援軍初至，建康士民引頸盼望，未料，援軍纔過淮河，即縱兵剽掠，由是士民失望至極，使得「賊（侯景軍）中有謀應官軍者，聞之，亦止。」〔註27〕這是臺城覆陷最大原因。依時形勢觀之，若以各軍單獨士氣戰力，絕無法與侯景軍力抗衡，要迅解建康之圍，非各軍斷金決戰不可。當時各路援軍主帥多爲諸王侯刺史，但門戶派別鬥爭，彼此猜忌，各懷鬼胎，互相推諉觀望。諸王雖手握重兵，卻按兵不動，無人討叛。軍隊「將驕卒惰，久成痼疾，不有嚴令，孰肯向前。」援軍人數雖佔優勢，但缺乏具有權威、能號令三軍的指揮統帥。《通鑑》載：

> 初，閉城之日，男女十餘萬，擐甲者二萬餘人；被圍既久，人多身腫氣急，死者什八九，乘城者不滿四千人，率皆羸喘。橫屍滿路，不可瘞埋，爛汁滿溝，而眾心猶望外援。柳仲禮唯聚妓妾，置酒作樂，諸將日往請戰，仲禮不許。安南侯駿說邵陵王綸曰：城危如此，而都督不救，若萬一不虞，殿下何顏自立於世！今宜分軍爲三道，出賊不意攻之，可以得志。綸不從。柳津登城謂仲禮曰：汝君父在難，不能竭力，百世之後，謂汝爲何！仲禮亦不以爲意。上問策於

〔註26〕《通鑑・梁紀十八》卷162・頁5002。
〔註27〕《通鑑・梁紀十八》卷162・頁5002。

> 津，對曰：陛下有邵陵，臣有仲禮，不忠不孝，賊何由平！〔註28〕

有了類此如仲禮、蕭綸毋庸敵人，此即為梁援軍淹留不進實例之一。

又載：

> 建康士民逃難四出。太子洗馬蕭允至京口，端居不行，曰：死生有命，如何可逃！禍之所來，皆生於利；苟不求利，禍從何生！己巳，景遣石城公大款以詔命解外援軍。柳仲禮召諸將議之，邵陵王綸曰：今日之命，委之將軍。」仲禮熟視不對。裴之高、王僧辯曰：將軍擁眾百萬，致宮闕淪沒，正當悉力決戰，何所多言！仲禮竟無一言，諸軍乃隨方各散。〔註29〕

此又為梁援軍淹留不進實例之二。根據《梁書》載，侯景圍城，城外援軍有：「司州刺史柳仲禮、衡州刺史韋粲、南寧太守陳文徹、宣猛將軍李孝欽等皆來赴援。」、「邵陵王綸與臨城公大連等自東道集于南岸，荊州刺史湘東王繹遣世子方等、兼司馬吳曄、天門太守樊文皎下赴京師，營於湘子岸前，高州刺史李遷仕、前司州刺史羊鴉仁又率兵繼至」，〔註30〕按理臺城被圍，援軍之佈署不可謂不嚴密，而臺城何以仍被陷，令梁武帝坐困愁城，孤身喊天。主因即援軍如散沙，梁朝軍隊主要將領多係諸王侯，彼此勢力相當，頓兵不前，互相觀望，袖手旁觀，見危不救，軍隸不統屬，且官軍多數為私家部曲臨時招募而成烏合之眾，軍官又任意克扣糧餉，士兵餓死，逃亡嚴重，以致於「發召士兵，皆須鎖械，不爾便即逃散」，軍隊每出戰，「素無號令，初或暫勝，後必奔背。」〔註31〕無戰鬥力，自是難以抵擋誓死如歸的侯景軍，也難怪侯景會有「吾觀王侯、諸將，志在全身，誰能竭力致死，與吾爭勝負哉！」狂語。〔註32〕

二、兄弟鬩牆

梁武帝家族成員、宗室骨幹，仍不免於政治的無情鬥爭。昭明太子（501～531），以三十一歲英年憂死，非但是南梁損失，梁武帝也「以心銜故」〔註33〕，改立三子蕭綱為太子，種下武帝皇子、皇孫家族爭奪皇位禍端。武帝次子豫章

〔註28〕《通鑑・梁紀十八》卷162，頁5008。
〔註29〕《通鑑・梁紀》卷162，頁5011。
〔註30〕《梁書・侯景傳》卷56，頁844～845。
〔註31〕《魏書・島夷蕭衍傳》卷98，頁2185。
〔註32〕《通鑑・梁紀》卷161，頁4992。
〔註33〕《南史・蕭統傳》卷53，頁1313。

王綜（502～528）疑其係齊東昏侯蕭寶卷遺腹子，叛逃北魏，「將赴之，爲津吏所執，魏人殺之。」〔註34〕武帝三子簡文帝蕭綱（503～551）於長兄昭明太子死後，被立爲儲貳。魏徵論曰：「文豔用寡，華而不實，體窮淫麗，義罕疏通，哀思之音，遂移風俗。」〔註35〕太清二年（548），侯景之亂時無應變能力，成侯景傀儡，侯景自加宇宙大將軍，大寶二年（551），廢蕭綱爲晉安王。

六子邵陵王綸甚爲殘暴，於侯景之亂時表面全力救援與侯景作戰，〔註36〕與武帝之子有不同表現，但內心仍有稱帝盤算，無意全力救援，且「邵陵王綸、柳仲禮甚於讎敵」；另「臨城公大連，永安侯確逾於水火，無有鬭心。」〔註37〕宗室成員間關係若此，無異自削武力。太清三年（549）2月，湘東王繹軍於郢州之武城，湘州刺史河東王蕭譽軍於青草湖，信州刺史桂陽王慥軍於西峽口，藉口俟四方援兵到齊再攻，因而淹留不進。8月，己亥，鮑泉軍於石槨寺，河東王蕭譽逆戰而敗，又敗於橘洲，兵士因戰或溺死者萬餘人，河東王蕭譽兵退守長沙，鮑泉引軍包圍，蕭譽告急於岳陽王蕭詧，詧救援失敗。大寶元年（550）（東魏武定八年，西魏大統十六年），春，正月，庚午，蕭綸入江夏，郢州刺史南康（平）王蕭恪欲將郢州刺史之位讓予，蕭綸不受，於是蕭恪尊蕭綸假黃鉞、都督中外諸軍事，蕭綸置百官，郢州廳事爲正陽殿。湘東王蕭繹包圍河東王蕭譽於長沙既久，內外斷絕，譽向綸求助，蕭綸欲往救援、因爲兵糧不足，遂止。蕭繹從中阻撓，乃致書蕭繹〔註38〕，勿骨肉相

〔註34〕《梁書・蕭綜傳》卷55，頁824。

〔註35〕《梁書・敬帝紀》卷6，頁151。

〔註36〕《梁書・蕭綸傳》卷29：「太清二年（548）……。侯景構逆，加征討大都督，率眾討景。將發，高祖誡曰：『侯景小豎，頗習行陣，未可一戰即殄滅，當以歲月圖之。』綸次鍾離，景已度采石。綸乃晝夜兼道，遊軍入赴。……遂率寧遠將軍西豐公大春、新淦公大成等，步騎三萬，發自京口。將軍趙伯超曰：『若從黃城大道，必與賊遇，不如徑路直指鍾山，出其不意。』綸從之。眾軍奄至，賊徒大駭，分爲三道攻綸，綸與戰，大破之，斬首千餘級。翌日，賊又來攻，相持日晚，賊稍引却，南安侯駿以數十騎馳之。賊回拒駿，駿部亂，賊因逼大軍，軍遂潰。綸至鍾山，眾裁千人，賊圍之，戰又敗，乃奔還京口。」頁432；參見《南史・蕭綸傳》卷53，頁1322～1323。

〔註37〕《南史・侯景傳》卷70，頁2004。

〔註38〕《南史・蕭綸傳》卷53：「道之斯美，以和爲貴，況天時地利不及人和。豈可手足肱支，自相圖害。即日大敵猶強，天讎未雪。余爾昆弟，在外三人，如不匡救，安用臣子。如使逆寇未除，家禍仍構，料今訪古，未或弗亡。夫征戰之理，義在克勝。至於骨肉之戰，愈勝愈酷，捷則非功，敗則有喪，勞兵損義，虧失多矣。侯景之軍所以未窺江外者，政爲蕃屏之固，宗鎮強密。若

殘，期望團結一心，抵禦外侮，並剖析兄弟鬩牆嚴重後果，徒增敵軍漁翁之利，蕭繹復書曰：蕭譽罪大惡極，法所不赦，蕭繹不聽。同年（550）4 月，王僧辯急攻克長沙，執蕭譽斬殺之。7 月，蕭綸大脩鎧仗，準備討侯景。蕭繹懼六哥蕭綸兵力強大，將不利於己，遂於「8 月，甲午，遣左衛將軍王僧辯、信州刺史鮑泉等率舟師一萬東趣江、郢。」〔註 39〕蕭繹繼續進逼，綸與其子威正侯礩自倉門登舟北出。途中「遇鎮東將軍裴之高，之高之子畿掠其軍器，綸與左右輕舟奔逃武昌澗飲寺。」〔註 40〕部下長史韋質、司馬姜律原在郢州城外，聽聞綸尚存，馳往迎接蕭綸敗兵，駐屯齊昌郡。蕭綸「遣使東魏請和于齊，齊以綸爲梁王。」〔註 41〕綸引齊兵未至，移營馬柵，距西陽八十里。侯景將任約得知，遣儀同叱羅子通等率領鐵騎二百襲擊蕭綸。蕭綸敗走定州。定州刺史田祖龍迎接，田祖龍是蕭繹任命的刺史，蕭綸懼被執，復歸齊昌郡。行經汝南，西魏所署汝南城主李素爲蕭綸舊部下，開城迎蕭綸。大寶元年（550）12 月「邵陵王蕭綸在汝南，脩城池，集士卒，圖安陸。」〔註 42〕西魏安州刺史馬祐得知，報告西魏朝廷，西魏派遣大將軍楊忠率軍救安陸。大寶二年（551 年）2 月，乙亥，楊忠進軍汝南，蕭綸守籠城。寒天大雪楊忠無法進攻，戰中李素中流矢陣亡，汝南城陷，俘虜蕭綸。蕭綸不屈被殺，遺體扔在江岸。

梁武帝第八子武陵王蕭紀，於承聖元年（552）任益州刺史，「頗有武略，在蜀十七年，南開寧州、越巂、西通資陵、吐谷渾，……有馬八千匹。聞侯景陷台城，湘東王將討之，謂僚佐曰：『七官文士，豈能匡濟！』。……乙巳，即皇帝位，改元天正。」〔註 43〕於侯景逆亂時，蕭紀坐擁四川肥沃之地，趁機於成都自立帝位，毫無出兵救援之意。〔註 44〕蕭紀並以討侯景爲名，率水軍東下，最後爲梁元帝蕭繹所殺。〔註 45〕初，梁武帝太清二年（548）8 月，臺城被圍時，首批城外援軍在邵陵王蕭綸、東揚州刺史蕭大連（皇太子蕭綱之子），南

自相魚肉，是謂代景行師，景便不勞兵力，坐至成勍，醜徒聞此，何快如之！」頁 1324～1325。

〔註 39〕《通鑑・梁紀》卷 163，頁 5050。

〔註 40〕《通鑑・梁紀》卷 163，頁 5052。

〔註 41〕《通鑑・梁紀》卷 163，頁 5052～5053。

〔註 42〕《通鑑・梁紀》卷 163，頁 5058。

〔註 43〕《通鑑・梁紀》卷 164，頁 5084。

〔註 44〕《通鑑・梁紀》卷 164：「初，臺城之圍，（徐）怦勸紀速入援，（蕭）紀意不欲行」，頁 5085。

〔註 45〕王仲犖，《魏晉南北朝史》（上海：上海人民出版社，2003 年），頁 441～457。

兗州刺史蕭會理（武帝第四子蕭績之七子）、司州刺史柳仲禮、西豫州刺史裴之高、衡州刺史韋粲、高州刺史李遷仕等率領下，集結於建康城周圍的有二三十萬人之多，共推柳仲禮爲大都督，指揮全局。其中除韋粲一人戰死外，其餘將帥皆頓兵不戰，無人奮力援助，且因號令不一，競相強掠，各自心懷鬼胎，互相猜忌、牽制，只顧四處擄掠，趁機大發橫財，毫無勤王之意，守將亦紛降侯景。太清二年（548）11 月，荊州刺史湘東王繹董督諸荊、雍、湘、司、郢、寧、南北秦九州軍事。除四川全境由其八弟蕭紀統治外，〔註 46〕長江上游重鎮，東起湖北接江西省界，西至陝南漢中，北由襄陽，南抵湖南盡雲南邊境均受其管轄，擁兵數十萬。爲梁朝諸軍實力最強，聞景圍臺城，蕭繹內自喜悅，並不急於遣大軍入援，反而期望臺城早日陷落，父兄早日被殺，其可手不血染，順勢登位。丙寅，始戒嚴，並移檄所督湘州刺史河東王譽、雍州刺史岳陽王詧、江州刺史當陽公大心、郢州刺史南平王恪等，發兵入援。然則，這僅純然作樣，各州刺史並無發兵跡象，且無續攻行動。己巳，湘東王蕭繹遣司馬吳曄、天門太守樊文皎等將兵發江陵。復遣世子方等將步騎一萬入援建康。〔註 47〕後因反對之壓力，〔註 48〕勉強遣竟陵太守王僧辯將舟師萬人，出自漢川，載糧東下前往救援。蕭繹則親自率銳卒三萬發江陵，留其子綏寧侯方諸居守，諮議參居軍劉之迡等三上牋請留，蕭繹佯稱不許，實無入援之志。侯景攻入臺城，舟師盡爲侯景接收，僅王僧辯等將領數人回至江陵。

梁太清三年（549）（東魏武定七年，西魏大統十五年）3 月，侯景攻入建康，前已述，柳仲禮怕受創堅閉不出，蕭綸無出戰之意，梁臺城只得成侯景俎上肉。但是蕭綸身爲北討大都督，統領四路諸軍卻不敢戰，眾軍因亂，綸至中山戰敗，蕭綸奔往京口。侯景則以勢如破竹之勢，擊敗蕭綸軍，悉沒收蕭綸輜重，生擒西豐公大春、〔註 49〕安前司馬莊丘慧、主帥霍俊等而還。城

〔註 46〕《梁書・武陵王紀傳》卷 55：「尋改授持節、都督益梁等十三州諸軍事、安西將軍、益州刺史，加鼓吹一部。」頁 826。

〔註 47〕《南史・元帝諸子方等傳》卷 54：「侯景亂，元帝召之，方等啓曰：『昔申生不愛其死，方等豈顧其生。……乃配步騎一萬，使援臺城。』」頁 1345。

〔註 48〕《通鑑・梁紀》卷 162：「湘東王繹軍於郢州之武城，……託云四方援兵，淹留不進。中記室參軍蕭賁，骨鯁士也，以繹不早下，心非之，……繹欲旋師，賁曰：『景以人臣舉兵向闕，今若放兵，未及渡江，童子能斬之矣，必不爲也。大王以十萬之眾，未見賊而退，奈何！』」頁 5006。

〔註 49〕《南史・梁簡文帝諸子蕭大春傳》卷 54：「侯景內寇，大春奔京口，隨紹陵王入援，戰于鐘山。軍敗，肥大不能行，爲賊所獲。…二年遇害。」頁 1341。

破後，侯景強迫梁武帝以詔命解外援軍，令援軍聽候侯景指揮。援軍或歸或降，陸續散去。當侯景圍建康時：

> （邵陵世子蕭堅）堅屯太陽門，終日蒲飲，不撫軍政。吏士有功，未嘗申理，疫癘所加，亦不存卹，士咸憤怨。人情不安。太清三年（西元549），蕭堅書佐董勛華、白曇朗等以蕭堅私室醞釀，亟有烹宰，不相霑及，極端忿恨，夜遣賊登樓，城遂陷。蕭堅遇害。〔註50〕

在臺城（建康）陷落時，建康附近已殘破不堪，淮南諸州亦多被東魏所侵占，〔註51〕然而南朝糧庫東土會稽一帶，仍肥沃豐饒。東揚州（州治即會稽郡治山陰，今浙江紹興）刺史蕭大連有勝兵數千，「糧仗山積」。〔註52〕江南地區百姓苦於侯景蹂躪，皆希望參與聲討侯景。然而，蕭大連卻成天酗酒，不理軍事。侯景遣宋子仙趁機襲擊，蕭大連棄城逃走，敵兵追及時大連猶醉弗之覺，取吳郡、吳興之後，又攻下會稽，三吳（吳郡、吳興、會稽爲三吳）全部，爲景所占。〔註53〕他不僅娶了簡文帝女兒溧陽公主，還自封爲宇宙大將軍、都督六合諸軍事。此時梁朝諸王不但不攻打建康的共同敵人，反而自相殘殺，蕭繹殺死蕭慥、蕭譽，他的世子蕭方等亦死於內戰中，蕭詧投奔西魏，蕭綸、蕭範、蕭大心諸王亦相互攻擊，使侯景得以蹂躪三吳，擴充勢力。

梁武帝的受制於侯景而辱死，最大受益者是湘東王蕭繹，武帝死前蕭繹可說按兵不動。他「口誦六經，心通百氏」，軍事行檄文章詔誥，點毫便就，但好矯飾，多猜忌，侯景之亂，「坐觀國變，以爲身幸，不急莽卓之誅，先行昆弟之戮。」〔註54〕不忠不孝，不仁不悌，終至身死國滅。但兄弟中尚有蕭綱、蕭綸、蕭紀存在。三兄蕭綱時爲簡文帝，雖貴爲皇帝，但亦受制於侯景，爲傀

〔註50〕《南史・蕭堅傳》卷53，頁1326；《梁書・蕭堅傳》卷29，頁436。

〔註51〕《通鑑・梁紀》卷161：「太清二年正月甲辰，豫州刺史羊鴉仁……棄懸瓠，……羊思達亦棄項城走；東魏人皆據之。」頁4971：《通鑑・梁紀》卷162：「太清三年十二年，東魏使金門公潘樂等將兵五萬襲司州，刺史夏侯強降之。於是東魏盡有淮南之地。」頁5033。

〔註52〕《南史・梁簡文帝諸子大連傳》卷54，頁1341。

〔註53〕《南史・梁簡文帝諸子大連傳》卷54：「太清元年，出爲東揚州刺史。侯景入寇建鄴，大連率眾四萬來赴。及臺城沒，援軍散還東揚州。會稽豐沃，糧仗山積，東人懲景苛虐，咸樂爲用，而大連恒沉湎于酒……於是三吳悉爲賊有。」頁1341；參見《通鑑・梁紀十九》卷163：「自晉氏渡江，三吳最爲富庶，貢賦商旅，街出其地。及侯景之亂，掠金帛既盡，乃掠人而食之，或賣於北境，遺民殆盡矣。」頁5045。

〔註54〕《南史・梁本紀下》卷8，頁252～253。

傀皇帝。六兄蕭綸，侯景起兵時，被任命爲北討大都督，總督諸軍北討侯景，於侯景圍臺城際，赴援戰敗，臺城陷落，奔逃會稽，轉至郢州（治武昌），被推爲中流盟主—都督中外諸軍事，大修器甲，再討侯景。論排行，蕭綸爲蕭繹兄，繼承權理當屬蕭綸，蕭繹唯有消滅蕭綸，始能一圓皇帝夢。又武陵王蕭紀自大同三年（537）任都督益梁等十三州諸軍事、益州刺史。〔註 55〕兄卲陵王蕭綸屢以罪黜，心每不平。及聞蕭紀爲征西，蕭綸曾撫枕歎曰：「武陵有何功業，而位乃前我？朝廷憒憒，似不知人。」〔註 56〕雙方間隙之深，表露無遺。襄陽爲雍州刺史駐地，梁武帝中大同元年（546），時雍州刺史爲蕭統三子蕭詧，二子蕭譽於侯景圍臺城時，拒受蕭繹節制，〔註 57〕武帝太清三年（549），蕭繹派兵圍攻長沙（湘州治所），蕭詧爲解救其兄蕭譽，曾舉兵向江陵，欲解湘州之圍，城破蕭譽被殺，蕭詧遂舉襄陽附於西魏，請爲西魏附庸之國。蕭氏兄弟間毫無倫理，僅爲私利，全民福祉置諸度外。蕭繹於太清二年（548）12 月癸巳，遣王僧辯率舟師萬人，進逼郢州蕭綸，綸軍潰散，綸逃至漢東。〔註 58〕太清三年（549）3 月梁武帝餓死台城後，蕭繹首先發兵攻滅自己的侄兒河東王蕭譽與兄卲陵王蕭綸，並擊退襄陽都督蕭詧（蕭譽之弟）的來犯；之後再命王僧辯率軍東下消滅侯景。蕭繹因剿滅侯景之亂有功，承聖元年（552）11 月，稱帝於江陵（湖北境內），是爲世祖梁元帝。蕭繹即帝位之後，其弟武陵王蕭紀亦稱帝於益州，改年號爲天正，立其世子蕭圓照爲皇太子。同年 8 月，蕭紀統領大軍由外水東下，預圖攻滅在江陵稱帝之兄蕭繹，兼欲爭平侯景後的「勝利果實」之利。引起蕭繹的憤恨不平，使方士畫蕭紀像，「親

〔註 55〕《梁書・武陵王紀傳》卷 55：史臣曰：「太清之寇，蕭紀據庸、蜀之資，遂不勤王赴難，申臣子之節，及賊景誅翦，方始起兵，師出無名，成其釁禍。」頁 830。

〔註 56〕《南史・武陵王紀傳》卷 53，頁 1332。

〔註 57〕《南史・蕭譽傳》卷 53：「侯景寇建鄴，譽入援，至青草湖，臺城沒……時元帝軍於武城，新除雍州刺史張纘密報元帝曰：『河東起兵，岳陽聚米，將來襲江陵。元帝甚懼，沉米斷纜而歸。因遣諮議周弘直至譽所督其糧眾。』譽曰：『各自軍府，何忽隸人。使三反，譽不從。元帝大怒，遣世子方等征之，反爲譽敗死。又令信周刺史鮑泉討譽，并陳示禍福。』譽謂曰：『欲前即前，無所多說。』」頁 1314。

〔註 58〕《南史・蕭綸傳》卷 53：「元帝聞其盛，乃遣王僧辯帥舟師一萬以逼綸。…綸遂與子躓等十餘人輕舟走武昌。聞綸敗，…元帝復遣將徐文盛追攻之。……魏聞之，遣大將楊忠、儀同侯幾通攻破之，執綸，綸不爲屈。通乃握大鼓，使綸坐上殺之，投于江岸。」頁 1325。

釘肢體以厭之」，想以厭勝之法，詛咒八弟蕭紀早死。一面遣人請求西魏出兵援助，宇文泰聞訊大樂，認為「取蜀制梁，在茲一舉。」〔註 59〕旋遣尉遲迥率一萬多鐵騎自散關襲圍成都。初，蕭紀之舉兵，全因其太子圓照謀劃，誆紀稱侯景未平，宜急進討，聽聞荊鎮已為侯景所破。蕭紀乃快速趣兵東下。承盛二年（553），蕭紀抵巴東後聞侯景已平，甚悔之，責蕭圓照，但圓照又曰，侯景雖平，江陵未服。蕭紀寧願失去成都，大軍仍繼續乘船順長江東下，部眾軍將兵士家屬皆在蜀地，盼能返鄉擊退西魏軍，保護鄉國，毫無進軍之意，咸紛紛進諫蕭紀先回救成都「以保根本」，更思後圖，蕭紀大怒，斥言：「敢諫者死！」，一意孤行。情急之下，梁元帝蕭繹為剷除政敵八弟蕭紀，不惜擢用被俘於獄中之侯景將領任約、謝答仁，遣其前往硤口與陸法和會合，藉以掃除自己的皇位爭奪者蕭紀。《梁書・武陵王紀傳》卷 55 略云：

> 世祖命護軍將領陸法和於硤口夾岸築二壘，鎮江以斷之。時陸納未平，蜀軍復逼，物情恇擾，世祖憂焉。……乃拔任約於獄，以為晉安王司馬，撤禁兵以配之，……復於獄拔謝答仁為步兵校尉，配眾一旅，上赴法和。〔註 60〕

同時，蕭繹又遣使與蕭紀書，「許其還蜀，專利一方」。〔註 61〕蕭紀不從，「報書如家人禮」，不承認七哥蕭繹的皇帝尊號。雙方互戰多日，膠著反覆。蕭紀又不斷接到成都危急的戰報，「憂懣不知所為」，自知已無力攻破江陵，於是遣度支尚書樂奉業赴江陵求和，希望哥倆息兵，自己願回蜀。樂奉業深知蕭紀必敗，及江陵後卻以實情謂蕭繹曰：「蜀軍乏糧，士卒多死，危亡可待。」蕭繹因之拒絕和談，決心除蕭紀。其實蕭紀出蜀前，為鼓舞士氣鑄造「以黃金一斤為餅，餅百為篋，至有百篋，銀五倍於金，錦罽、繒采稱是。」但是一路上，將士們打了幾次勝仗，雖則金寶如此多，但「每戰則懸金帛以示將士，終不賞賜。」〔註 62〕自是人有離心，將士怨恨，人心思變，莫肯為用。寧州刺史陳智祖勸蕭紀出黃金招募勇士，蕭紀割捨不得，不納，陳智祖「慟哭而死」。諸將要求見議事，蕭紀稱病不見，「由是將卒解體」。

梁元帝承聖二年（553）7 月辛未，蕭繹命令軍隊反攻，長江兩岸 14 城的守將紛紛背棄蕭紀，開城投降，蕭繹又派游擊將軍樊猛帶兵斷絕了蕭紀的退

〔註 59〕《通鑑・梁紀》卷 165，頁 5098。
〔註 60〕《梁書・蕭紀傳》卷 55，頁 826～827。
〔註 61〕《通鑑・梁紀》卷 165，頁 5102。
〔註 62〕《南史・蕭紀傳》卷 53，頁 1333；參見《通鑑・梁紀二十一》卷 165，頁 5102。

路，又將戰船連成環形陣，把蕭紀的龍船圍在核心，（蕭）紀眾大潰，赴水死者八千餘人。蕭繹即刻遺密信與樊猛，表示（蕭紀）不能生還，下令要取蕭紀腦袋。樊猛躍上蕭紀的龍船，挺直長矛，直奔蕭紀，蕭紀驚懼，急忙取出一袋金餅扔與樊猛，哀求其金餅贈將軍（樊猛），僅求見七官（蕭繹）一面，樊猛厲斥，天子何能隨見，將蕭紀刺殺於艙板上，結束了蕭紀的性命。蕭繹在平定武陵王蕭紀後，於承聖二年（553）8 月，下詔遷都建康（南京），但有大臣反對，理由乃爲建康王氣已盡，江陵當出天子。〔註 63〕且與北齊僅隔一江，安全有顧慮，蕭繹最後接受建議。此時梁州、益州已失，襄陽又爲西魏所控制，江陵已是岌岌可危。蕭氏兄弟已殺紅眼，顧不得親情，以能遂己願爲目的。梁元帝既平侯景，又破蕭紀，而有驕矜之色，性又沉猜，由是臣下離貳。承聖三年（554）3 月，蕭繹遺書西魏宇文泰，要求按舊圖重新劃定疆界，言辭傲慢，宇文泰不悅說：「天之所棄，誰能興之。其蕭繹之謂乎！」乃於同年 9 月乙巳，遣柱國常山公于謹、大將軍楊忠等將領以五萬兵馬進攻江陵（今湖北江陵縣）。承聖三年 11 月，梁元帝戰敗，江陵陷落，由御史中丞王孝祀作降文。隨後，便率太子等人到西魏軍營投降，西魏宇文泰派大將楊忠略地漢東，蕭繹遣使與楊忠議，並締結出賣國土（魏以石城爲封，梁以安陸爲界，請同附庸，並送子質。）稱臣西魏盟約。承聖三年 12 月 19 日，王僧辯未及時救援，梁元帝旋被襄陽都督蕭詧，以土袋悶死，年四十七歲。「并虜其百官及士民以歸。沒爲奴婢者十餘萬江陵」，〔註 64〕陳霸先的兒子陳昌、侄子陳頊本於梁元帝宮中值事，亦遭擄至長安。江陵幾乎成了一堆廢墟。蕭繹勤於讀書，自稱「韜於文士，愧於武夫。」。江陵淪陷，蕭繹巡視防務時，尚能作詩；群臣唱和！後遭圍急，蕭繹遂進入東閤竹殿，命舍人高善寶放火焚古今圖書 14 萬卷（括自建康爲躲避兵災而轉移至江陵的八萬卷書），嘆曰：「文武之道，今夜盡矣！」高善寶被捕後，訊其焚書之因。元帝回曰：「讀書萬卷，猶有今日，故焚之。」江陵焚書被視爲中國的文化大浩劫之一，元帝之自取滅亡，非讀書之故。蕭繹之舉，被認爲「讀壞書」。清學者王夫之（船

〔註 63〕《資治通鑑・梁紀》卷 165：「領軍將軍胡僧祐、太府卿黃羅漢、吏部尚書宗懍、御史中丞劉㲄諫曰：『建業王氣已盡，與虜正隔一江，若有不虞，悔無及也！』且古老相承云：『荊州洲數滿百，當出天子。』今枝江生洲，百數已滿，陛下龍飛，是其應也。」頁 5104。

〔註 64〕《周書・文帝下》卷 2，頁 36；《梁書・元帝》卷 5，頁 135。

山）責曰：「元帝之兵鄰城下而講《老子》，〔註65〕又曰：『元帝所爲至死而不悟者也，惡得不歸咎於萬卷之涉獵乎？』」〔註66〕國家安危之際，卻天天讀《老子》，焉能不亡？梁元帝崇尚玄虛，暴戾凶狠，心胸狹隘，又剛愎自用，既是學界巨人，又是政界侏儒。

梁敬帝紹泰元年（555年）梁元帝之侄、故昭明太子之子蕭詧在西魏駐軍監視下，被扶爲傀儡皇帝，而西魏除江陵附近八百里之地外，將襄陽等地皆併入西魏，並且將江陵一帶的人民財產掠奪。〔註67〕建立了一個地方不過三百里的小王國。江陵陷落後，王僧辯與陳霸先書信往來不斷，經反覆商議，於次年二月迎接梁元帝第九子蕭方智至建康，準備稱帝。江陵政權滅亡的原因較爲複雜，做爲梁元帝的蕭繹負有不可推卸之責，雖以悲劇結束性命，但斷送政權，喪地失人，致蕭繹死後仍成爲後來學者和史學家針砭對象。庾信《哀江南賦》中即認爲梁元帝是：

> 沉猜則方逞其欲，藏疾則自矜於己。天下之事沒焉，諸侯之心搖矣。……問諸淫昏之鬼，求諸厭劾之巫。荊門遭廪延之戮，夏首濫逵泉之誅。蔑因親以教愛，忍和樂於彎弧。……既言多於忌刻，實志勇而刑殘。但坐觀於時變，本無情於急難。〔註68〕

李延壽於《南史》評論梁元帝蕭繹盡是指責：

> 元帝以盤石之宗，受分陝之任，屬君親之難，居連率之長，不能撫劍嘗膽，枕戈泣血，躬先士卒，致命前驅。遂乃擁眾逡巡，內懷觖望，坐觀國變，以爲身幸。」不急莽、卓之誅，先行昆弟之戮。又沈猜忍酷，多行無禮，騁智辯以飾非。……其篤志藝文，採浮華而棄忠信，戎昭果毅，先骨肉而後寇讎。口誦六經，心通百氏，有仲尼之學，有公旦之才，適足以益其驕矜，增其禍患，何補金陵之覆沒，何救江陵之滅亡哉！〔註69〕

梁武帝諸子之離心離德，已爲梁朝衰頹顯露敗象，而再下一代之不長進，酗

〔註65〕《讀通鑑論》卷17，頁512。

〔註66〕《讀通鑑論》卷17，頁513。

〔註67〕《通鑑・陳紀》卷168：「後梁主（蕭詧）安於儉素，不好酒色，雖多猜忌，而撫將士有恩。以封疆褊隘，邑居殘毀，干戈日用，鬱鬱不得志，疽發背而殂。」頁5221～5222。

〔註68〕《周・書庾信》〈哀江南賦〉卷41，頁740。

〔註69〕《南史・梁本紀》卷8，頁252～253。

酒或淫穢者有之，不思救亡圖存，種下梁朝滅亡宿命。綜觀梁武帝的八子中，除長子、四子於武帝六十八歲時死亡外；餘不肖諸子皆橫行非法、貪婪、公然殺人，然武帝不斷親愛，放縱不究，未久復升其官。然而，眾子孫卻亟欲武帝早日退位，且各有爭位密謀。武帝家族悲劇，恐亦成武帝晚期，厭於政務，而耽溺佛教，尋求心靈撫慰主因。

第三節　兩京殘破士族北遷

梁朝末年發生之侯景之亂，打破了梁末士人安流平進、不事營求的生活，對文學的發展產生巨大影響。蕭梁文人學士逢此亂離，備歷屯蹇而喪命者甚多，大量藏書亦於戰火中毀佚。南朝文化受到空前浩劫，但部分文士北逃避亂，供給南北文化交流和北齊文化發展有利養分。江南士族自東晉末逐漸衰落，至梁末已呈沉淫沉弱，生機殆盡之態。彼等大多麕集於建康和揚州，因而在侯景暴風驟雨般的掃蕩中，被屠戮殆盡。皇室蕭氏更是難逃滅頂之災。僥幸身免的士族逃往江陵，投靠荊州刺史蕭繹，喘息未定，遽遭西擄入關，沒爲僕隸，耕田養馬。南朝士族自此一蹶不振，成爲強弩之末。侯景亂前「朝野歡娛，池臺鐘鼓。」〔註70〕侯景亂後，造成江南千里絕煙，人跡罕見，尤以建康城內外更是橫屍滿路，不暇埋瘞，臭聞千里，悲慘之狀，無以道里計。士大夫不知有喪亂之禍，皆尚褒博帶，大冠高履。〔註71〕侯景之亂造成了梁末文士命運的巨大變遷，彼等處於兵燹之中，被迫淪爲異鄉之客或四海飄蕩。侯景亂後，庾信被迫逃奔江陵、江總逃出建康，四處避難。其他有謝岐「流寓東陽」，〔註72〕謝暇「之廣州依蕭勃」，〔註73〕沈洙「竄於臨安」，〔註74〕等等，徐陵則滯留北方，蕭允（蕭介之子）於侯景攻陷建康城時，獨整衣冠坐於宮坊，〔註75〕士族卻四處奔散，雖言「四奔」，朝士實均逃往荊州，歸附梁

〔註70〕《周書・庾信傳》卷41，頁736。

〔註71〕顏之推，王利器校注《顏氏家訓集解增補本》（北京：中華書局，1993年），頁317。

〔註72〕《陳書・謝岐傳》卷16，頁232。

〔註73〕《陳書・謝嘏傳》卷21，頁279。

〔註74〕《陳書・沈洙傳》卷33，頁436。

〔註75〕《陳書・蕭允傳》卷21：「侯景攻陷臺城，百僚奔散，允獨整衣冠坐于宮坊，景軍人敬而弗之逼也，尋出京口。時寇賊縱橫，百姓波駭，衣冠士族，四處奔散，允獨不行。」頁287。

元帝。〔註 76〕

入北齊士人，最早始於梁武帝太清元年（547），蕭淵明率軍攻打東魏以接應侯景，軍敗見俘的貞陽侯蕭淵明，及與蕭淵明同時被俘者尚有：北兗州刺史胡貴孫、譙州刺史趙伯超、南沙令荀仲舉等。位居地界齊梁的北兗、青等州均爲齊所占，北兗州刺史蕭祗、蕭放父子，青州刺史蕭退、蕭慨父子，青州刺史明少遐，諸葛潁、樊儒及樊子蓋父子等，亦於此時相繼北入高齊。梁朝晚期北遷入齊的尚有梁宗室蕭莊、蕭悫及士人袁奭、朱才、江旰等人。侯景攻入建康，梁宗室譙州刺史蕭世怡被俘，尋逃脫得免，奔至江陵。

梁元帝承盛二年（553），西魏于謹平江陵，蕭世怡於江陵陷後奔北齊。〔註 77〕承盛三年（554）西魏圍攻江陵，梁元帝曾求援於齊。翌年（555），齊清河王高岳軍抵義陽時，江陵已淪陷，遂趁機南進掠地，梁郢州刺史陸法和舉州入齊，北齊因而得以入鄴城。時據知湘、潁地區之梁將王琳，亦奉表歸齊，並遣陳叔寶率所部十州刺史子弟赴鄴，推奉出質的梁宗室蕭莊圍梁主於郢州。〔註 78〕當時隨陸法和、王琳入北的將士有多人如方寶常、王顗〔註 79〕及先前奔齊的王僧智、王僧愔，〔註 80〕以及江陵陷落時被虜北遷，再由周奔齊的文士顏之推。〔註 81〕梁簡文帝大寶元年（550）《通鑑》載，自晉室渡江，三吳最爲富庶。侯景之亂時，「掠金帛既盡，乃掠人而食之，或賣於北境，遺民殆盡矣。」〔註 82〕其中所謂北境，實則北齊。魏收於《魏書》載：

> 始景渡江至陷城之後，江南之民及衍王侯妃主、世胄爲景軍人所掠，或自相賣鬻，漂流入國者蓋以數十萬口。〔註 83〕

同年（550），西魏趁湘東王蕭繹與湘州刺史河東王蕭譽、雍州刺史岳陽王蕭

〔註 76〕《陳書・蕭允傳》卷 21：「侯景之亂，梁元帝爲荊州刺史，朝士多往歸之。」頁 289。

〔註 77〕《周書・蕭世怡傳》卷 42：「及侯景爲亂，路由城下，襲而陷之，世怡遂被執。尋遁逃得免，至於江陵。……時陳武帝執政，徵爲侍中。世怡疑而不就，乃奔於齊。」頁 754。

〔註 78〕《北史・藝術陸法和》卷 89，頁 2944；《南史・王琳傳》卷 64，頁 1562。

〔註 79〕《梁書・王僧辯附王》卷 45，頁 636。

〔註 80〕《南史・王神念傳》卷 63，頁 1542。

〔註 81〕《北齊書・文苑顏之推傳》卷 45，頁 617；《北史・文苑顏之推傳》卷 83，頁 2795。

〔註 82〕《通鑑・梁紀》卷 163，頁 5045。

〔註 83〕《魏書・島夷蕭衍列傳》卷 98，頁 2187。

詧南寇之際，〔註 84〕派遣大將楊忠攻克梁安陸，西魏盡得漢東，且俘獲湘東王任之雍州刺史柳仲禮，悉虜其眾。大寶二年（551），西魏宇文泰復遣大將軍王雄出子午，伐梁上津、魏興。大將軍達奚武出散關，伐南鄭。同年（551），鄰近上津的梁興州刺史席固業已率部降魏。時宇文泰欲南取江陵，西定蜀漢，聞固之至，甚禮遇之。〔註 85〕承盛元年（552）正月，王雄占領上津、魏興，梁南洛、北司二州刺史扶猛、東梁州刺史李遷哲，率眾歸降。同年（552），達奚武占領南鄭，梁宗室、梁秦二州刺史蕭循（脩）「知援軍被破乃降，率所部男女三萬口入朝。」〔註 86〕同時降奔西魏的尚有潼、南梁二州刺史楊運乾與蕭循記事參軍領南鄭令劉璠。〔註 87〕承盛二年（553），武陵王蕭紀率眾東下，進攻湘東王荊州刺史蕭繹，蕭繹大懼，乃移書西魏請救，又請伐蜀。宇文泰知蜀兵軍力寡弱可圖，曰：「取蜀制梁，在茲一舉。」〔註 88〕遣大將尉遲迥總眾討之，「蜀中因是大駭，無復抗拒之志。」〔註 89〕鎮守成都之梁宗室蕭撝、蕭圓肅（蕭紀子），「眼見兵不滿萬人，軍無所資，撝於是率文武於益州城北，共迥升壇，歃血立盟，以城歸國。」〔註 90〕一同俱降，北入長安，餘一般官吏乃令復職。「唯收僮隸及儲積以賞將士。」〔註 91〕

魏軍所俘虜、籍沒之江陵軍民，並非全押解長安，而是小弱者皆殺之。其因奴婢、老人、小孩不僅無法使役，更需消費，毫無價值可言。再說，破城之日正值寒冬，驅歸長安，適逢雨雪交加期，所虜人馬不乏凍死者，且西魏軍入城後，大肆燒殺虜掠，多人死於非命。西魏破江陵之後，「肆其殘忍，多所誅夷。」〔註 92〕此乃魏軍殘殺無辜案例之一。承盛二年（552），梁元帝

〔註 84〕《南史・柳仲禮傳》卷 38：「及至江陵，會岳陽王詧南寇，湘東王以柳仲禮爲雍州刺史，襲襄陽……。岳陽王詧告急於魏，魏簡大將楊忠援之。忠禮與戰于㵐頭，大敗，并弟子禮沒于魏。西魏於是盡得漢東。」頁 994。

〔註 85〕《周書・席固傳》卷 44，頁 798。

〔註 86〕《周書・達西武傳》卷 19，頁 304。

〔註 87〕《周書・楊運乾傳、劉璠傳》卷 44，頁 794。

〔註 88〕《周書・尉遲迥傳》卷 21，頁 349～350。

〔註 89〕《周書・蕭撝傳》卷 42，頁 752。

〔註 90〕《周書・蕭撝傳》卷 42，頁 752。

〔註 91〕《周書・尉遲迥傳》卷 21，頁 350。

〔註 92〕《顏氏家訓・兄弟篇》：「江陵王玄少，弟孝英、子敏，兄弟三人，特相友愛，所得甘旨新異，非共聚食，必不先嘗，孜孜色貌，相見如不足者。及西台陷沒，玄紹以形體魁梧，爲兵所圍，二弟爭共抱持，各求代死，終不得解，歲并命爾。」頁 10。

蕭繹立，以殷不害爲中書郎，兼廷尉卿，因將家屬（自建康）西上。「江陵之陷也，殷不害先於別所督戰，失母所在。於時甚寒，冰雪交下，老弱凍死者填滿溝壍。殷不害行哭道路，遠近尋求，無所不至，遇見死人溝水中，即投身而下，扶捧閱視，舉體凍濕，水漿不入口，號泣不輟聲，如是者七日，始得母屍。不害憑屍而哭，每舉音輒氣絕，行路無不爲之流涕。即於江陵權殯，與王裒、庾信俱入長安。」〔註 93〕令人鼻酸，殷不害從此茹素，形如枯槁，這亦是西魏逼迫老弱凍死者填滿溝塹暴行之一。

梁元帝時任給事黃門侍郎，領尚書左丞沈炯，曾賦詩敘其被俘入關，在入關途中仍身戴械具經過，是侯景亂後顛沛流離的眞實寫照，痛惜蕭梁破亡，傷悼民眾哀苦，對侯景之亂提出強烈譴責，句句深沉哀痛，感人肺腑，沈炯將個人的生命與國家興亡緊繫，突破國破家亡的悲哀，沉鬱蒼涼。敘述放歸南返之樂「隨六合之開朗，與風雲而自輕」等顯出其南返之樂，同樣的山川景物，而來去各異其情。詩經曰：「昔我往矣，楊柳依依。今我來思，雨雪霏霏。」〔註 94〕當初與今日兩種不同情境，有著強烈對比。景物依舊，人情上的散與聚，時空轉移，人事倥傯，人世間悲歡離合之情，躍然紙上。顏之推在〈觀我生賦〉自注載其被虜北遷時「牽痾疻而就路，策駑蹇以入關」，〔註 95〕其待遇相較於多數被腳鐐手銬桎梏的江陵俘虜者言，應屬幸運。〔註 96〕西魏破江陵，闔城被虜入關，對南朝門閥士族而言，乃一致命打擊。許多門閥家族中頂立門楣的重要人物，如琅邪王氏的王褒，陳郡謝氏的謝貞，南陽庾氏之庾信，琅邪顏氏之顏之推、之儀兄弟，沛國劉氏的劉臻，均於西魏破江陵時入關，其於南方之家族亦蒙損失，甚或一蹶不振。侯景之亂受損輕微之荊州大族，如移居江陵南陽宗室、庾氏、劉氏、樂氏，西魏攻破江陵之際可謂舉宗北遷，家園既失，成員流離。另遷居襄陽已七代之河東柳氏，其中之一柳仲禮一家，自梁朝末年北遷後，既回祖居地河東，已不再回襄陽。〔註 97〕

〔註 93〕《陳書・殷不害傳》卷 32，頁 424～425。

〔註 94〕方玉潤撰，《詩經原始》（臺北：藝文印書館，1981 年 2 月），頁 739。

〔註 95〕《北齊書・顏之推傳》卷 45，頁 623。

〔註 96〕太清二年（548），值侯景陷潁州，顏之推被俘，賴侯景行台郎中王則相救未被殺害，囚送建康。552 年，侯景敗死，獲釋還江陵。蕭繹在江陵自立，承聖元年壬申（552 年），爲散騎侍郎，奏舍人事，奉命校書。554 年，西魏攻陷江陵，再次被俘，遷移長安；後出逃北齊，出逃之日，「值河水暴長，具船將妻子來奔，經砥柱之險。」

〔註 97〕《南史・柳仲禮傳》卷 38，頁 992。

河東柳氏柳霞一門，之所以截至隋代家族氣勢仍望，乃係江陵遭西魏攻陷後，柳氏續任職於北周附庸後梁蕭詧政權，且未遠離鄉里之故。〔註 98〕

兩京殘破士人北遷中，亦有免除籍沒者約有二百家，唯這二百家應具何種條件已難確知。《周書》載，汪褒與王克等人至長安，宇文泰親迎，宇文泰以親屬關係拉攏，並授予彼等爵位，〔註 99〕如此的優遇，顯然在籍沒免除之列。至可說，舉凡入關後優遇，享爵位者，皆屬免除籍沒對象。《周書》又載：「武帝李皇后名娥姿，楚人也。于謹平定江陵，后家被籍沒。至長安，太祖以后賜高祖，後稍得親幸。」〔註 100〕生宣帝，宣政元年七月，尊爲帝太后。李娥姿以奴婢身分獲蒙周武帝臨幸，生下宣帝成爲太后，誠屬偶然，雖後周禪於隋，其出家爲尼，然其屬江陵陷落後，被籍沒之眾多女奴中幸運者。〔註 101〕還有些不見史書者，《周書》卷 30〈于翼傳〉載：

> 太師、燕公謹之子，……謹平江陵，所贈得軍實，分給諸子。翼一無所有，唯簡賞口內名望子弟有士風者，別待遇之。」〔註 102〕

所謂「別待遇之」，應屬較優渥，有別一般賤口，非定免奴爲良。《北史》卷 67〈唐瑾傳〉：

> 博涉經史，雅好屬文……于謹南伐江陵，以謹爲元帥府長史，軍中謀略，多出瑾焉。江陵既平，衣冠仕伍，并沒爲僕隸。瑾察其才行有片善者，輒議免之，賴瑾獲濟者甚眾。時論多焉。〔註 103〕

足見江陵陷落後，衣冠士伍，遭籍沒爲奴者，因唐瑾識才，並能於勢力所及之處，彼等雖遭籍沒，因具才行均獲免除。史載宇文泰破江陵後，籍沒衣冠有失天下。《周書・蕭詧傳》卷 40 云：後梁將領尹德毅謂西魏軍「罔顧弔民伐罪之義，必欲肆其殘忍，多所誅夷，俘囚士庶」，〔註 104〕令孤德棻等於《周

〔註 98〕《周書・柳霞傳》卷 42，頁 766。

〔註 99〕《周書・王褒傳》卷 41：「褒與王克、劉瑴、宗懍、殷不害等數十人，俱至長安。太祖喜曰：『昔平吳之利，二陸而已。今定楚之功，群賢畢至。可謂過之矣。』又謂褒及王克曰：『吾即王氏甥也，卿等竝吾之舅氏。當以親戚爲情，勿以去鄉介意。』於是授褒及克、殷不害等車騎大將軍、儀同三司。常從容上席，資餼甚厚。褒等亦竝荷恩眄，忘其羈旅焉。」頁 731。

〔註 100〕《周書・武皇后李氏傳》卷 9，頁 144。

〔註 101〕《周書・武皇后李氏傳》卷 9 載：「隋開皇元年三月，出俗爲尼，改名常悲。八年殂，年五十三，以尼禮葬于京城南。」頁 145。

〔註 102〕《周書・于翼傳》卷 30，頁 523。

〔註 103〕《北史・唐瑾傳》卷 67，頁 2355～2356。

〔註 104〕《周書・蕭詧傳》卷 48，頁 860。

書》曰：

> 宇文泰「渚宮制勝，闔城孥戮，茹茹歸命，盡種誅夷：雖事出於權道，而用乖於德教。周祚之不永，或此之由乎。」〔註105〕

江陵俘虜中的衣冠士族雖有放免，然迄武帝時，始不分門第。文士們親歷了侯景之亂動盪的社會現實，飽受妻離子散、家破人亡的痛楚甚至受盡侮辱，他們開始關注自我流離的命運，他們不僅表達了身處亂世時充溢於胸的悲情，而且還寓意著對侯景之亂的不可遏制的悲憤控訴。

〔註105〕《周書・文帝下》卷2，頁38。

第六章　關隴集團的形成
——隋唐帝國的建立

關隴集團乃陳寅恪所創的名詞，是指西魏時期，宇文泰根據現實環境所做的一些政策及措施，是一個政治集團。源於宇文泰的八柱國，由北魏六鎮武將、伐北武川鎮的鮮卑貴族和關隴地區豪族，如京兆韋瑱、河東柳澤、太原郭彥、武功蘇椿、河內司馬喬、敦煌令狐整等所組成。宇文泰和高歡均爲承六鎮鮮卑化集團反對魏孝文帝漢化政策而興起的人物，宇文泰所憑藉的人才、地利，遠在高歡之下。如欲與高歡抗爭，一則須隨順當時鮮卑反對漢化的潮流，二則要有異於高齊的鮮卑化、西胡化，採取漢化的政策。而這種漢化，又須有異於高氏治下洛陽、鄴都及蕭氏治下建康、江陵的二文化系統。

西魏（北周）宇文泰端賴關隴集團之力，順利大力改革，終得以擊潰東魏（北齊）而稱霸。而這條件主因，源於宇文泰能利用蕭梁朝侯景之亂，藉機略奪領土爲主要。宇文泰成立此一勢力集團的辦法是，使蘇綽、盧辯之徒以周官之文化比附鮮卑部落舊制，建立府兵制度；廣募關隴豪右、籍六等之民以增軍旅；改易西遷關隴地區的山東人的郡望爲關內郡望；府兵將領及其士卒改從鮮卑姓，並使之與土地結合。宇文泰比附周官之文，是要把自己與鮮卑化的東魏和繼承漢、魏、晉的梁朝都區別開來；宇文泰以鮮卑部落舊爲依歸，建立有貴族性質的府兵制，改易府兵將領的郡望與姓氏，並使之與土地結合，是要建立起一個足以與東魏、梁朝相抗衡的強有力的關隴集團。其中，建立府兵，改易府兵將領的郡望與姓氏，〔註1〕並命府兵軍士改從其將領之姓，〔註2〕是宇文泰

〔註 1〕《隋書・經籍志》（北京：中華書局，2008 年），卷 33：「後魏遷洛，有八氏十姓，咸出帝族；又有三十六族；則諸國之從魏者；九十九姓世爲部落大人者，並爲河南洛陽人。情中國士人，則第其門閥，有四海大姓、郡姓、州姓、縣姓。及周太祖入關，諸姓子孫有功者，並令其爲宗長，仍撰譜錄，紀其所承。又以關內諸州爲本望。」頁 953～954。

關中物質本位政策的重要表現之一，是關隴集團得以形成的重要條件之一。宇文泰更改府兵將士的郡望與姓氏，是要使他所帶來的山東人與關內人混而爲一，使漢人與鮮卑人混而爲一，組成一支籍隸關中、職業爲軍人、民族爲胡人、組織爲部落式的強大軍隊，以與東魏、梁朝爭奪天下。

這就在關中地區形成了一個集團～隴關集團。然而，單是改郡望與姓氏，並不能使這個集團鞏固並持續下去。爲使這個集團紮根於關中，宇文泰、蘇綽使府兵將領都有賜田與鄉兵，他們既是府兵將領，又是關中豪族。將領與關隴豪族的混而爲一，使這個集團在關中生了根。關隴本位政策的另一個表現，是關隴文化本位政策，爲與高齊、蕭梁對抗，必應別有一個精神上獨立的、自成系統的文化對策，以維繫關隴地區胡漢諸放的人心，使之成爲一家，從思想文化上鞏固關隴集團。亦即陽傳周禮經典制度之文，陰適關隴胡漢現狀之實。內容是上擬周官的古制，但終是出於一時的權宜之計，以故創制未久，子孫已不能奉行。總之，就整個關隴本位政策而言，物質是主要的，文化是配合的。這套所謂「關中本位政策」或「關隴集團」，繼續爲隋唐兩代所承襲，直至武則天時，代以進士科取士的方式，爲統治集團引進新的山東士族，始逐漸打破這個集團的均勢，而許多配合的制度亦漸次崩壞。

第一節　北周政權的崛起

西魏（北周）是連接南北朝至隋唐時代的時期。北魏晚年因六鎮之亂，爭戰頻繁不息，造就強人出頭。孝武帝太昌三年（534）分爲東、西魏，權在強臣，政去帝室，魏元氏子孫，寄命他人。然而仍各以魏之正朔爲號，徒以時機未至，暫假天子以爲號召而已。東魏依舊擁有京都地，條件均優於西魏，軍勢強大，繼承北魏漢化的文化，而西魏地處荒僻之關中，勢力較弱，文化低，亦較南蕭梁遜色。然日後發展，不僅西魏有足夠力量對抗東魏，甚且至北周終滅北齊。初雖北齊之君昏暴無能，視國事如兒戲。唯北周初年，宇文氏因廢弑相繼，政治亦極不穩定，二相比較，論實力差異不遠。細究北周何以能由弱轉強，內政乃在於統治階層出身相類，而出生、生長之地又復相同，因而自有同類意識。王吉林〈西魏北周統治階級的形成〉謂：

乃在其統治階層之出身相類，而出生、生長之地又復相同，因而自

〔註 2〕《隋書・高熲傳》卷 41：「自云渤海人也。父賓，背齊歸周；大司馬獨孤信引爲僚佐，賜姓獨孤氏。」頁 1179。

有同類意識。復以入關之後，其所統率之部隊，乃成少數，如何與當地豪傑合作，認同當地文化，轉而利用當地人才、資源以抗北齊，此乃其政治領袖積極進行之道。繼而再滅北齊，成爲宇文氏最大成功。〔註 3〕

西魏（北周）（535～581）是鮮卑族宇文氏掌權的兩個封建朝代，歷經漢化、封建化改革，繼承了北魏入主中原後的意識形態，也繼承了魏孝文帝等人統一中國的雄心壯志。初，北魏推行漢化政策以後，六鎮地位逐漸下降，孝文帝的遷都洛陽，六鎮形同流配之地，使當地人深感不平，致生六鎮兵變，頓時北魏全國陷入嚴重動盪。雖然動亂由尒朱榮平息，卻造成軍閥割據，政局混亂依舊。而兵變獲利的有懷朔鎮出身的高歡與武川鎮出身的宇文泰，兩人卻各自擁立皇帝，使北魏裂解成東、西魏。由高歡與宇文泰間的之戰爭端看，西魏宇文泰較弱於東魏高歡。因之宇文泰，若無強勁新軍隊，恐難與高歡抗衡於中原的。是故，宇文泰將武川人編成一軍，復選擇以武川人統領軍，使西魏政權落於武川人掌握中。而由於西魏統轄關中（今陝西省）、隴西（今甘肅省東南）地區，所以又名「關隴集團」。爲此，宇文泰遂於掌權後，勵精圖治：一面確立關中文化的正統地位，以去除國人的自卑感；一面仍設法保有鮮卑人武勇本性，使胡化之漢人保持胡風。宇文泰也爲了對抗東魏，不僅大量擴增西魏的國土，最重要的貢獻還在於大統元年（535）建立了府兵制，並仿鮮卑舊制，將所統兵馬分爲八部，各設「十二柱國大將軍」，稱爲「八柱國」。

政治是最競爭激烈的事業，統治階層形成之後，也經常變動。舊有的要固守其政治地位，新的要擠進爭取。有共同的政治意識，自然容易形成同一個集團。這一系統人物，陳寅恪稱爲「關隴集團」。〔註 4〕關隴者並非指他們

〔註 3〕王吉林，〈西魏北周統治階級的形成〉，(《文化學院民族與華僑研究所學報》，第三期，1981 年），頁 19。

〔註 4〕陳寅恪《唐代政治史述論稿》，（台北・台灣商務，1994 年 2 版），論曰：「宇文泰率領少數西遷之胡人及胡化漢族割據關隴一隅之地，欲與財富兵強之山東高氏及神州鄭朔所在之江左蕭氏共成一鼎峙之局，而其物質及精神二者力量之憑藉，俱遠不如其東南二敵，故必別覓一途徑，融合其所割據關隴區域內之鮮卑六鎮民族，及其他胡漢土著之人爲一不可分離之集團，匪獨物質上應處同一利害之環境，即精神上亦必具同出一淵源之信仰，同受一文化之熏習，始能安內反側，外禦強臨。……即凡屬於兵制之府兵制及屬於官制之周官皆是其事。其改易隨賀拔岳等西遷有功漢將之山東郡望爲關內郡望，…又以諸將功高者繼塞外鮮卑部落之後，亦是施行「關中本位政策」之例證。」頁 16～17。

的郡望與出生地，實指形成這個集團的地域而已。「關隴集團」於中國政治史上造成的影響主要有兩點：一是造成東、西魏的分裂。高氏、宇文氏的崛起，皆依恃六鎮鮮卑化集團反對魏孝文帝漢化政策而興起的人物。〔註5〕二是奠定西魏、北周、隋唐統治集團的基礎。當然，宇文泰的胡化並非爲質上的反動，西魏（北周）境內胡漢關係不同北齊之水火不容（鮮卑人欺凌漢人），而較爲融洽。依西魏（北周）社會屬性觀之，魏晉以來各遊牧民族，已逐漸與較文明之漢族社會融爲一體，而漸遠離古代遊牧部落聯合型態，朝向漢族社會君主國家轉型。在尚未達到漢族君主國家的型態之前，國家體制仍以血緣主義爲主的「宗室軍事封建制」，即君主和諸王分掌部族軍隊，君主權，則由有相同血緣關係的宗室諸王所支撐，亦互牽制。此於五胡政權上表現較爲明顯，然北魏與五胡有異，孝文帝漢化政策改變鮮卑族體制，造成北方胡族賤民化，而引起六鎮之亂。北朝後期的東、西魏政權，即是胡漢兩股勢力合作的政權。

北魏立國一百四十八年（386～534），規模與制度遠勝五胡，而孝文帝遷洛後，漢化改革獲得漢族士大夫認同，因此魏末動亂之際尚有許多漢族效忠魏室。大統元年（534）東、西魏分裂後，皆以正統自居，西魏各股勢力在對抗高歡理念下，團結一致。因而宇文泰雖然掌握西魏的實權，但僅能挾天子以令諸侯，延續北魏的正統號召，不敢進行篡位。但宇文泰崩後，「群公各圖執政，莫相率服」〔註6〕受命輔政的宇文護，即進行篡位，建立北周政權。從《周官》改制觀點而言，宇文氏雖欲改漢魏官繁的弊病，全用周禮，但以宇文泰的出身背景、西魏（北周）的社會屬性兩角度判斷，宇文氏依《周官》改制又恢復鮮卑舊俗，思想上仍無法擺脫「胡漢二重性」的色彩。

第二節　侯景之亂與西魏北周

令狐德棻《周書・趙貴等傳》論曰：「關中全百二之險，周室定三分之業」。

〔註5〕王吉林〈西魏北周統治階級的形成〉收入（《文化學院民族與華僑研究所學報》）：「西魏統治階層約可分爲三個層面。其第一個層面是隨爾朱天光入關平万俟醜奴之亂者。尤其是屬於賀拔岳一系的人物。第二個層面是關中土著曾仕於魏者，本屬地方豪強，不得不拉攏利用，以擴大政治作用，穩定基礎。其中以李賢兄弟、韋孝寬等人爲著例。第三個層面爲隨孝武帝入關之人，文人較多，武人較不重要。」頁24。

〔註6〕《周書・于謹傳》（北京：中華書局，2003），卷15，頁248。

〔註 7〕指出關中對周室定三分之業的重要意義。然周室定三分之業，很大程度得力於西魏對漢中、蜀地以及雍、荊等地的取得。故東西魏分裂後，雙方雖戰事不斷，但互有勝負，東魏始終無法以優勢資源滅西魏，在於西魏趁侯景之亂獲取梁地後，無論經濟外交等增強。「江左不可無蜀」，〔註 8〕故蜀地對隋之滅陳有其歷史意義。而在當時西魏（北周）尚不具滅南朝情況下，蜀地之予西魏（北周）又有何意義？王鳴盛指出：

> 高歡依尒朱榮之資以起事，，而旋假大義爲名，以討尒朱兆。與……曹（操）本與袁（紹）合勢，而旋挾天子以誅袁……情事同。乃高氏之業未成，而宇文氏又起關西，於是自漢末三分之後，至此天下再三分。起庚午武帝中大通六年，孝武帝爲高歡所逼，奔長安，宇文泰執其政，歡立孝靜帝爲東魏後，歡子洋篡東魏，泰子覺篡西魏，陳篡梁，訖丁酉陳宣帝太建九年，周滅齊，仍爲南北，凡三方分跱四十四年。周之興稍後於齊，其篡皆在梁末，亦稍後，滅齊後三四年而亡。齊與周幾幾乎若同起同滅者，彼時天下實有鼎足之勢。邵堯夫云：『隋，晉之弟也。』愚謂，陳、齊、周亦亞魏、蜀、吳。《周書・趙貴等傳》史臣論曰：『周定三分之業』，信哉！〔註 9〕

王鳴盛指自梁中大通六年（534），北魏裂解爲東、西魏至陳宣帝太建九年（577）周滅齊，爲南北。筆者之意以，南北朝三足鼎立，三方均應各自維持一定勢力，若一方失衡，易招外敵所併。北齊即因貪腐成風，政治敗壞，淮南之地又爲南陳所奪，使北周得以趁齊國勢虛弱之際殲滅之。北周滅北齊後，勢力正盛，此時已甚弱的南陳卻與北周爭奪河北之地，大敗是必然，結果淮南地爲北周所奪。

侯景之亂，使西魏順利政治改革，經濟發展，軍事戰略地位增高，若非如此，北周難滅齊，連帶楊隋亦不能滅南陳。呂春盛謂西魏因侯景之亂而取漢東、漢中、蜀、巴州、雍州之地，經濟實力上升，「具備了與北齊長期對抗的資本」，是爲與「北齊均勢時代的開始」。而齊失淮南之後。周乃強於齊。〔註 10〕西魏大統十五年（549、梁武帝太清三年），梁朝雍州刺史

〔註 7〕《周書・趙貴等傳》卷 18，頁 271。

〔註 8〕王鳴盛，《十七史商榷》（南京：鳳凰出版社，2008 年），卷 57：「故隋之取陳勢如破竹，與晉取吳同，信乎江左不可無蜀也。」頁 344。

〔註 9〕《十七史商榷》卷 66〈北史合魏齊周隋書二・天下再三分條〉，頁 683。

〔註 10〕呂春盛，《北齊政治史研究——北齊衰亡原因考察》（臺北：臺灣大學出版委員會，1987），頁 111。

岳陽王蕭詧求援西魏，宇文泰以千載難逢，順勢入侵蕭梁，進向梁朝長江以北（江、漢）的最佳時刻，又可控制漢東石城～安陸以北等地。因此利用蕭梁邊境豪帥相互傾軋之際，輕而易舉獲取大量梁地。西魏因此條件而能闢疆擴土，強化軍事，但是此時內部亦陷權位紛擾。西魏內部大體上是由三股勢力組成，一為關隴河南河東土著，二為追隨魏帝勢力，三為北鎮勢力。關隴河南河東土著，極多在地望族，號召力強，亦曾率領地方鄉兵參與征戰，而北鎮則以賀拔岳軍為主體，大多出身豪傑或酋帥，具有驍勇善戰，能率軍抵抗東魏軍。

西魏恭帝三年（556）10月，宇文泰崩後，同時與宇文泰而起的北鎮武將，覬覦宇文泰所留的權位，所謂「群公各圖執政，莫相率服」，〔註11〕對反對聲浪的來勢洶洶，依恃重臣于謹的全力斡旋。因此受命輔政，名位素下的宇文護，不得不儘快趁宇文泰逝後尚存之遺威，進行篡代，以確立宇文氏的君主地位。魏周革命的成功，雖以宇文泰晚年的權力安排為基礎，但宇文泰個人魅力所留領袖威名，無疑發揮極大作用。當宇文護面對群公各圖執政的危局而憂心密訪于謹時，于謹向宇文護保證說；「夙盟丞相（宇文泰）殊睠，情深骨肉。今日之事，必以死爭之。」〔註12〕次日在群公會議上，于謹向群公力爭讓宇文護執政，首先即說：

> 昔帝室傾危，人圖問鼎。丞相志在匡救，投袂荷戈，故得國祚中興，群生遂性。今上天降禍，奄棄庶寮。嗣子雖幼，而中山公親則猶子，兼受顧託，軍國之事，理須歸之。辭色抗厲，眾皆悚動。護曰：此是家事，素雖庸昧，何敢有辭。謹既太祖等夷，護每申禮敬。至是，謹乃趨而言曰：公若統理軍國，謹等便有所依。遂再拜。群公迫於謹，亦再拜，因是眾議始定。〔註13〕

事實上，軍權早已落在宇文護手中，〔註14〕之所以召開群公會議，是為了取得事後追認與營造對外的政治號召。因係訴諸於宇文泰威名，群公不敢有議，宇文護遂得以順利執政。然而，由於宇文護的專擅，宇文泰諸子相繼被殺，

〔註11〕《周書・于謹傳》卷15，頁248。
〔註12〕《周書・于謹傳》卷15，頁248。
〔註13〕《周書・于謹傳》卷15，頁248。
〔註14〕《周書・晉蕩公護傳》卷11：「自太祖為丞相，立左右十二軍，總屬相府。太祖崩後，皆受護處分，凡所徵發，非護書不行。護第屯兵禁衛，盛於宮闕。事無巨細，皆先斷後聞。」頁168。

宇文泰威名一再遭創，使效忠宇文泰者，對北周王朝逐漸離心，因而逐漸失去對人民的號召力。如此，不但西魏當年以共扶魏室、抵抗高歡的共同理念蕩然無存，政權威信式微，失去對人民號召力，〔註 15〕使忠於宇文泰大臣們無所適從，僅求名哲保身。《通鑑・陳紀》載：

（楊）堅爲開府儀同三司、小宮伯，晉公護欲引以爲腹心。堅以白（楊）忠，忠曰：兩姑之間難爲婦，汝其勿往！堅乃辭之。〔註 16〕

楊堅道出群公無所適從窘困，也透露出北周政權潛在危機。北周閔帝元年（557），孝閔帝宇文覺即位，宇文護自任大司馬，架空北鎮元老武將趙貴、獨孤信之權，並任多位親信爲柱國。孝閔帝個性剛毅，對其未能親政內心有怨懣，〔註 17〕趙貴、獨孤信等北鎮元老武將亦不服，圖謀政變，事敗被殺。〔註 18〕而司會李植與軍司馬孫恆亦對宇文護位高權重有微詞，便與乙弗鳳、賀拔提等潛謀，請帝誅殺宇文護，宇文覺同意。該等又引宮伯張光洛同謀，不料張光洛卻密報宇文護。於是宇文護改封李植爲梁州刺史，孫恆爲潼州刺史，將其外放。乙弗鳳表示其將宇文護誘進宮後誅殺，但張光洛復告宇文護，宇文護乃召尉遲綱共謀廢立之事，先設計誅殺乙弗鳳，並使宇文覺頓失侍衛；接續派遣大司馬賀蘭祥逼迫宇文覺遜位，貶爲略陽公並幽禁，未久即殺之，時年十六。〔註 19〕宇文護於是召集公卿於其第，曰：

先王勤勞王業三十餘年，寇賊未平，奄棄萬國。寡人地則猶子，親受顧命，以略陽公既居正嫡，與公等立而奉之，革魏興周，爲四海主。自即位已來，荒淫無度，昵近群小，疏忌骨肉，大臣重將，咸欲誅夷。若此謀遂行，社稷必致傾覆。寡人若死，將何面目以見先王？今日寧負略陽公，豈可負社稷！〔註 20〕

〔註 15〕《北史・蘇綽傳附子威傳》卷 63：「周文帝（宇文泰）時，襲爵美陽縣公，仕郡功曹。大冢宰宇文護見而禮之，以其女新興公主妻焉。（蘇）威見護專權，恐禍及己，逃入山。爲叔父所逼，卒不獲免。然每居山寺，以諷讀爲娛。」頁 2243。

〔註 16〕《通鑑・陳紀四》卷 170，頁 5274。

〔註 17〕《周書・孝閔帝》卷 3：「帝性剛果，見晉公護執政，深忌之。」頁 49。

〔註 18〕《周書》卷 16〈趙貴傳〉：「貴與獨孤信等皆與太祖等夷，及孝閔帝即位，晉公護攝政，貴自以元勳佐命，每懷怏怏，有不平之色，乃與信謀殺護。及期，貴欲發，信止之。尋爲開府儀宇文盛所告，被誅。」頁 263。

〔註 19〕《周書・孝閔帝》卷 3，頁 49。

〔註 20〕《北史・晉蕩公護傳》卷 45，頁 2061。

群公無人違抗，唯命是聽。宇文護之成功，得力於宇文泰生前的安排。西魏後期，宇文泰積極拔擢親信人物，權力核心逐漸從北鎮勢力轉移至宇文泰親信手中。宇文護誅殺趙貴後，就任大冢宰，以宇文護爲首的宇文泰親信集團成爲新的權力核心，北周宇文氏政權終告確立。武成二年（560）4 月，宇文護鴆毒明帝，明帝臨終前遺詔：

> 今大位虛曠，社稷無主。朕兒幼稚，未堪當國。魯國公邕，朕之介弟，寬仁大度，海內共聞，能弘我周家，必此子也。夫人貴有始終，公等事太祖，輔朕躬，可謂有始矣，若克念世道艱難，輔邕以主天下者，可謂有終矣。〔註 21〕

亦爲一種訴諸於宇文泰威名，以存續宇氏本家政權的呼籲。宇文邕即位，是爲北周武帝。即位初，北周政局已動盪不安，乃因宇文護仍掌握北周實權。溯源西魏恭帝三年（556），宇文泰疾已彌篤，謂宇文護曰：「吾形容若此，必是不濟。諸子幼小，寇賊未寧，天下之事，屬之於汝，宜勉勵以成吾志。……（宇文）護綱紀內外，撫循文武，於是眾心乃定。」〔註 22〕唯北鎮武將老臣如趙貴等卻無法服膺。西魏後期，北鎮勢力之中的宇文泰親信集團興起，宇文泰崩後，宇文護安排魏周革命，趙貴事件後，宇文泰親信集團成爲北周初年的權力核心。

表 8　宇文泰親信集團人物出身分析表

北鎮勢力	關隴河南河東土著勢力	關東人士及追隨魏帝入關者
宇文導 王勵 王懋 宇文護 閻慶 尉遲迥 尉遲綱 王盟 于謹 長孫儉 陸通 宇文盛 賀蘭祥 李暉 于翼 若干鳳	李賢 李遠 李穆 蔡祐 楊荐 蘇綽 李基 宇文貴	韓褒 申徽 竇毅

本表引自呂春盛《關隴集團的權力結構演變～西魏北周政治史研究》，（台北：稻香出版社，2002），頁 134。

從此表分析，宇文泰之親信集團，可看出是以北鎮人物爲主，部分是具有地方實力之關隴人物。然而，由於宇文護的專權，原宇文泰親信集團遂分

〔註 21〕《周書・明帝紀》卷 4，頁 59。
〔註 22〕《周書・晉蕩公護》卷 11，頁 166。

裂爲親宇文護派與親周帝派，朝廷百官紛紛被捲入這兩派鬥爭之中。元老重臣，有被鬥垮、被剷除，有的做壁上觀，明哲保身。創業大臣在這種時代背景下，紛紛凋謝。保定元年（561），武帝以兩位胞兄被弒的慘劇，既不正面和宇文護衝突，也不暗中和他爭權，《周書》載：武帝個性「沉毅有智謀。初以晉公護專權，常自晦跡，人莫測其深淺。」〔註23〕又同卷史臣曰：「高祖纘業，未親萬機，慮謀遠深，以蒙養正。」〔註24〕在宇文護面前百依百順，史書載：「或有希護旨，云周公德重，魯立文王之廟，以護功比周公，宜用此禮。於是詔於同州晉國第，立德皇廟（宇文泰之父之廟），使護祭焉。」〔註25〕極力迎合諂媚宇文護，整天談論儒玄，政事無所關預，極力避免宇文護的猜忌，只能選擇韜光養晦，最後是要「以蒙養正」，靜候下手時機。《周書・侯莫陳崇傳》載：

> 保定三年，崇從高祖幸原州，高祖夜返京師，竊怪其故。崇謂所親人常生曰：吾昔聞卜筮者言，晉公今年不利。車駕今忽夜還，不過是晉公死耳。於是眾皆傳之。或發其事者。高祖召諸公卿於大德殿，則崇。崇惶恐謝罪。其夜，護遣使將兵就崇宅，逼令自殺。〔註26〕

侯莫陳崇的訛傳，反映出宇文護與武帝之間的緊張關係。因爲此時宇文護除以都督中外諸軍事掌握軍事大權之外，又加太師、雍州牧，以大冢宰加「五府總於天官」，〔註27〕完全掌握軍事及行政大權，在體制上確立其獨裁地位。武帝不得不召諸公卿，當面責備侯莫陳崇，以緩和緊張，但侯莫陳崇還是遭宇文護害死。周武帝的此一作法，在表明對宇文護無二心，是衷心擁護，其實對於宇文護「諸子貪殘，僚屬縱逸，恃護威勢，莫不賭蠹政害民。」〔註28〕多所不滿。未久，周武帝又藉機表彰宇文護，保定三（563）年，詔曰：

> 大冢宰晉國公，智周萬物，道濟天下，所以克成我帝業，安養我蒼生。況親則懿昆，任當元輔，而可同班群品，齊位眾臣！自今詔誥及百司文書，並不得稱公名，以彰殊禮。〔註29〕

〔註23〕《周書・武帝下》卷6，頁107。
〔註24〕《周書・武帝下》卷6，頁108。
〔註25〕《周書・晉蕩公護傳》卷11，頁168。
〔註26〕《周書・侯莫陳崇傳》卷16，頁269。
〔註27〕《周書・晉蕩公護傳》卷11，頁168。
〔註28〕《周書・晉蕩公護傳》卷11，頁175。
〔註29〕《周書・晉蕩公護傳》卷11，頁168。

由於周武帝的尊重、曲從，避免被毒殺的命運。然而暗中，宇文護仍是時時要挾周武帝，態度專橫跋扈，似有欲即時取而代之勢。天和二年（567），「性浮詭，貪狠無賴」的武帝同母弟宇文直，因率大軍伐陳兵敗而還，被宇文護免官，銜怨於心，遂暗中通謀於武帝，請武帝誅宇文護，欲取代宇文護之位，於是武帝乃於暗中尋覓時機。武帝謀誅宇文護的計畫進行的極爲縝密，僅宇文孝伯、王軌及宇文神舉親信知道。建德元年（572）3 月，周武帝見時機成熟，決意行動。某日，宇文護自同州返長安，齊拜見太后，周武帝慫恿宇文護，請其於「行家人之禮」之時，說服太后戒酒，武帝則趁機誅殺宇文護。《周書・晉蕩公護傳》載：

> （天和）七年三月十八日，護自同州還。帝御文安殿，見護訖，引護入含仁殿朝皇太后。先是帝於禁中見護，常行家人之禮。護謁太后，太后必賜之坐，帝立侍焉。至是護將入，帝謂之曰：太后春秋既尊，頗好飲酒。不親朝謁，或廢引進。喜怒之間，時有乖爽。比雖犯顏屢諫，未蒙垂納。兄今既朝拜，願更啓請。因出懷中《酒誥》以授護曰：以此諫太后。護既入，如帝所戒，讀示太后。訖，帝以玉珽自後擊之，護踣於地。又令宦者何泉以御刀斫之。泉惶懼，斫不能傷。時衛王直先匿於户内，乃出斬之。〔註 30〕

宇文護的誅殺，乃北周武帝心中之患的解除，可免去毒殺命運。誅後，天和七年（572）周武帝始親政。親政後，旋起動一系列的革新措施，召百官宜盡直言，無得有隱。秉持父親宇文泰所建立的基礎上，勵精圖治，將北周從內亂傾軋中解救出來，終於使原弱於北齊的北周，轉弱爲強。北周武帝即位之初，循例事佛，但更重視儒家。〔註 31〕天和二年（567）因寺僧日多，滋生是非，國庫收入驟減，還俗沙門衛元嵩上書請刪寺減僧，〔註 32〕此論深合帝心。〔註 33〕武帝爲禁抑釋道，製造輿論，從天和至建德年間（566～578），曾七次

〔註 30〕《周書・晉蕩公護傳》卷 11，頁 175～176。

〔註 31〕《周書・武帝上》卷 5，建德二年十二月：「集群臣及沙門、道士等……，辨釋三教先後，以儒教爲先，道教爲次，佛教爲後。」頁 83。

〔註 32〕唐 釋道宣《廣弘明集》卷 8，（台北：新文豐出版公司，1976）：「有道士張賓，譎詐罔上，私達其黨，以黑釋爲國忌，以黃老爲國祥。帝納其言，信道輕佛，親受符籙，躬服衣冠。有前僧衛元嵩，與賓脣齒相扇，惑動帝情，雲僧多惰，貪逐財食，不足欽尚。」頁 136。

〔註 33〕《北史・周本紀》卷 10，建德三年：「初斷佛道二教，經像悉毀，罷沙門道士，並令還俗。並禁諸淫祀，非祀典所載者，盡除之。」頁 360。

召集百官及沙門、道士等辯論儒釋道三教先後；甄鸞、道安等屢上書駁斥道教，紛紜不息。天和三年（568），「（武）帝御大德殿，集百僚及沙門、道士等親講《禮記》」，〔註34〕欲以儒術治天下。建德二年（573）12月：

> 集群臣及沙門、道士等，帝升高座，辨釋三教先後，以儒教爲先，道教爲次，佛教爲後。」〔註35〕建德三年（574）5月，始議禁佛，詔僧道大集京師，斥佛教不淨，下詔：初斷佛、道二教，經像悉毀，罷沙門、道士，並令還民，並禁諸淫祀，禮典所不載者，盡除之。〔註36〕

僧人慧遠則謂：「陛下今恃王力自在，破滅三寶，是邪見入。阿鼻地獄不簡貴賤，陛下何得不怖。」沙門慧遠與帝爭論不果。禁佛後，北方寺像幾乎滅絕，僧眾多逃奔江南。當年六月，設置通道觀，選佛、道名士120人，普著衣冠，爲「通道觀學士」，並置官吏統管。建德六年（577），北周滅北齊時，武帝入鄴城，在原齊境內推行禁佛之令。〔註37〕當時，北周《周禮》業已流行，自公卿以下，大都學習《周禮》，有之前所留疑問和滯礙幾十條，人們都不能詳加辨明。時齊國子博士熊安生，博通五經，熊安生謂：「周帝重道尊儒，必將見我矣。」〔註38〕果不其然，周武帝乃親臨其住宅。周武帝給予熊安生高規格禮遇，「不聽拜，親執其手，引與同坐。」〔註39〕賜予帛米等甚後，又給予「安車駟馬，隨駕入朝」。〔註40〕

周武帝滅佛一事，被佛教界視爲浩劫，竭力攻擊。但以當時歷史觀之，周武帝滅佛有助於社會發展。周武帝不顧世俗偏見，自建德三年（574）到宣政元年（578），下令毀破前代關山西東數百年來官私所造一切佛塔，掃地悉盡。融刮聖容，焚燒經典。八州寺廟，出四十千，盡賜王公，充爲第宅。三方釋子，滅三百萬，皆復軍民，還歸編戶。事實上，周武帝滅佛，時間不短，約有五年，觸及層面廣又深，效果可觀，值得肯定。滅佛一事，事實上發揮了「民役稍希，租調年增，兵師日盛。東平齊國，西定妖戎，國安民樂」的作用。正因爲北周成功的滅佛運動，使得國力大增，爲滅齊奠定了堅實基

〔註34〕《周書・武帝上》卷5・頁75。
〔註35〕《周書・武帝上》卷5・頁83。
〔註36〕《周書・武帝上》卷5・頁85。
〔註37〕《廣弘明集》卷10：「五眾釋民減三百萬，皆復軍民，還歸編户」，頁153。
〔註38〕《周書・儒林・熊安生傳》卷45，頁813。
〔註39〕《周書・儒林・熊安生傳》卷45，頁813。
〔註40〕《周書・儒林・熊安生傳》卷45，頁813。

礎。但清朝王夫之認爲：「宇文邕之政，洋溢簡策……乃其沒也甫二年……贇雖無道，然其修怨以濫殺，唯宇文孝伯、王軌而止，其他則固未嘗人立於鼎鑊之上也。淫昏雖汰，在位兩浹歲而已。邕果有德在人心，詎一旦而遽忘之。」〔註 41〕認爲周武帝宇文邕窮兵黷武已使民心背離；加之天元皇帝兩年多窮侈極欲，兩代君王皆忘記以德治國，致使老少兩位皇帝屍骨未寒而宗室已移，結果似乎也多在情理之中。武帝死後，宣帝繼位，佛法又興。

北周宣帝宇文贇大成元年（579），在位一年，荒淫無道。宇文贇以武帝之〈刑書要制〉過予嚴苛，乃下令廢除。並爲收買人心，大赦囚犯，一時賊偷紛紛出獄，鄉里爲患。百姓見量刑如此輕微，亦甘「以身試法」，社會爲之混亂。若以南北朝時期的四分五裂，群雄並立，所謂「亂世用重典」，周武帝的嚴苛刑法應是必要的。宇文贇不知變通，不諳時事。加之其「奢淫多過失」，爲懾服臣下，又頒布新法〈刑經聖制〉，刑度比周武帝時更嚴，臣下及百姓稍有過失，旋即遭受株連。

周宣帝宇文贇，於大象二年（580）五月病逝，楊堅以宣帝後父之尊，聯絡典掌機密的近臣汗世族地主鄭譯、劉昉等，假稱受遺詔輔政。時宣帝子靜帝宇文闡繼位，年僅 8 歲。楊堅自任大丞相、都督內外諸軍事。至此，北周政權，實際落入楊堅手中。宇氏成千上萬的子孫，均於一年多內慘遭屠戮殆盡。清朝趙翼感嘆說：「古來得天下之易，未有如隋文帝者，以婦翁之親，安坐而登帝位……竊人之國，而戕其子至無遺類，此其殘忍慘毒，豈復稍有人心！」〔註 42〕

第三節　北周滅北齊

西魏周武帝一生中第三件大事，即是滅北齊，統一北方。長期以來，北周與北齊，關係緊張，處於戰爭狀態，雙方互有勝負，難分軒輊。唯自北周武帝親政後，銳意改革，情況大爲改觀。高歡之後，是爲北齊實力轉弱開始，對北周之攻擊僅能採守勢。北齊西鄰黃河，是爲天然屏障；而河北自晉州之西，爲西魏統領。〔註 43〕冬季黃河冰凍，無法作爲戰略障礙。面對國勢日頹，

〔註 41〕《讀通鑑論・宣帝（中）》卷 18，頁 534。

〔註 42〕清趙翼，《二十二史箚記》（石家庄：河北人民出版社，1990.1）卷 15，〈隋文帝殺宇文氏子孫〉，第 217 條，頁 332~333。

〔註 43〕《通典・州郡一・序目上》卷 171，頁 4467。

天險又不足恃，北齊斛律光有著憂患意識之嘆：

> 初，文宣時，周人常懼齊兵之西度，恆以冬月，守河椎冰。及帝即位，朝政漸紊，齊人椎冰，懼周兵之逼。光憂曰：『國家常有吞關、隴之志，今日至此，而翫聲色！〔註44〕

北齊自文宣帝之後，僅守境而已，北周韋孝寬乃獻平齊三策，其第一策即指：「今大軍若出軹關，方軌而進，……；並令廣州義旅，出自三鵶；又募山南驍銳，沿河而下；復遣北山稽胡絕其并、晉之路。凡此諸軍，仍今各募關、河之外勁勇之士，厚其爵賞，使為前驅。」〔註45〕足以說明北齊西邊防務死守困境。北齊的衰弱日甚，在加以後主高緯的昏暴無道，朝政處於「政出多門，鬻獄賣官，唯利是視，荒淫酒色，忌害忠良。闔境熬然，不勝其弊」狀況。〔註46〕北齊後主高緯屬史上有名的昏君，平素不苟言笑，性懦，不喜見朝士。臣有奏章，莫得仰視，或僅略陳大指，即驚走而出。高緯雖不事朝政，日常生活卻奢侈糜爛，鎮日與寵臣、美姬廝混，唱無愁歌，北齊民間稱為「無愁天子」。高緯隨意封官，乃至寵愛之狗、馬、鷹、雞亦有封為儀同、郡官、開府不等，視政府官爵為無物，此時的北齊政治，奢靡腐朽，民不聊生。

天和七年（572）親政後，於軍事上整軍經武，圖謀強敵，厚植國力。時北齊政局混亂，民不聊生，國內復有大將斛律光、〔註47〕高長恭〔註48〕等先後遇害，實力銳減，且南方陳朝對淮南的北伐，勢如破竹，牽制齊軍，〔註49〕

〔註44〕《北史·斛律金傳附子光傳》卷8，頁1968；《通鑑·陳紀》卷169保定四年（564）：「初，齊顯祖之世，周人常懼齊兵西渡，每至冬月，守河椎冰。及世祖即位，嬖倖用事，朝證漸紊，齊人椎冰以備周兵之逼。斛律光憂之，曰：國家常有吞關、隴之志，今日至此，而唯翫聲色乎！」頁5238～5239。

〔註45〕《周書·韋孝寬傳》卷31，頁540。

〔註46〕《周書·韋孝寬傳》卷31，頁541。

〔註47〕《通鑑·陳紀》卷171：「太建四年（572）六月，戊辰，至涼風堂，劉桃枝自後撲之，不仆。顧曰：『桃枝常為如此事。我不負國家。』桃枝與三力士以弓弦罥其頸，拉而殺之」，頁5309。

〔註48〕《北史·齊宗室諸王》卷52：「武平四年五月，帝使徐之範飲以毒藥。長恭謂妃鄭氏曰：『我忠以事上，何辜於天而遭鴆也？』妃曰：『何不求見天顏？』長恭曰：『天顏何由可見！』遂飲藥而薨。」頁1879～1880。

〔註49〕《陳書·宣帝紀》卷5載：「太建五年三月壬午（北周建德二年573），分命眾軍北伐，以鎮前將軍、開府儀同三司吳明徹都督征討諸軍事。……統眾十萬，發自白下。夏四月癸卯，前巴州刺史魯廣達克齊大峴城。辛亥，吳明徹克秦州水柵。庚申，齊遣兵十萬援歷陽，……辛酉，齊軍救秦州，吳明徹又大破之。癸亥，詔北伐眾軍所殺齊兵，竝令掩埋。」頁83～85。

宇文邕以時機成熟，召開廷議：

> 自親覽萬機，便圖東討。惡衣菲食，繕甲治兵，數年已來，戰備稍足。而僞主昏虐，恣行無道，伐暴除亂，斯實其時。今欲數道出兵，水陸兼進，北拒太行之路，東扼黎陽之險。若攻拔河陰，兗、豫則馳檄可定。然後養銳享士，以待其至。但得一戰，則破之必矣。〔註 50〕

唯用兵策略仍沿用往昔兵出崤函，直指洛陽的舊思維；認爲只要攻佔河洛平原，豫東、魯西等地，敵軍必聞風紛降，北周則可以逸待勞，誘敵南下決戰。遂於建德四年（575、北齊武平六年）7 月，出動十八萬大軍伐齊，直指洛陽。由於武帝初掌兵符，面對戰場之瞬息萬變，心力皆疲，〔註 51〕被迫退兵，以備爲再攻齊保存實力。

建德五年（576、北齊武平七年）10 月，周武帝「以越王盛爲右一軍總管，杞國公亮爲右二軍總管，隨國公楊堅爲右三軍總管。左軍譙王儉爲左一軍總管，大將軍竇恭爲左二軍總管，廣化公丘崇爲左三軍總管。齊王憲、陳王純爲前軍。」〔註 52〕對北齊展開第二次攻擊，初始，諸將都不願行，武帝下令「若有沮吾軍者，朕當以軍法裁之」。〔註 53〕武帝總戎東伐，直指北齊晉州。建德六年（577、北齊承光元年）正月，高緯禪位太子高恒，自稱太上皇。〔註 54〕此時鄴城上下無暇備戰，忙於內鬥，〔註 55〕人心惶惶。當敵軍逼近，或勸高緯赴河南募兵，〔註 56〕阿那肱建議守三齊之地，後主使顏之推鎮守黃河要津。〔註 57〕壬辰（18 日），周武帝率軍追擊至鄴城，齊軍迎戰，大

〔註 50〕《周書・武帝紀》卷 6，頁 92。

〔註 51〕《北史・姚僧垣傳》卷 90：「建德四年，帝親戎東討，至河陰遇疾。」頁 2978。

〔註 52〕《周書・武帝紀》卷 6，頁 95。

〔註 53〕《周書・武帝紀》卷 6，頁 95。

〔註 54〕《北齊書・後主紀》卷 8，頁 111。

〔註 55〕《北史・廣寧王孝珩傳》卷 52 載：「承光即位，以孝珩爲太宰，與呼延族、莫多婁敬顯、尉相願同謀。期正月五日，孝珩於千秋們斬高阿那肱，相願在內，以禁兵應之，族與敬顯自游豫園勒兵出。既而阿那肱從別宅出。事不果。乃求出拒西軍，謂阿那肱、韓長鸞、陳德信等云：『朝廷不賜遣擊賊，豈不畏孝珩反也？破宇文邕遂至長安，反時何以國家事？以今日之急，猶作如此猜！』高、韓恐其變，出孝珩爲滄州刺史。」頁 1877。

〔註 56〕《北史・齊本紀》卷 8 載：「於是黃門侍郎顏之推、中書侍郎薛道衡、侍中陳德信等勸太上皇帝往河外募兵，更爲經略，若不濟，南頭陳國。」頁 299。

〔註 57〕《北齊書・顏之推傳》卷 45 載：「阿那肱不願入陳，乃云吳氏難信，不須募之，勸帝送珍寶累重向青州，且守三齊之地，若不可保，徐浮海南渡。」頁 618。

敗。後主高緯領百騎東逃濟州，傳令北齊任城王高浩被禪讓爲主。甲午（20日）周武帝入鄴城，遣將尉遲勤追擊高緯，齊後主高緯至青州南鄧村（今山東臨朐西南），已亥（25日）北周尉遲勤俘其父子。〔註58〕二月，周軍攻下信都（今河北冀縣），俘任成王高浩、廣寧王高孝珩等，歷時僅 3、4 個月，殲滅對峙 40 年宿敵，北齊亡。〔註59〕

分析北周滅北齊的因素除上所述之外，筆者之見，可分下列因素：1.民族因素：高歡所控制的東魏，是由鮮卑化的六鎮流民及河北世族所組成，高歡本身亦爲胡化漢人，使得在政治上較倚重鮮卑族。而且，在齊文宣帝後期曾爲了維護鮮卑貴族，屠殺漢人世族，使民族間的矛盾激化，難以融和，國力因之逐漸衰弱。而北周卻是宇文鮮卑人宇文泰、宇文覺父子所建立，長期貫徹漢化政策。後世不少學者認爲貫徹漢化政策的北周，於典章制度均較北齊完備，在政治管理上更有效率，應是北周終能兼併北齊其中原因之一。2.戰術策略：高歡戰術不及宇文泰，以致在宇文泰所控制的西魏，於八柱國等將領協助下，有效的抵抗東魏多次的挑釁進攻，奠定宇文氏在關中的基礎，也損耗了北齊的元氣。3.掌權者：北周方面，宇文泰讓蘇綽等人改革，建立關中本位，使胡漢將領同心協力、設置府兵制以建立職業軍人，維持尚武精神。宇文泰死後，由宇文護承繼，他承繼宇文泰、蘇綽的政策，消滅威脅北周的武將，使北周更鞏固。繼後的周武帝爲人英明雄偉，在他任內推動多項改革，使北周國力更盛。北齊方面，齊文宣帝在後期荒淫殘暴，在後的齊武成帝和後主高緯昏庸好色，後主高緯還誅殺名將斛律光、高長恭，這使得北齊失去得以抗擊北周侵略的有能將領，北齊國力大衰。4.佛教：北周方面，周武帝曾經滅佛，使國家收入和勞動力大增，令國勢強盛。北齊方面，人民崇尚佛法成風，國家金錢大量流入寺院，遂使國勢逐漸衰落。

周武帝滅齊，統一北方，在歷史上具有重大的意義，完成宇文泰未竟之業。使人民免受戰爭之苦，得以重建家園，恢復生產，從而促進北方政治、經濟、文化方面的廣泛交流和發展，爲隋唐統一中國、奠定了堅實的基礎。史學家令狐德棻評曰：「及英威電發，朝政惟新，內難既除，外略方始。乃苦

〔註58〕《北齊書・幼主紀》卷 8，頁 111。

〔註59〕《北齊書・高阿那肱傳》卷 8 載：「後主走度太行後，那肱以數千人投濟州關，仍遣覘候。每奏：『周軍未至，且在青州集兵，未須南行。』及周將軍尉遲迥至關，肱遂降。時人皆云肱表欵周武，必仰生致齊主，故不速報兵至，使後主被擒。」頁 691。

心焦思，克己勵精，勞役爲士卒之先，居處同匹夫之儉。脩富民之政，務彊兵之術，承讐人之有釁，順大道而推亡。五年之間，大勳斯集。攄祖宗之宿憤，拯東夏之阽危，盛餘哉，其有成功者也。若使翌日之瘳無爽，經營之志獲申，黷武窮兵，雖見譏於良史，雄圖遠略，足方駕於前王者歟。」〔註 60〕除對武帝的「窮兵黷武」，有所指責外，盡是贊許。整體言之，北周滅北齊統一北方（參與戰事者詳表 9、10），客觀上促進了北方各民族的歷史進程的完成，形成了一個充滿活力的新漢族，爲南北方統一作了準備。

表 9　北周建德 4 年 7 月伐齊將領表

軍別	將領	軍號	職位	軍隊數
前一軍	宇文純	柱國	陝州總管	
前二軍	司馬消難	柱國	大司寇	
前三軍	達奚震	柱國	金州總管	
後一軍	宇文盛	柱國		
後二軍	侯莫陳瓊	柱國	秦州總管	
後三軍	宇文招	柱國	雍州牧	
其他軍隊（一）	宇文憲	柱國	大冢宰	2 萬
其他軍隊（二）	楊堅 薛迴	大將軍 ？		3 萬
其他軍隊（三）	侯莫陳芮	柱國		1 萬
其他軍隊（四）	李穆	柱國	太保	3 萬
其他軍隊（五）	于翼	柱國		2 萬

本表引自呂春盛《關隴集團的權力結構演變——西魏北周政治史研究》，頁 257。

表 10　北周建德 5 年 10 月伐齊將領表

軍別	將領	軍號	職位	軍隊數
右一軍	宇文盛	柱國		
右二軍	宇文亮	柱國		
右三軍	楊　堅	大將軍		
左一軍	宇文儉	柱國		

〔註 60〕《周書・武帝下》卷 6，頁 108。

左二軍	竇　恭	大將軍		
左三軍	丘　崇			
前軍	宇文憲	上柱國	大冢宰	2 萬（？）
前軍	宇文純	柱國		3 萬（？）
其他軍隊	達奚震	柱國	金州總管	1 萬
其他軍隊	韓　明	大將軍		5 千
其他軍隊	伊　昇			5 千
其他軍隊	辛　韶			5 千
其他軍隊	宇文招	柱國	雍州牧	1 萬
其他軍隊	宇文盛	柱國		1 萬

本表引自呂春盛《關隴集團的權力結構演變——西魏北周政治史研究》，頁 257。

第七章　結　論

統一與分裂被界定爲中國數千年之歷史分期，諺語「天下分久必合，合久必分」的概念已深植庶民社會，亦影響歷史學家。北魏的東西分，裂解北朝，與南朝對峙幾百年，期間掌權者相互爭奪征戰，受害者是無辜百姓。翻閱南北朝歷史，政權遞嬗，一代接一代，國祚之短促，令人目不暇給。高歡與宇文泰的兩雄爭霸，掀起東西魏與梁的南北混雜關係，一幕幕呈現，眞如連續劇。古來人君或以荒淫殘暴，或以窮兵黷武，或以怠忽政事而亡國喪身，像梁武帝蕭衍勤治理、修文教、行仁義、斷酒肉，招賢納諫，至晚年卻落得被圍憂憤而死，以開國之主成爲亡國之君，是絕無僅有的例子。論者或歸於佞佛而勞民傷財，或歸於寵勳太過、御下太寬，或歸於治民嚴苛，或歸於忽略治術，或歸於委任群倖，或歸於疏簡刑法，或歸於武備不修。這些歷史的功過，如何理解、評斷呢？有賴後研究者去發現評定。

梁武帝蕭衍於中國歷史上，是個身分複雜、一生高潮迭起，很難「一言以蔽之」的人物，尤自秀才刺史起而至皇帝之尊，推行理想中「佛教國家」的政策，在位四十八年，創造了多項奇蹟，且影響及於異域與後世，歷久不衰；然終落得「眾叛親離、餓死臺城」的下場，梁朝也隨之崩解滅亡，如此的結局，讓人既惋惜、也迷惑不解，殊值現今領導人作爲殷鑑。梁武帝奪取政權後，各州刺史全用其弟或侄子，但內部控制宛如鬆脫的螺絲。及至侯景之亂，上游諸鎮不能全力救援都城，湘東王蕭繹甚至阻撓諸王出兵。這是梁武帝放棄了對諸王的控制，過於重視骨肉之情後果。所以說，侯景之亂是梁朝最嚴重內亂，也是對梁武帝的反撲，肇端武帝的識人不明，此事梁武帝難辭其咎，儘管有學者以侯景之亂爲梁朝亡國主因；其實梁朝晚期，權力漸入蕭綱手中，而其智略、才能難勝任，亦是蕭梁敗王因素之一；史學家陳寅恪認爲，以梁朝滅亡的主要原因是建業、江陵兩士族集團的腐朽，而不是梁武帝的廢嫡立庶之不同立論。雖言梁朝的滅亡不能責任全歸武帝，但他的行爲也促使梁及南朝政權走向滅亡。更不可否認梁武帝蕭衍洎乎耄年的顢頇、委事群佞，識人不明，賞罰無章，朝經混亂，治國能力確實値得懷疑，無法掩蓋誤國眞象。尤以梁太清元年（548）侯景的內亂，能以單薄軍力，長趨直入，勢如破竹，輕易攻入梁朝國都建康，由於變生肘腋而朝臣中又有門戶派別之爭。侯景遂能其威脅利誘，除了蕭淵明的內應，也曝露宗室的無心勤王，侯景看出梁朝內部虛弱，稱兵內犯。而這也是梁武帝號稱「菩薩皇帝」，以佛法治國觀念的家庭教育成效的總驗收。識人不明之二，權臣朱异於武帝身旁長期把持權力，大同年間，蕭綱親信侍臣韋粲被朱异排擠外放；侯景之亂爆發之前，相關事件的處置失當，與朱异的矇騙有關。這可從侯景之亂爆發，叛軍提出的口號即誅殺朱异等奸臣，而梁朝上下諸臣不以此爲戒。據《梁書・朱异傳》載：「异居權要三十餘年，善窺人主意曲，能阿諛以承上旨。」、「中大通元年，遷散騎常侍。自周捨卒後，异代掌機謀，方鎭改換，朝儀國典，詔告敕書，並兼掌之。」〔註1〕侯景叛軍包圍臺城時，「异以景孤立寄命，必不應爾」的輕忽態度、讒言以對，使梁失滅景良機。蕭綱遂作〈圍城賦〉其末章云：「彼高冠及厚履，並鼎食而乘肥，升紫宵之丹地，排玉殿之金扉，陳謀謨之啓沃，宣政刑之福威，四郊以之多壘，萬邦以之未綏。問才豺狼其何者？訪虺蜴之爲誰？」〔註2〕表達對權奸人朱异的有力控訴，朱异力主梁武帝接納侯景，導致梁末慘亂局面，梁武帝之所以自失天下，由此可知結論。

南北朝是封建社會民族與階級矛盾尖銳異常時期，而侯景可說是所有矛盾的集合體，從侯景內亂中印證了階級、士族及中央與地方割據派之間各種矛盾存在。侯景於東魏時，高歡爲了鞏固統治，對其權力的支撐者、皇室勳貴，過於姑息縱容，無形中削弱高氏在東魏政局地位。以致，晚年時，高歡力圖改革時弊，匡正時政，以高澄主內政，整飭綱紀，打擊腐敗勳貴。但此一舉措，因損及鮮卑貴族及部分漢族世家利益，引發激烈反彈，侯景便是其中之一。同時，侯景不僅代表鮮卑貴族的利益，也是地方勢力的典型代表。他割據河南十四年，爲一方封疆大吏，統兵十萬，且可隨機討防，軍事上有

〔註1〕《梁書・朱异傳》卷38，頁538～540。
〔註2〕《梁書・朱异傳》卷38，頁539。

其自主權，其能力與實力遠超高澄，成爲東魏尾大不掉的隱患。侯景擁有這一權力，卻觸犯高歡與高澄集團利益，引發侯景與高澄間矛盾，成爲高澄主政後重點消滅對象。高歡一死，矛盾立刻表面化，導至侯景叛變東魏。

梁朝奴婢是處於梁朝社會最底層，從事著艱苦的勞動生產，所受壓迫剝削格外嚴重，梁武帝時期，與北方交戰過程中所擄獲俘虜，均被梁朝納收爲奴，戰俘成爲梁朝社會奴婢的主要來源，所占比重極大。侯景進攻建康時，以解放北方奴婢爲號召，奴婢們因而成爲侯景反梁的積極響應與參加者。侯景利用社會下層奴婢與上層統治階級的矛盾，以解放奴婢爲口號，取得了暫時勝利，但在控制梁朝政權後，侯景的殘暴統治，再次激起了統治階級與下層百姓之間對立，其統治必然不能長久。

侯景動亂雖已平，然梁朝與北齊、北周間的問題仍未平息，北齊末期更是荒誕不經，皇帝以降，昏庸殘暴，朝政混亂，百姓賦斂日重，傜役日繁，造成人力竭盡，府庫空虛。階級矛盾日趨尖銳化，統治階級內部矛盾嚴重，使得國力加遽弱化。東、西魏分裂後，東魏繼承大部分北魏之版圖與資源，對西魏構成極大威脅，然而西魏終能轉危爲安，逐漸強大。陳寅恪以西魏丞相宇文泰爲與東魏及南朝之蕭梁爭天下，必須擁有強勁軍力始能與之抗衡，於是融合關隴區域內之胡漢人民，成立「關隴集團」。本文循此，亦對集團勢力在西魏北周時期的消長有所探討。西魏初期，由於面臨東魏的強大威脅，基於共同對抗東魏之理念下，發揮命運共同體精神，是西魏北周能轉危爲安，逐漸強大支柱。北周前期，宇文氏家族的骨肉相殘，已爲北周政權埋下隱憂。西魏時代，宇文泰沿用北魏的傳統權威，以魏室爲號召。而北周則是以宇文泰尙存威名爲號召。但因宇文氏家族的相殘，致使北周至威權盡失，漸失民心。且於權力鬥爭中，西魏北周各種勢力遭排擠，早期那種革命情感精神，已不復存在，轉而支持楊堅改造關隴政權，埋下北周權力結構窄化的弱點。楊堅在北周末年的變局中，充分運用北周政權弱點，結合不滿勢力，輕易取得政權。楊隋政權可謂北周政權之延續，然亦是北周政權勢力的重新組合。

在短短三、四個月內，北周武帝一舉吞併了相持四十餘年的宿敵北齊，完成宇文泰未竟之業。使人民免受戰爭痛苦，得以重建家園，恢復生產，從而促進北方政治、經濟、文化方面的廣泛交流和發展，爲隋統一中國、奠定了堅實的基礎。是故可謂，沒有北周滅北齊的統一，就沒有後來南北朝的統一，也就沒有隋唐帝國的建立。

參考書目

一、古籍類（依朝代先後次序排列）

1. （北魏）楊衒之、楊勇校箋，《洛陽伽藍記校箋》，北京：中華書局，2006。
2. （北魏）酈道元，《水經注疏》，江蘇：古籍出版社，1989。
3. （晉）陳壽，《三國志》，臺北：鼎文書局，1984。
4. （梁）沈約，《宋書》，北京：中華書局，2006。
5. （梁）蕭子顯，《南齊書》，北京：中華書局，2007。
6. （梁）釋慧皎，《高僧傳初級集》，臺北：臺灣印經處，1958。
7. （北周）庾信，《庾開府集》，（明）張溥，《漢魏六朝百三明家集》所收，臺北：新興書局，1968。
8. （北齊）顏之推，《顏氏家訓集解》，臺北：明文書局，1984。
9. （北齊）魏收，《魏書》，北京：中華書局，2003。
10. （唐）杜佑，《通典》，北京：中華書局，1988。
11. （唐）李吉甫，《元和郡縣圖志》，京都：中文出版社，1973。
12. （唐）李百藥，《北齊書》，北京：中華書局，2003。
13. （唐）令狐德棻，《周書》，北京：中華書局，2003。
14. （唐）李延壽，《北史》，北京：中華書局，2003。
15. （唐）李延壽，《南史》，北京：中華書局，2003。
16. （唐）李吉甫，《元和郡縣圖誌》40 卷，京都：中文出版社，1973。
17. （唐）李吉甫，《唐六典》30 卷，北京：中華書局，2005。
18. （唐）李泰，《括地志》叢書集成新編，臺北：新文豐文化公司，1985。
19. （唐）長孫無忌，《唐律疏義》30 卷，新校本，臺北：弘文館出版社，1986。
20. （唐）林寶，《元和姓纂》10 卷，文淵閣四庫全書，京都：中文出版社，1976。

21. （唐）房玄齡，《晉書》，北京：中華書局，1974。
22. （唐）姚思廉，《梁書》，北京：中華書局，2006。
23. （唐）姚思廉，《陳書》，北京：中華書局，2008。
24. （唐）張鷟，《唐朝僉載》，6 卷，北京：中華書局，1997。
25. （唐）魏徵，《隋書》北京：中華書局，2008。
26. （唐）釋道宣，《續高僧傳》臺北：文殊出版社，1988。
27. （唐）釋道宣，《廣弘明集》臺北：新文豐出版公司，1986。
28. （唐）釋道宣，《集古今佛道論衡》，收於，大正原版《大藏經》，史傳部四，臺北：新文豐出版公司，1983。
29. （唐）韓愈撰，楊家駱主編，《韓昌黎文集校注》，臺北：世界書局，1960 年 11 月。
30. （宋）王讜，《唐語林》，8 卷，文淵閣四庫全書，臺北：臺灣商務印書館，1974。
31. （宋）王欽若，《冊府元龜》，臺北：中華書局，1982。
32. （宋）王溥，《唐會要》，上海：古籍出版社，2006。
33. （宋）王應麟，《玉海》，臺北：大化書局，1977。
34. （宋）司馬光，《資治通鑑》北京：中華書局，1997。
35. （宋）李昉等，《文苑英華》，臺北：新文豐出版公司，1979。
36. （宋）李昉等，《太平御覽》，北京：中華書局，2006。
37. （宋）李昉等，《太平廣記》，臺北：文史哲出版社，1987。
38. （宋）袁樞，《通鑑紀史本末》臺北：三民書局，1972。
39. （宋）歐陽脩、宋祈，《新唐詩》225 卷，北京：中華書局，2003。
40. （宋）劉昫，《舊唐詩》205 卷，北京：中華書局，2002。
41. （宋）鄭樵，《通志》，北京：中華書局，1995。
42. （宋）劉義慶，《世說新語》，臺北：聯華出版公司，1968。
43. （宋）樂史，《太平寰宇記》，臺北：文海出版社，1980。
44. （元）馬端臨，《文獻通考》，臺北：臺灣商務印書館，1987。
45. （清）王夫之撰、舒士彥整理，《讀通鑑論》，臺北：中華書局，1975.7。
46. （清）王鳴盛，《十七史商榷》，南京：鳳凰出版社，2008.1。
47. （清）汪士鐸，《南北史補志》14 卷，北京：中華書局，1991。
48. （清）汪士鐸，《南北史補志未刊稿》13 卷，北京：中華書局，1991。
49. （清）周嘉猷，《補南北史年表》，北京：中華書局，1991。
50. （清）周嘉猷，《補南北史帝王世系表》，北京：中華書局，1991。
51. （清）章學誠撰、葉瑛校注，《文史通義校注》史部，臺北：漢京文化事業有限公司，1986。
52. （清）徐文範，《東晉南北朝輿地表》28 卷，廣雅書局刻本（二十五史補編），北京：中華書局，1991。
53. （清）秦緗業 黃以周等，《續資治通鑑長編拾補》，上海：上海古籍出版社，2006 年 4 月。
54. （清）萬斯同，《西魏將相大臣年表》歷代史表原刊本〈二十五史補編〉，北京：中華書局，1991。
55. （清）萬斯同，《東魏將相大臣年表》歷代史表原刊本〈二十五史補編〉，北京：中華書局，1991。
56. （清）萬斯同，《北齊諸王世表》歷代史表原刊本〈二十五史補編〉，北京：中華書局，1991。
57. （清）萬斯同，《北齊將相大臣年表》歷代史表原刊本〈二十五史補編〉，北京：中華書局，1991。
58. （清）趙翼，《二十二史劄記》，臺北：王記書坊，1984。
59. （清）錢大昕，《二十二史考異》，上海：古籍出版社，2004。
60. （清）謝啓崑，《西魏書》24 卷，新校本魏書附西魏書，臺北：頂文書局，1979。
61. （清）顧祖禹，《讀史方輿紀要》，臺北：洪氏出版社，1981。
62. （清）彭定求，《全唐詩》，北京：中華書局，2003 重印。
63. （清）朱銘盤撰，《南朝梁會要》，上海：上海古籍出版社，2006。
64. （清）王昶，《金石萃篇》160 卷，西安：陝西人民美術出版社，1990。
65. （清）練恕，《北周公卿表》，收於，上海：開明書店《二十五史補編》，1936。
66. 嚴可均編、馮瑞生審訂，《全梁文》，北京：商務印書館，1999。

二、論著類（依姓氏筆畫多寡排列）

（一）中文

1. 王仲犖，《魏晉南北朝史》，上海：人民出版社，2004。
2. 王仲犖，《北周地理志》，北京：中華書局，1980。
3. 王壽南，《中國歷代創業帝王》，臺北：嘉新水泥公司文化基金會叢書，1960。
4. 王怡辰，《東魏北齊的統治集團》，臺北：文津出版社有限公司，2006。
5. 毛漢光，《中國中古政治史論》，臺北：聯經出版事業公司，1988。
6. 毛漢光，《中國中古社會史論》，臺北：聯經出版事業公司，1990。

7. 毛漢光，《西魏府兵史論》，臺北：聯經出版事業公司，1990。
8. 毛漢光，《北魏東魏北齊之核心集團與核心區》，臺北：聯經出版事業公司，1990。
9. 毛漢光，《北朝東西政權之河東爭奪戰》，臺北：聯經出版事業公司，1990。中國社會科學院歷史研究所，《古史文存》，北京：中國社會科學院歷史研究所，2004。
10. 方詩銘、方小芬，《中國史曆日和中西曆日對照表》，臺北：聯經出版公司，1988。
11. 田餘慶，《秦漢魏晉史探微》，北京：中華書局，1993。
12. 田餘慶，《拓拔史探》，北京：生活·讀書·新知三聯書店，2003。
13. 田餘慶，《東晉門閥政治》，北京：北京大學出版社，2006。
14. 白翠琴，《魏晉南北朝民族史》，成都：四川民族出版社，1996。
15. 朱大渭、張澤咸，《魏晉南北朝農民戰事史料彙編》（全二冊），北京：中華書局，1980。
16. 朱大渭，《六朝史論》，北京：中華書局，1998。
17. 朱大渭，《六朝史論續編》，北京：學苑出版社，2008。
18. 朱大渭，〈北魏末年人民大起義若干史實的辨析〉收於《中國農民戰爭史論叢》第三集，河南：人民出版社，1981。
19. 朱季海，《南齊書》，臺北：中華書局，1984。
20. 朱堅章，《歷代篡弒之研究》，臺北：嘉新水泥公司文化基金會叢書，1964。
21. 朱鑄禹，《世說新語彙校集注》，上海：上海古籍出版社，2002。
22. 何茲全，《魏晉南北朝史略》，上海：上海人民出版社，1958。
23. 呂思勉，《魏晉南北朝史》，臺北：開明書局，1969。
24. 呂思勉，《呂思勉讀史扎記》，上海：上海古籍出版社，2005。
25. 呂春盛，《關隴集團的權力結構演變——西魏北周政治史研究》，臺北：稻鄉出版社，2002。
26. 汪波，《魏晉南北朝并州地區研究》，北京：人民出版社，2001。
27. 李劍農，《魏晉南北朝隋唐經濟史稿》，臺北：華世出版社，1981。
28. 李文才，《魏晉南北朝時期益梁政區研究》，北京：商務印書館，2002。
29. 李萬生，《侯景之亂與北朝政局》，北京：中國社會科學出版社，2003。
30. 岑仲勉，《元和姓纂四校記》，臺北：中央研究院史語所專刊之29，1975。
31. 何啓民，《中古門第論集》，臺北：臺灣學生書局，1978。
32. 杜世鐸，《北魏史》，太原：山西高校聯合出版社，1992。
33. 谷霽光，《府兵制度考釋》，上海：人民出版社，1962。

34. 周一良，《魏晉南北朝史論集續編》，北京：北京大學出版社，1991。
35. 周一良，《魏晉南北朝史論集》，北京：北京大學出版社，2000。
36. 周一良，《魏晉南北朝史扎記》，北京：中華書局，2007。
37. 周建江，《太和十五年——北魏政治文化之變革》，肇慶：廣東人民出版社，2001。
38. 吳玉貴，《資治通鑑疑年錄》，石家莊：河北教育出版社，1995。
39. 唐長儒，《魏晉南北朝史論叢》，石家莊：河北教育出版社，2000。
40. 唐長儒，《魏晉南北朝史論拾遺》，北京：中華書局，1983。
41. 唐長儒，《魏晉南北朝史隋唐三論》，武漢：武漢大學出版社，1996。
42. 孫同勛，《拓拔氏的漢化》，臺北：國立台灣大學文史叢刊，1962。
43. 孫同勛，《拓拔氏的漢化及其他——北魏史論文集》，臺北：稻鄉出版社，2005。
44. 陶賢都，《魏晉南北朝霸府與霸府政治研究》，長沙：湖南人民出版社，2007。
45. 郭朋，《魏晉南北朝佛教》，濟南：齊魯書社，1986。
46. 張金龍，《北魏政治與制度論稿》，蘭州：甘肅教育出版社，2003。
47. 張金龍，《北魏政治史（五）》，蘭州：甘肅教育出版社，2008。
48. 張金龍，《北魏政治史（六）》，蘭州：甘肅教育出版社，2008。
49. 張金龍，《北魏政治史（八）》，蘭州：甘肅教育出版社，2008。
50. 張金龍，《北魏政治史（九）》，蘭州：甘肅教育出版社，2008。
51. 陳正祥，《草原帝國——拓跋魏王朝之興衰》，北京：中華書局，2006。
52. 陳寅恪，《陳寅恪先生文集》，臺北：文理出版社，1977。
53. 陳寅恪，《陳寅恪先生文集》，臺北：文理出版社，1977。
54. 陳寅恪，《金明館叢稿二編》，上海：上海古籍出版社，1980。
55. 陳長琦，《兩晉南朝政治史稿》，開封：河南大學出版社，1992。
56. 陳爽，《世家大族與北朝政治》，北京：中國社會科學出版社，1998。
57. 陳金鳳，《魏晉南北朝中間地帶研究》，天禁：天津古籍出版社，2005。
58. 湯用彤，《漢魏兩晉南北朝佛教史》，高雄：佛光文化事業公司，2001。
59. 逯耀東，《從平城到洛陽——拓跋魏文化轉變的歷程》，臺北：聯經出版公司，1979。
60. 逯耀東，《魏晉史學及其他》，臺北：東大圖書公司，1998。
61. 逯耀東，《魏晉史學的思想與社會基礎》，臺北：東大圖書公司，2000。
62. 萬繩南，《陳寅恪魏晉南北朝史演講錄》，臺北：雲龍出版社，2002。
63. 萬繩南，《陳寅恪魏晉南北朝文化史》，臺北：雲龍出版社，2002。

64. 萬繩南，《陳寅恪魏晉南北朝史論稿》，臺北：雲龍出版社，2002。
65. 楊際平，《北朝隋唐均田制新探》，長沙：岳麓書局，2003。
66. 趙萬里，《魏晉南北朝墓誌彙編》〈上、下〉，臺北：鼎文書局，1972。
67. 趙超，《魏漢南北墓誌彙編》，天津：古籍出版社，2008.7。
68. 鄭欽仁，《北魏官僚機構研究》，臺北：牧同出版社，1976。
69. 鄭欽仁，《魏晉南北朝史》，臺北：空中大學，1998。
70. 鄭欣，《魏晉南北朝史探索》，濟南：山東大學出版社，2004。
71. 雷家驥，《中古史學觀念史》，臺北：學生書局，1990。
72. 雷依群，《北周史稿》，西安：陝西人民教育出版社，1999。
73. 劉學銚，《歷代胡族王朝之民族政策》，臺北：知書房出版社，2005。
74. 盧建榮，《北魏唐宋死亡文化史》，臺北：麥田出版公司，2006。
75. 盧建榮，《陳寅恪學術遺產再評價》，臺北：時英出版社，2010。
76. 鄺士元，《魏晉南北朝胡究論集》，臺北：文史哲出版社，1984。
77. 羅新、葉煒，《新出魏晉南北朝墓志疏證》，北京：中華書局，2005。
78. 韓國盤，《魏晉南北朝史綱》，上海：上海人民出版社，1983。
79. 韓國盤，《南北朝經濟史略》，廈門：廈門大學出版社，1990。
80. 嚴耕望，《嚴耕望史學論文集》，北京：中華書局，2006。
81. 嚴耕望，《中國地方行政制度史——魏晉南北朝地方行政制度》（乙部），臺北：史語所專刊之45b，1990。
82. 錢鍾書，《管錐論》，北京：生活・讀書・新知三聯書店，2007年12月。
83. 曹文柱，《魏晉南北朝史論合集》，北京：商務印書館，2008。
84. 柏俊才，《梁武帝蕭衍考略》，上海：上海古籍出版社，2008.12。
85. 譚其驤，《中國歷史地圖集》，北京：中國地圖出版社，1996.6重印。
86. 錢穆，《國史大綱》，臺北：臺灣商務印書館，1996年。

（二）日文

1. （日）青山定雄，《讀史方輿記要索引・中國歷代地名要覽》，臺北：洪氏出版社，1984年。

三、論文期刊

（一）中文

1. 王吉林，〈西魏北周統治階級的形成〉收入《文化學院民族與華僑研究所學報》，第3期，1981年。
2. 王建花，〈論三國對峙背景下的侯景集團〉，（福建師範大學），2008年6

月。

3. 王大華，〈論關隴軍事貴族集團之構成〉，《陝西師範大學學報》哲社科版，1990年，第1期。
4. 王光照，〈後梁興亡與南北統一〉，《江漢論談》，1999年，第4期。
5. 江中柱，〈高歡、高澄父子與東魏的漢化〉，《福州大學學報》，2002年，第4期。
6. 毛振華，〈侯景之亂與梁末文風之變〉，（廣西社會科學），2010年第6期（總第180期）。
7. 呂春盛，〈北周前期的政局與政權的弱點〉，《國立臺灣大學文史哲學報》第42‧43合併號，1984‧3。
8. 呂春盛，〈西魏政權的構造及其性格〉，《東洋史苑》第18期，1984‧12。
9. 呂春盛，〈宇文泰親信集團與魏周革命〉，《國立臺灣大學文史哲學報》第41期，2006‧6。
10. 李萬生，〈侯景江北防線之關係〉，《中國社會科學院歷史研究所學刊》第二集，2004。
11. 李天石、周映芝，〈略論侯景之亂中梁人的向背及奴婢的作用〉，《江海學刊》，1999年第2期。
12. 杜志成，〈由分裂到統一——北朝末期東、西魏（531～577）之研究〉，臺北：私立中國文化大學史學系博士論文，2011.01。
13. 杜志強，〈關於侯景之亂幾則史料的辯證〉，《西北師範大學學報》，2009年12月第11卷第6期。
14. 肖黎，〈淺析侯景之亂〉，《湘潭大學社會科學學報》，1981年第2期。
15. 胡戟，〈關隴集團的形成及其矛盾的性格〉，收於氏著《胡戟文存‧隋唐歷史卷》，北京：中國社會科學出版社，2000‧11。
16. 吳恭全，〈北魏末年士人的處境及其北遷問題〉，國立成功大學文化學院碩士論文，1999。
17. 韋琦輝，〈高澄遇刺事件再探討〉，《商丘師範學院學報，2010年第16期總第270期。
18. 蔡金仁，〈北魏皇位繼承不穩定性之研究〉，臺北：私立中國文化大學史學系博士論文，2006。
19. 顏尚文，〈梁武帝「皇帝菩薩」理念的形成及政策的推展〉，臺北：國立臺灣師範大學歷史系博士論文，1988。
20. 鄭顯文，〈侯景新探〉，《松遼學刊》社會科學版，1993年第1期總第（60）期。
21. 蒙永樂，〈試論侯景之亂〉，《文山師專學報》，第1卷第1期，1999年3月。

22. 楊榮，〈論侯景之亂的影響〉，《淮南師專學報》，1997 年第 2 期。
23. 楊恩玉，〈梁武帝的驕盈心理與梁武帝之治的衰敗〉，《東岳論叢》，2009 年 9 月第 30 卷第 9 期。
24. 吳清松，〈梁武帝與侯景之亂〉，《江西教育學院學報》綜合，2010 年 6 月第 31 卷第 3 期。
25. 趙以武，〈試論梁武帝一生世功的成敗得失～兼論梁代在中國文化史上的地位〉，《嘉應大學學報》，2001 年 10 月第 19 卷第 5 期。
26. 曹道衡，〈論梁武帝與梁代的興亡〉，《齊魯學刊》，2001 年第 1 期（總第 160 期）。
27. 夏建新、夏露的〈論侯景之亂〉，《河北學刊》1988 年第 3 期。
28. 許輝，〈侯景之亂論析〉，《南京師範專科學校學報》1999 年 6 月第 15 卷第 2 期。
29. 鄭顯文，〈侯景之亂新探〉，《松遼學刊》社會科學版，1993 年第 1 期
30. 羅嗣忠，〈梁武帝最嚴重的失策不是納降侯景〉，《歷史教學問題》，1996 年第 2 期。
31. 鄧奕琦，〈論侯景之亂〉，《北京師範大學學報》，1989 年第 6 期。

（二）日文

1. 竹田龍兒，〈侯景之亂考察〉，史學第二十九卷　第三號。
2. 吉川忠夫，〈南朝貴族社會の命運〉，《侯景の亂始末記》，中央公論社，1972 年。
3. 安藤圓秀，〈梁武帝の佛教〉，《東亞研究》，1913 年第三卷第四期。
4. 安田二郎，〈南朝の皇帝と貴族と豪族・士豪層——梁武帝の革命を手がかりに——〉收在京都大學中國中世史研究會編《中國中世史研究》，東京，東海大學出版社，1970 年第一刷，1980 年第五刷。
5. 松橋達良，《元号はやわかり—東亜歷代建元考》，砂書房，1994 年 7 月。
6. 森三樹三郎，〈梁の武帝——佛教王朝の悲劇〉，1956 年初版，1985 年第五刷。

四、地圖

1. 嚴耕望《唐代交通圖考》上海：上海古籍出版社，2007.3。